ReliBausteine 4

Michael Landgraf – Stefan Meißner

Judentum

Einführung – Materialien – Kreativideen

Calwer – EPV – RPE
Speyer und Stuttgart 2007

Relibausteine 4 – Judentum

ISBN: 978-3-7668-3943-5 (Calwer)

ISBN: 978-3-939512-01-1 (epv)

ISBN: 978-3-938356-15-9 (RPE)

Satz: Evangelischer Presseverlag Pfalz GmbH, Speyer
Umschlaggestaltung: Karin Sauerbier, Stuttgart
Druck und Verarbeitung: Progressdruck GmbH, Speyer
Internet: www.calwer.com
www.presseverlag-pfalz.de
www.rpe-online.com
E-Mail: info@calwer.com
verlag@evpfalz.de

I. Einführung

1. Vorwort

„Rühme dich aber nicht, so sollst du wissen, dass nicht du die Wurzel trägst, sondern die Wurzel trägt dich“ (Röm 11, 18)

Das Wort des ursprünglich jüdischen Schriftgelehrten und christlichen Apostels Paulus ist wegweisend für das Verständnis des Judentums aus christlicher Sicht. Es mahnt und erinnert uns an die religiöse Tradition, in der Jesus und die ersten Christen stehen.

Immer wieder wurde dies verdrängt. Das in vielem belastete Verhältnis zwischen Juden und Christen soll aber gerade ein Ansporn sein, nach Wegen zu suchen, den anderen zu verstehen. Der Schwerpunkt dieses Arbeitsbuches liegt daher in der Begegnung mit der lebendigen Kraft des Judentums. Die jüdische Kultur prägte die europäische schon seit ihrer Frühzeit, wie die Ausstellung „Europas Juden im Mittelalter“ 2004 in Speyer und Berlin und die großen jüdischen Museen Frankfurt und Berlin in ihren Dauerausstellungen zeigen. Diesen kulturellen und religiösen Schatz sichtbar zu machen, ist eines der Ziele dieses Buches. Es wird dabei nach Jahres- und Lebensfesten, nach der Synagoge, dem Gebet, den Heiligen Schriften und nach Lebensregeln wie der Kaschrut gefragt.

Eine besondere Rolle spielt der Blick in die Geschichte Israels, angefangen von der biblischen Zeit bis heute. Dabei ist auch die Aufarbeitung der Vergangenheit wichtig, um dem Vergessen zu wehren und die Verantwortung für den Antijudaismus und Antisemitismus bewusst zu machen.

Doch geht es besonders in den „Wegen der Orientierung“ auch darum, aktuelle gesellschaftliche und religiöse Fragen zu klären. Strömungen im Judentum heute, die Rolle der großen Zuwanderung aus den Gebieten der ehemaligen Sowjetunion spielen daher genauso eine Rolle wie der Konflikt um das Land Israel und die Aufarbeitung der Schoa. Am Ende geht es dann auch um den aktuellen Dialog zwischen Christentum und Judentum.

Wir wünschen uns diesen Dialog und Rückmeldungen zu den ReliBausteinen. Daher haben wir auf der website **www.christen-und-juden.de** einen Link „ReliBausteine“ eingerichtet, wo wir auch weiterführende Materialien zur Verfügung stellen und Anregungen von Ihnen präsentieren können.

Ein herzlicher Dank gilt an dieser Stelle allen, die uns bei der Aufarbeitung der Thematik geholfen haben. Schoschana Maitek-Drzevitzky und Lucy Diener-Reissdorf haben das Manuskript von jüdischer Seite kritisch gegengelesen. Der Fachberater Helmut Foth und der Judaist Michael Tilly gaben fachlichen Rat. Tilly gab uns Hinweise zur schwierigen Frage der in der Literatur leider sehr uneinheitlichen Transkription hebräischer Begriffe.

Im März 2007
Michael Landgraf, Neustadt
Stefan Meißner, Minfeld

2. Inhaltsübersicht ReliBausteine Judentum

3. Hinführung: Das Judentum

Das Judentum hat viele Gesichter

Was unter Judentum zu verstehen ist, definiert unter den Bedingungen der Moderne jeder Jude und jede Jüdin selbst. Die Folge ist ein kaum überschaubarer Pluralismus von sich unterscheidenden Entwürfen im Judentum, dass es fast unmöglich ist, auf engem Raum zu umreißen, was Judentum überhaupt ist. Das Spektrum reicht von (ultra-) orthodox über konservativ bis hin zu liberalen Ausprägungen von Judentum. Bezieht man dann noch die unterschiedlichen historischen Spielarten mit ein, ist man fast versucht, nur noch im Plural von „Judentümern" zu sprechen.

Historisch hat sich das Judentum aus dem Alten Israel entwickelt, das wir aus der hebräischen Bibel kennen. Bis zum Babylonischen Exil (587/586 v.Chr.) ist der Begriff „Jude" primär ethnisch und geografisch gefüllt: „Judäer" nennt man die Bewohner des Gebirges bzw. der Provinz Judäa. Nach dem Ende der Eigenstaatlichkeit erhält diese Bezeichnung eine mehr und mehr kulturelle und religiöse Konnotation.

Wer ist eigentlich Jude? Nach der traditionellen Halacha gilt heute als Jude, wer von einer jüdischen Mutter geboren wurde (anders im Reformjudentum, wo auch der Vater entscheidend ist). Nach diesem traditionellen Kriterium ist das Judentum also so etwas wie eine Volksgemeinschaft, doch das „jüdische Volk" ist in mancher Hinsicht anders als andere Völker. Zum Judentum kann man z.B. per Konversion übertreten („Gijur"), zu einem Volk normalerweise nicht. Die Zugehörigkeit zum Judentum hat also, in gewissen Grenzen, auch mit dem eigenen Bekenntnis zu tun.

Ist das Judentum also eine Religionsgemeinschaft, vergleichbar mit den anderen großen Weltreligionen? Was ist dann aber mit den vielen säkularen Juden, die sich überhaupt nicht religiös verstehen? Nicht nur im modernen Staat Israel, sondern auch in der Diaspora stellen sie heute die Mehrheit. So auch in Deutschland, durch seine vielen Einwanderer aus Osteuropa. Viele Juden verstehen ihr Jude-Sein sehr oft in den Kategorien einer Schicksalsgemeinschaft oder im Sinne einer kulturellen Verbundenheit (vgl. hierzu Hans Küng, S. 123).

Das Erinnern von Geschichte

Ein Merkmal, das für religiöse wie nichtreligiöse Entwürfe von Judentum gleichermaßen prägend ist, ist der konstitutive Bezug zur eigenen Geschichte. Man weiß um die eigenen historischen Wurzeln, ob positiv oder negativ, und gedenkt ihrer im Sinne einer identitätsstiftenden Selbstvergewisserung.

Ein Teil der Erinnerungen hat sich niedergeschlagen im religiösen Schrifttum der Juden: dem TeNaCh (Tora; Newiim; Ketuwim), aber auch in der rabbinischen Literatur, in Talmud und Midrasch. Das macht das Judentum zu einer Buchreligion. Seinen Zusammenhalt verdankt es wesentlich der Lektüre und Auslegung kanonischer Texte (J. Assmann: „textuelle Kohärenz").

Aber es wird im Judentum nicht nur gelesen, sondern auch gefeiert. In seinen Festen mit ihrem schier unendlichen Vorrat an symbolisch verdichteter Erinnerung wird ebenfalls Geschichte angeeignet („rituelle Kohärenz"). Im liturgischen Nachvollzug erlebt jede Generation die alten biblischen Geschichten noch einmal – so als wäre man selbst dabei gewesen.

Das Land

Auch andere Religionen kennen heilige Orte, aber keine dieser Religionen ist mit einem Land so eng verbunden wie das Judentum mit Israel. Es ist das Land, „in dem Milch und Honig fließen", das Gott den Erzvätern verheißen hat und das diese aber zunächst nur als „Fremdlinge" bewohnten. Erst nach dem Auszug aus Ägypten konnten es die Israeliten dann unter der Führung Josuas einnehmen. Nie war es der selbstverständliche Besitz des Volkes, sondern es blieb stets Gottes Leihgabe, gebunden an die Bewahrung des Bundes und den Gehorsam gegenüber Gottes Geboten. So wurde der Verlust des Landes von vielen Juden als Strafe Gottes gedeutet, aber nie erlahmte der Wille zur Rückkehr ins „Gelobte Land". Dass seit vielen Jahrhunderten mehr Juden außerhalb dieses Landes leben, viele von ihnen auch freiwillig und ganz bewusst, widerspricht dem nicht. Auch für Diasporajuden bleibt Israel der territoriale Bezugspunkt ihres Glaubens und ihrer Identität.

Die Tora

Das Judentum ist eine „ethische Religion" (Leo Baeck), der es weniger auf den rechten Glauben („Orthodoxie") als auf das rechte Tun („Orthopraxie") ankommt. Welches Tun als gut und gottgefällig gilt, das bemisst sich an den Weisungen (das Wort „Gesetz" hat eine negative Konnotation, sodass man es im Deutschen besser vermeidet), die Gott dem Mose am Berg Sinai geoffenbart hat. Dabei darf man diese Weisungen nicht, wie im Christentum oft geschehen, auf die Zehn Gebote reduzieren, sondern sie umfassen nach traditioneller Zählung 613 Ge- und Verbote, die das Verhältnis zu Gott, aber auch zu den Mitmenschen normieren. Genau genommen muss man auch die mündliche Tora, also die Lehrkontroversen der Schriftgelehrten und Rabbinen verschiedener Epochen, zu Gottes Weisungen hinzuzählen. Nach jüdischer Überlieferung gründet auch diese ursprünglich in der Offenbarung am Sinai. Auch die „mündliche Tora" wurde im Laufe der Zeit in Mischna und Talmud verschriftlicht, ohne dass damit die Traditionsbildung ein für allemal abgeschlossen war. Im Gegenteil dauert das Bemühen, den Willen Gottes in wechselnden historischen Kontexten je neu zu vergegenwärtigen, bis heute an.

Oft wurde der ethische Charakter der jüdischen Religion als „Werkgerechtigkeit" missverstanden. Doch nie ging es dem Judentum um die Erlangung des eigenen Seelenheils durch „gute Werke", sondern stets darum, dem einen Gott, der dem Menschen durch seine Weisungen Orientierung und Halt schenkt, durch ein gottgefälliges Leben die Ehre zu geben.

Der Messias

Wie viele Religionen bietet das Judentum dem Gläubigen eine Perspektive über die Grenze des eigenen individuellen Lebens hinaus an. Wie etwa auch das Christentum glaubt es an eine Auferstehung der Toten und das Kommen des Reiches Gottes. Mit dieser erhofften Endzeit ist meist (nicht immer!) eine Erlöserfigur verbunden, die man als „Messias" (hebr.: „maschiach" = „der Gesalbte") bezeichnet. Mal hat der Messias eine eher prophetische (d.h. verkündigende), mal mehr eine priesterliche (also kultische) Funktion. Nach traditioneller Lesart ist der Messias ein eschatologischer König, der am Ende den Thron Davids wiederherstellen, den Tempel wieder aufbauen, alle Juden wieder nach Zion holen und ein Friedensreich errichten wird.
In Abgrenzung zum Christentum betont man jüdischerseits, dass der Messias keine transzendente Erlöserfigur sei, sondern eine ganz realpolitische innerweltliche Größe. Ob es in vorchristlicher Zeit bereits eine dem Christentum vergleichbare Vorstellung von einem schwachen, leidenden oder gar sterbenden Messias gegeben hat, ist umstritten. Ansätze sind sicher greifbar, aber viele relevante Texte verdanken sich wahrscheinlich erst der Auseinandersetzung mit der kirchlichen Lehre vom Leiden Christi. Bis heute ist die Frage, ob Jesus der Messias (gewesen) sei, eine Streitfrage zwischen Christen und Juden.
Fast jedes Jahrhundert hat auch falsche Messiasanwärter hervorgebracht, die eine Schar von Anhängern um sich sammeln konnten, die sich aber nach enttäuschter Naherwartung immer wieder zerstreute. Sehr einflussreich war beispielsweise die nach Sabbatai Zwi benannte Sekte der „Sabbatianer" (17. Jh.). In unseren Tagen verehren Teile der Lubawitscher Chassiden, eine orthodoxe Gruppierung aus den USA, ihren 1994 verstorbenen Rabbiner Menachem Schneerson als Messias. Nicht vergessen sollte man aber auch die vielen Jüdinnen und Juden (auch religiöse!), die ganz ohne Messiaserwartung ihr Judentum leben. Für sie reicht die Hoffnung auf eine bessere kommende Welt („olam ha-ba"), die das jetzige Zeitalter („olam ha-säh") ablösen wird.

Der Holocaust

Der industriell geplante Massenmord der Nationalsozialisten an den europäischen Juden stürzte das Judentum in eine bis dahin nie gekannte Krise. Man fragte sich, wie Gott so etwas wie Auschwitz habe zulassen können. Viele jüdische Menschen verloren angesichts des Grauens ihren Glauben, andere deuteten die Todeslager als Strafe oder Erziehungsmaßnahme Gottes. Wieder andere deuteten ihr Geschick vor dem Hintergrund biblischer Figuren wie Hiob, Isaak oder dem Gottesknecht (Jes 53), die ebenfalls leiden mussten. Wie auch immer: Man wollte Hitler jedenfalls keinen posthumen Sieg gönnen, indem man von seinem Jude-Sein abließ.

Eine der Lehren aus dem Holocaust lautete, dass man sich nie wieder so wehrlos seinen Feinden ausliefern dürfe wie in der Hitlerzeit. Insofern wird man sagen müssen, dass die Gaskammern der Nazis das Judentum nicht nur zahlenmäßig dezimiert, sondern auch in seinem Charakter einschneidend verändert haben. Gerade für säkulare Juden ist der Holocaust in hohem Grade identitätsstiftend, selbst wenn man nicht direkt von den Verfolgungen betroffen war.
Auschwitz ist aber nicht nur eine Herausforderung für die Opfer und ihre Nachkommen, sondern es wirft auch die Frage nach den Motiven und Gesinnungen auf Seiten der Täter auf. Insbesondere wollte man wissen, welche Rolle die traditionelle Judenfeindschaft der Kirche („Antijudaismus") für das Zustandekommen dieser Katastrophe (so die wörtliche Übersetzung von „ha-Schoa") gespielt hat. Zwar haben jüdische Gelehrte im Jahr 2000 in einer viel beachteten Verlautbarung („Dabru Emet", d.h. „Sprecht Wahrheit" S.163) erklärt, dass der Judenhass des Nationalsozialismus kein christliches Phänomen gewesen sei. Andererseits wird man die Kirchen nicht so leicht aus ihrer Mitverantwortung für das geschehene Unrecht entlassen können. Der Antijudaismus ist einer der Geburtsfehler des Christentums, der mit dem modernen Rasseantisemitismus eine unheilvolle Koalition eingegangen ist.

Der Dialog mit dem Judentum
Damit ist bereits das besondere Verhältnis des Christentums zum Judentum angesprochen. Nach Auschwitz können die Kirchen nicht einfach zur Tagesordnung übergehen. Eine tiefgreifende und ehrliche Bestandsaufnahme ist angesagt, die die Bereitschaft zur Umkehr mit einschließt. Tatsächlich hat in vielen Kirchen in den letzten Jahren so etwas wie eine Neubestimmung ihres Verhältnisses zum Judentum stattgefunden, die sich in öffentlichen Stellungnahmen, aber auch in Verfassungsänderungen niedergeschlagen hat (vgl. S.162).
Heute wird verstärkt deutlich, dass das vorrabbinische Judentum die Wurzel ist, aus der die eigene Religion hervorgegangen ist und die sie bis heute trägt. Auch das „Nein" der Juden gegenüber der Messianität Jesu ändert nichts an der bleibenden Erwählung Israels. Ja, die kritischen Anfragen seitens unserer jüdischen Geschwister müssen als Chance begriffen werden, die eigene Glaubensüberlieferung neu und besser verstehen zu lernen.

Blick in die Zukunft
Eine künftige Aufgabe wird darin bestehen, den Dialog mit dem Judentum in die Perspektive des interreligiösen Gesprächs hineinzunehmen. Hoffnungen verbinden sich v.a. mit einer „abrahamischen Ökumene" zwischen Juden, Christen und Muslimen. Dabei soll der stark ethisch ausgerichtete Glaube an den einen Gott Abrahams, des gemeinsamen Stammvaters, die drei großen Religionen verbinden. Natürlich birgt das gemeinsame Erbe auch die Gefahr des Streites um das rechte Verständnis desselben. Was jedenfalls nicht geschehen darf, ist die Einebnung der Besonderheiten des christlich-jüdischen Verhältnisses. Das Judentum ist für Christen nicht einfach eine von vielen Fremdreligionen, sondern ihre Mutter-, oder manche sagen auch: Geschwisterreligion, mit der sie den größeren Teil ihrer Heiligen Schrift und eine lange wechselvolle Geschichte von Begegnungen gemeinsam hat.

Während die Kirche traditionell immer versuchte, Juden von der Wahrheit des christlichen Glaubens zu überzeugen – notfalls unter Androhung von Gewalt –, war das Judentum nie auf Mission der nichtjüdischen Menschen aus. Ein Angehöriger der „Weltvölker" („Gojim") ist nicht einfach ein Heide und Ungläubiger, der am Ende der Zeit in der Hölle schmoren wird. Zwar wurden Christen in der Geschichte immer auch als Kain oder Esau angesehen, der seinem Bruder nach dem Leben trachtete – und das war Jahrhunderte lang ja auch ein zutreffendes Abbild der gesellschaftlichen Wirklichkeit. Das klassische jüdische Schrifttum kennt aber auch die wesentlich positivere Kategorie des „gerechten Heiden", der auch als Nichtjude vor Gott bestehen kann, wenn er bereit ist, ein Minimum von sieben allgemein gültigen Torageboten zu beachten: die sogenannten „noachidischen Gebote". Diese universalistischen Traditionen innerhalb des Judentums könnten wegweisend sein für ein künftiges Gespräch zwischen den großen Weltreligionen, die eine gemeinsame Verantwortung tragen für das Wohl der Menschheit.

4. Kleines jüdisches Lexikon

- **Afikoman:** griech. „Übriggelassenes". Mazzenstück, das Kinder am Sederabend suchen.
- **Aliya:** bedeutet mehrerlei: eine Pilgerfahrt, die Lesung eines Abschnitts aus der Tora oder die Einwanderung nach Israel in der Zeit des Zionismus.
- **Amida:** hebr. amad – stehen (auch Tefilla).
- **Antisemitismus**: Kunstwort, das „Judenfeindschaft" bedeutet und sich auf die jüdische Herkunft bezieht. Sem ist einer der Söhne Noahs. Antisemitismus beschreibt besonders eine rassistische Haltung, die sich im 19. Jahrhundert entwickelte.
- **Aschkenas:** alte jüdische Bezeichnung für Deutschland.
- **Assimilation**: Anpassung an das Leben in einem Land.
- **Astarte:** Göttin der Fruchtbarkeit (Kananäer).
- **Aw:** Monatsname. Am neunten Aw gedenkt man der Zerstörung des Tempels in Jerusalem und der Verfolgung von Juden.
- **Baal:** Gott des Regens und der guten Ernte bei den Kananäern und Phöniziern.
- **Bar Mitzwa/Bat Mitzwa**: „Sohn ..."/ „Tochter des Gebotes". Mädchen mit 12 Jahren, Jungs mit 13 werden mündige Mitglieder der Gemeinde.
- **Brit Mila:** hebr. Name für die Beschneidung. Brit bedeutet „Bund", „Mila" meint „Beschneidung".
- **Besamim-Büchse:** wohlriechende Gewürzdose, mit der der Schabbat verabschiedet wird.
- **Bessari:** hebr. „Fleischig". Darf nicht mit „Milchigem" zusammen gegessen werden.
- **Bima:** griech. „Stufe". Vorlesepult, meist abgegrenzter Bereich in der Mitte einer Synagoge, auf dem die Tora zum Vorlesen aufgerollt wird.
- **Chalawi:** hebr. „Milchig". Darf nicht mit „Fleischigem" zusammen gegessen werden.
- **Chamez**: hebr. „Gesäuertes". Gegensatz zu Ungesäuertem wie Mazzen.
- **Chanukka:** hebr. „Einweihung". Lichterfest in der Winterzeit. Symbol: Leuchter mit acht Armen und einem Hilfsarm (Schammes).
- **Charoset:** braunes Fruchtmus. Wird am Pessach-Fest gegessen und erinnert an die Lehmziegel, die die Israeliten in Ägypten machen mussten.
- **Chasan:** Kantor der Gemeinde, der in der Synagoge bei Gottesdiensten Gebete und Lieder laut vorsingt.
- **Chassid:** hebr. „fromm". Mitglied einer Bewegung, die auf den Rabbiner Baal Schem Tow (18. Jh) zurückgeht. Chassidim tragen besondere Kleidung, Hüte und Schläfenlocken.
- **Chupa:** Baldachin, unter dem man verheiratet wird.
- **Diaspora:** griech. „Zerstreuung". Bezeichnung für jüdische Gemeinden, die außerhalb des Landes Israel leben.
- **Dreidel:** Spiel, das an Chanukka gespielt wird. Spielgerät ist ein Drehwürfel, der unten spitz zuläuft.
- **Elija:** Prophet in der Hebräischen Bibel. Er soll in den Himmel aufgefahren sein und am Ende der Zeit wiederkommen. Man denkt an ihn besonders an Pessach und bei der Beschneidung.
- **Gemara:** hebr. „Vervollständigung". Bildet zusammen mit der Mischna den Talmud.
- **Ghetto:** Ein ummauerter Stadtteil in Venedig, in dem die jüdische Bevölkerung gezwungen wurde, ab 1516 zu leben. Später die Bezeichnung für Stadtviertel, in denen Juden gezwungenermaßen leben.
- **Grüne Kräuter:** werden am Seder-Abend gegessen und erinnern an die karge Mahlzeit in Ägypten, aber auch an die Hoffnung auf Rettung.
- **Haggada:** hebr. „Erzählung". Die Pessacherzählung erinnert an den Auszug aus Ägypten.
- **Halacha:** hebr.: „Gang", „Brauch". Die von jüdischen Schriftgelehrten gemachte Auslegung der Tora, die auch Konsequenzen für die Ethik aufzeigt.
- **Haman-Taschen:** Nach dem Widersacher gegen die Juden in Persien benannte Süßspeise, die an Purim gegessen wird.
- **Hawdala-Kerze:** hebr. „Unterscheidung". Geflochtene Kerze, die zum Abschied des Schabbats angezündet wird.
- **Hebräer:** Ursprüngliche Bezeichnung des Volkes Israel zur Zeit der Nomaden.
- **Holocaust:** griech. „Brandopfer". Im englischsprachigen Raum die Bezeichnung für den Massenmord an Juden durch die Nationalsozialisten.
- **Jad:** hebr. „Hand". Zeiger in Form einer Hand für das Lesen der Tora.
- **Jad wa Schem:** bezieht sich auf Jes 56,5: „Denkmal und Name." Gedenkstätte in Jerusalem.
- **Jiddisch:** Aus deutschen, hebräischen und slawischen Elementen zusammengesetze Sprache der Aschkenasim.
- **Jom Kippur**: hebr. „Tag der Versöhnung". Feiertag, an dem an die eigene Schuld gedacht wird. Ein Fastentag, der am 10. Tischri gehalten wird.
- **Kabbala:** hebr. „Empfang". Mystische Strömung im Judentum, die im 12. Jh. zur Blüte kam und heute noch Anhänger hat.
- **Kaddisch:** Gebet, das in der Trauer in der Gemeinde (Minjan) gesprochen wird.
- **Kanaanäer:** Ureinwohner des Landes Israel, die von den israelitischen Nomaden verdrängt wurden.
- **Kaschrut:** Festlegung, was koscher (rein/tauglich) ist.
- **Ketuwim:** hebr. „Schriften". Dritter Teil der Heiligen Schriften (Tenach).
- **Kibbuz:** Siedlungsgemeinschaften in Israel, in denen es ein gemeinsames Eigentum und großes Mitspracherecht gibt.
- **Kiddusch**: hebr. „Heiligung". Segensgebet an allen Festtagen zur Heiligung des Feiertages.
- **Kidduschin:** Bezeichnung für die jüdische Hochzeit.
- **Kippa:** hebr. „Käppchen". Wird von Männern zu allen religiösen Handlungen getragen. In einer Synagoge auch für Nichtjuden.
- **Kol Nidre:** hebr. „Alle Gelübde". Gebet, das am Jom Kippur gebetet wird und von allen nicht gehaltenen Versprechen gegenüber Gott entbindet.
- **Koscher:** hebr. „tauglich". Bei Nahrungsmitteln oder Gegenständen für das religiöse Leben Bezeichnung für etwas, das man verwenden darf.
- **Lulaw:** Strauß aus Weiden- und Palmenzweigen, aus Myrten und einer Zitrusfrucht (an Sukkot).

- ✡ **Ma´ariv:** Abendgebet.
- ✡ **Maror:** hebr. „Bitterkräuter“. Werden an Pessach gegessen und erinnern an die Sklaverei in Ägypten.
- ✡ **Masada:** Festung am Toten Meer. Der letzte Rückzugsort der jüdischen Aufständischen, als die Römer 70 nach Chr. das Land erobert hatten.
- ✡ **Masoreten:** hebr. „Überlieferer“. Stellten zwischen 500 und 1000 nach Chr. Regeln für das Abschreiben der Tora auf, teilten den Text in 54 Abschnitte ein und gaben ihm feste Vokalzeichen.
- ✡ **Masel Tov:** hebr. „Guter Stern“. Ruf bei Hochzeiten oder Bar-Mitzwa-Feiern. Bedeutung von „Viel Glück – Alles Gute“.
- ✡ **Mazzen:** Ungesäuertes Brot (Mehrzahl: Mazzot). Wird an Pessach, dem „Fest der ungesäuerten Brote“, gegessen.
- ✡ **Mechiza:** Wand oder Holzgitter in einer Synagoge, die Männer und Frauen voneinander trennt.
- ✡ **Menora:** hebr. „Leuchter“ mit sieben Armen. Symbol des Judentums und des Staates Israel.
- ✡ **Mesusa:** hebr. „Türpfosten“, am rechten Türpfosten angebrachte Kapsel, die Pergamente mit wichtigen Texten enthält (z.B. „Schma Israel“).
- ✡ **Mikwe:** hebr. „Ansammlung von Wasser“. Rituelles Bad, dem sich traditionell Männer und Frauen vor dem Schabbat, der Hochzeit und beim Übertritt zum Judentum unterziehen. Auch Gegenstände können so rituell gereinigt werden.
- ✡ **Mincha:** Nachmittagsgebet.
- ✡ **Minjan**: hebr. „Zahl“. Die Mindestzahl von zehn mündigen Betern (13 Jahre), die für einen jüdischen Gottesdienst notwendig sind.
- ✡ **Mischna:** hebr. „Wiederholen“. Sammlung von Schriften, die die Regeln der Tora auslegen und erklären.
- ✡ **Mohel:** hebr. „Beschneider“, nimmt die Beschneidung eines acht Tage alten Jungen vor.
- ✡ **Newiim:** hebr. „Propheten“. Zweiter Teil der Heiligen Schriften (Tenach).
- ✡ **Ner Tamid:** hebr. „ewiges Licht“. Hängt in der Synagoge bei dem Tora-Schrein.
- ✡ **Omer**: hebr: „Garbenzählung“. Zeit, in der man die 50 Tage zwischen Pessach und Schawuot zählt.
- ✡ **Pessach**: hebr. „Vorübergehen“. Fest, das im Frühjahr gefeiert wird und an die Befreiung der Juden aus der Sklaverei in Ägypten erinnert. Auch „Fest der ungesäuerten Brote“ genannt.
- ✡ **Pogrom:** gewaltsame Ausschreitung gegen eine Minderheit im Land.
- ✡ **Purim:** persisch „Pur“ = „Los“. Fest, an dem man sich an Ester und die Rettung der Juden in Persien erinnert.
- ✡ **Rabbiner:** hebr. „Mein Lehrer“. Einer, der die Heiligen Schriften studiert hat, eine Prüfung ablegte und ordiniert wurde. Er berät die Gemeinde.
- ✡ **Rosch ha Schana**: hebr. „Kopf“ oder „Anfang des Jahres“. Jüdisches Neujahrsfest, gefeiert im September/Oktober.
- ✡ **Salzwasser:** Symbolische Speise an Pessach. Erinnert an die Tränen in Ägypten.
- ✡ **Schma Israel:** hebr. „Höre Israel“. Das wichtigste Gebet im Judentum (5. Mose 6, 4–9; vgl. auch 4. Mose 15, 37–41).
- ✡ **Schmone Esre:** hebr. **„**Achtzehn-Bitten“. Auch Tefilla.
- ✡ **Schabbat:** hebr. „Ruhe“. Ruhetag, an dem nicht gearbeitet werden darf. Als „Prinzessin Schabbat“ im Gottesdienst begrüßt.
- ✡ **Schacharit:** Morgengebet, traditionell bei Männern mit den Tefillin gebetet (außer am Schabbat).
- ✡ **Schalom:** hebr. „Friede, Wohlergehen“. Jüdischer Gruß.
- ✡ **Schammes:** hebr. „Diener“. Neuntes Licht am Chanukka-Leuchter. Auch Synagogendiener.
- ✡ **Schawuot**: hebr. „Wochen“. Name für das Wochenfest, das 50 Tage nach Pessach gefeiert wird.
- ✡ **Schoa:** hebr. „Zerstörung“, „große Katastrophe“. Bezeichnung für den Massenmord an Juden durch die Nationalsozialisten.
- ✡ **Schofar:** Widderhorn, das zu Neujahr (Rosch ha Schana), am Versöhnungstag (Jom Kippur) und im Monat Elul bei jedem Morgengebet geblasen wird. Es erinnert daran, Buße zu tun.
- ✡ **Seder-Abend:** hebr. „Ordnung“. Bezeichnet den ersten Abend am Pessach-Fest. In der Diaspora werden zwei Sederabende gefeiert.
- ✡ **Sepharad**: Alte jüdische Bezeichnung für Spanien und Portugal. Später auch Bezeichnung von Juden aus orientalischen Ländern.
- ✡ **Siddur**: hebr. „Ordnung“. Ein Gebetbuch, das im Gottesdienst und zu Hause verwendet wird.
- ✡ **Simchat Tora**: Fest der Gesetzesfreude. Wird im Anschluss an das Laubhüttenfest gefeiert. Das Fest beendet den jährlichen Toralesezyklus.
- ✡ **Stolpersteine:** Initiative in vielen Städten Deutschlands. Metalltafeln auf dem Boden vor Häusern erinnern an verschleppte und ermordete Juden.
- ✡ **Sukkot:** hebr. „Laubhütten“. Auch Bezeichnung für das Laubhüttenfest, das im Spätjahr gefeiert wird.
- ✡ **Sündenbock:** Biblische Tradition, am Versöhnungstag einem Bock die Sünden des Volkes aufzuladen und in die Wüste zu schicken.
- ✡ **Synagoge:** griech: „Versammlung“. Haus für alle Versammlungen einer jüdischen Gemeinde.
- ✡ **Tallit:** hebr. „Hülle“. Gebetsschal mit Streifen und Quasten (Ziziot).
- ✡ **Talmud:** hebr. „Studium“, „Lehre“. Enthält die Mischna und rabbinische Auslegungen.
- ✡ **Tefilla:** hebr. „das Gebet“. Andere Bezeichnung für das 18-Bitten-Gebet (Amida, Sch´mone Esre).
- ✡ **Tefillin:** hebr. von Tefilla „Gebet“: Gebetsriemen mit Kapseln, die das Schma Israel enthalten und beim Morgengebet um die Stirn und den Arm gewickelt werden.
- ✡ **Tenach:** von Tora – Newiim – Ketuwim. Die drei Teile der Hebräischen Bibel.
- ✡ **Tora:** hebr. „Weisung“. Zentrale Schrift im Judentum. Sie besteht aus den fünf Büchern Mose.
- ✡ **Treife/Trefe:** hebr. „Untauglich“. Etwas, das nicht „koscher“ ist und daher nicht gegessen oder verwendet werden darf.
- ✡ **Zion:** Berg vor den Toren Jerusalems, auf dem König David begraben liegt. Er ist Symbol für die Hoffnung auf eine gute, durch Gott gestaltete Zukunft im Land Israel.
- ✡ **Zionismus:** Eine Bewegung, die im 19. Jahrhundert entstand und einen eigenen jüdischen Staat in Israel anstrebte.

5. Das Thema „Judentum“ in der Bildungsarbeit

Das Judentum ist in vielerlei Hinsicht eines der wichtigsten Themen im Religionsunterricht. Es kommt fast in allen Klassenstufen vor und wird spiralcurricular weiterentwickelt. Bereits kurz nach dem Zweiten Weltkrieg gab es Stellungnahmen, die zu einer neuen und verantwortlichen Behandlung des Themas in Religionsunterricht und der Erwachsenenbildung aufriefen, besonders im Anschluss an die „Seelisberger Thesen“ von 1947 (siehe Ursula Rudnick, S. 12ff.).
Seit den 1970er Jahren wurden viele Materialien entwickelt, die diesen Umgang mit dem Thema konkretisieren. Einer der Autoren, Heinz Kremers, formulierte für den Unterricht ab der Grundschule bereits 1972, worauf der Religionsunterricht besonders achten sollte:

- Es muss deutlich werden, dass es im Judentum und im Christentum um ein und denselben Gott geht.
- Zwischen Israel, der Hebräischen Bibel und dem Judentum heute sollte ein Zusammenhang erkennbar sein. Es ist daher wichtig, die Geschichte des jüdischen Volkes bis in die Gegenwart hinein zu vermitteln.
- Es muss deutlich werden, dass bereits das Volk Israel der Hebräischen Bibel und nicht erst die Anhänger Jesu von der Gnade, Liebe, Treue und Vergebung Gottes lebten.
- Schon früh sollte Jesus als Jude dargestellt und der negativ verwendete Begriff „Pharisäer“ vermieden werden.
- Die Vorurteile gegen Juden müssen gut aufgearbeitet werden.
- Die Beziehung zwischen Christen und Juden sollte vor dem Hintergrund von Römer 9–11 beleuchtet werden.

In den 1980er und 1990er Jahren wurden in Lehrplänen und Schulbüchern viele dieser Vorschläge umgesetzt. So wurde das Thema „Jesus, der Jude“ bereits in der Grundschule eingeführt und gehört heute zum Standard (vgl. z.B. das Grundschulbuch „Kinder fragen nach dem Leben 1/2“, 2006). Hintergrund ist dabei auch der Dialog mit Juden, die Jesus als jüdischen „Bruder“ (S.161) verstehbar machten. Pinchas Lapide formulierte nicht nur diesen Ansatz, sondern auch „Wünsche an christliche Religionsbücher“, in denen dieser Punkt deutlich hervorgehoben wird. Dabei formuliert er auch den Wunsch, dass das Alte Testament als „Hebräische Bibel“ auch vom Namen her ernst genommen und nicht nur als Vorwort zum Neuen Testament gesehen wird.
In dieser Zeit kamen auch viele Materialien auf den Markt, in denen die Wurzeln des Antisemitismus im christlichen Antijudaismus aufgedeckt wurden. Etwas weniger beachtet ist die Forderung aus dieser Zeit, nicht unterschiedliche Namen für Gott zu verwenden, wie dies heute noch häufig in der theologischen Ausbildung getan wird. So ist die Bezeichnung „Jahwe“ für einen alttestamentlichen Gott der erste Schritt dazu, eine Unterscheidung zwischen einem alttestamentlichen und neutestamentlichen Gott zu konstruieren. Für Juden ist der Gottesname JHWH unaussprechbar – man sagt beim Verlesen der Tora „Adonai – Herr“, wie es auch die Luther-Bibel kenntlich macht (HERR, wenn im hebräischen Text JHWH steht).

Seit den 1990er Jahren kamen Themen wie „Juden und Christen – Geschwister im Glauben“ oder „Christ sein nach Auschwitz“ hinzu (vgl. hierzu Rudnick, S. 30), wobei sehr wohlmeinend und bußfertig sowohl an einer idealisierten gemeinsamen Zukunft als auch hart an der Vergangenheit gearbeitet wurde. Immer stärker versuchte man, missverständliche und fehlerhafte Passagen in Religionsbüchern offenzulegen. Auf ein weiteres Problem wies Michael Tilly (1999) hin:
„Es kann eine subtile Form der Judenfeindschaft provozieren, wenn eine lebendige und vielgestaltige Weltreligion im Religionsunterricht in einer Weise vermittelt wird, die dazu führt, dass ihre Anhänger den Schülerinnen und Schülern nur noch als fremdartige Gemeinschaft mit sonderbaren Trachten und Riten oder als ausgemergelte Gestalten in Sträflingsanzügen ins Bewusstsein dringen.“

Diesem möglichen Schubladendenken ist bei der Behandlung des Themas Rechnung zu tragen. Beim Thema Judentum geht es im Grunde darum, eine der großen Weltreligionen darzustellen, seine lebendige Kraft und seine Wirkung auf andere Weltreligionen zu begreifen. Dieser positiv vermittelnde Ansatz darf natürlich nicht die jüngere Vergangenheit in Deutschland außer Acht lassen, doch soll das Judentum besonders für Lernende nicht nur aus dieser Perspektive wahrgenommen werden. Hier muss das eigene Unterrichten immer wieder überprüft werden, ob nicht aufgrund einseitiger Wahrnehmung oder Themengestaltung doch ein „Schubladendenken“ entstanden ist.

Ziel muss es sein, dass Lernende primär den Glauben und die religiöse Praxis des Judentums vermittelt bekommen. Dabei geht es besonders um die für Lernende schon früh begreifbaren Themen Lebensstil, Feste und Feiern, Werte, Quellen des Glaubens, Ritual, Symbol und Gottesdienst. Manchmal ist dabei weniger auch mehr. Es ist zwar gut, einen Überblick über den Festkalender zu vermitteln, wo es aber um die exemplarische Behandlung eines Festes geht, bleibt vieles an der Oberfläche.
Besonders in den höheren Klassen oder in der Erwachsenenbildung geht es um die Klärung aktueller Fragen. Allerdings stellen aufgrund der starken medialen Präsens der Themen Israel und Holocaust Kinder und Jugendliche selbst Fragen rund um die Schoa oder um den Konflikt um das Land heute. Es sind besonders die Bilder von Krieg und Leid, aber auch die Schreckensbilder der NS-Zeit, mit denen bereits Grundschulkinder konfrontiert werden und die daher im Unterricht aufgearbeitet werden müssen.
Schließlich darf ein wirklicher Dialog nicht fehlen. So sollte ein Kontakt zu einer jüdischen Gemeinde, ein Synagogenbesuch oder die Einladung eines Dialogpartners vorgesehen sein. Wo dies nicht möglich ist, ist gerade die Suche nach alten Spuren von Juden in der Region wichtig, um zu zeigen, welchen großen Verlust das NS-Regime zu verantworten hat.

Im Blick auf die spiralcurriculare Behandlung des Themas ergibt sich folgendes Bild:
In der Grundschule wird das Judentum über das „Jüdische Kind Jesus“ bereits in den Klassen 1–2 vermittelt. In den Klassen 3–4 begegnet zumeist das Thema über den Schwerpunkt Mose und Exodus, zum anderen aber unter „Was andere glauben“, wobei primär kurz in den Islam und das Judentum eingeführt wird. Beim Judentum legt man das Schwergewicht auf die Feste und die Synagoge (Anknüpfungspunkt sind hierbei die Themen „Kirchenjahr“ und „Kirche“). Dies wird in Klasse 6–8 zumeist wiederholend weitergeführt und durch erste Einblicke in die Geschichte Israels ergänzt. Hier spielen die „Rites des Passage“ (besonders Bar Mitzwa und Konfirmation) eine Rolle und es können erste jüdische Biografien aufgearbeitet werden. Ebenso sollte hier schon eingeführt werden, dass das Judentum und das Christentum in der Hebräischen Bibel eine gemeinsame Wurzel haben (kann auch beim Thema „Bibel“ geschehen – vgl. Reli-Bausteine 3 – Bibel, S. 120–126).
Ab Klassenstufe 9 kommen dann immer stärker aktuelle Fragen wie der Israel-Palästina-Konflikt, die Aufarbeitung der gemeinsamen Geschichte und des Antijudaismus/Antisemitismus (Mittelalter, Schoa) in den Blick. Auch sollte spätestens hier eine Differenzierung zwischen den Richtungen im Judentum erfolgen, damit deutlich wird, dass es nicht „das Judentum“, sondern verschiedene Formen des Judentums gibt.
Hierbei muss auch vor Fehleinschätzungen gewarnt werden. Wer mit jiddischen Liedern arbeitet und sagt, dass Juden in Deutschland bis zur NS-Zeit diese Lieder hier gesungen haben, legt eine falsche Spur. Die meisten Juden in Deutschland sangen vor 1933, wie alle anderen Deutschen auch, Volkslieder. Gerade dieser Umstand macht die antisemitischen Auswüchse, die sich rein auf eine rassische Definition stützen, umso unbegreiflicher.

Im Bildungsprozess muss also vielerlei geleistet werden: Eine Reise in die Weltreligion des Judentums, bei der die Lernenden Riten, Feste und Grundsymbole kennen lernen. Dann geht es um die Aufarbeitung gemeinsamer Wurzeln von Christen und Juden. Schließlich geht es um die Befähigung der Lernenden zur Reflexion und Diskussion aktueller Fragen. Daher ist es wichtig, auch aktuelle Fragen der Ethik aus jüdischer Sicht (Halacha besonders S. 130–135) zu klären. Am Ende soll es bei einer Behandlung des Unterrichts darum gehen, dialogfähig zu sein im Blick auf eine mögliche Begegnung mit Juden.

6. Zielsetzungen ReliBausteine Judentum

1. Grobqualifikationen

Lernende ...

... sind in der Lage, Spuren des Judentums in der Lebenswelt und Kultur wahrzunehmen
... können jüdische Feste und die Passageriten einordnen
... kennen jüdische Institutionen (Synagoge)
... kennen wichtige Ausdrucksformen des jüdischen Glaubens (Gebet, Heilige Schriften)
... können wichtige Etappen der jüdischen Geschichte nacherzählen
... können exemplarisch jüdische Biografien beschreiben
... sind in der Lage, aktuelle Fragen rund um das Judentum zu reflektieren und zu diskutieren
... sind vorbereitet auf einen Dialog mit jüdischen Gesprächspartnern

2. Zielsetzungen und Qualifikationen in den Schwerpunkten

Lernschwerpunkt	Intention	Qualifikation
I. Zugänge	**Öffnen und wahrnehmen** o Voreinstellungen zum Judentum klären o Spuren des Judentums im eigenen Umfeld und in unserer Kultur vergegenwärtigen	o Reflexionsfähigkeit über eigene Vorprägungen o Wahrnehmungsfähigkeit im Blick auf religiöse Traditionen
II. Entdeckungen	**Kennen und sich auseinandersetzen** o Jüdische Riten, Traditionen, Feste und Regeln kennen o Formen des Gebets und der Heiligen Schriften mit den eigenen vergleichen o Grundlegende Epochen der jüdischen Geschichte und die Geschichte der Judenfeindschaft kennen o Besonderheit jüdischer Biografien vor dem Hintergrund gesellschaftlicher Probleme bewerten	o Fähigkeit zur Wahrnehmung von anderen Lebensentwürfen und Festtraditionen o Fähigkeit zur Elementarisierung von Informationen rund um das Judentum o Fähigkeit, jüdische und christliche Traditionen zu unterscheiden o Fähigkeit der Darstellung von jüdischer Geschichte und jüdischen Biographien
III. Orientierung	**Handlungsperspektiven und Dialog** o Aktuelle Strömungen des Judentums erschließen o Aktuelle Fragen rund um das Thema reflektieren und bewerten	o Reflexionsfähigkeit bei der Auseinandersetzung mit aktuellen Fragen o Fähigkeit, Strömungen im Judentum zu differenzieren o Dialogfähigkeit bei der Begegnung mit jüdischen Gesprächspartnern

7. Didaktische und methodische Hinweise

Das Arbeitsbuch bietet vielfältige Möglichkeiten, das Thema spiralcurricular zu entfalten oder bei unterschiedlichen Themensetzungen einzubringen. So können Bausteine zu den Themen Jahresfeste, Lebensfeste, Synagoge, Gebet und Kaschrut, wie in den meisten Plänen verortet, als klassische Unterrichtseinheit oder in Form von offenem Arbeiten in **Klasse 4–8** eingesetzt werden. Diese einfachen Materialien werden mit den Sternen ✡ und ✡✡ gekennzeichnet. Andere Themen sind nach den Plänen eher in den **Klassen 9–13**, in der **berufsbildenden Schule** oder in der **Erwachsenenbildung** zu verorten, wie die Auseinandersetzung mit der jüdischen Geschichte, die aktuellen Fragen, die Aufarbeitung der Schoa und der christlich-jüdische Dialog. Diese schwereren Bausteine werden mit ✡✡ oder ✡✡✡ gekennzeichnet.

Offenes Arbeiten an Schwerpunkten:
Anhand von Schwerpunkten kann Projektarbeit bzw. offenes Arbeiten anhand von unterschiedlichen Themen durchgeführt werden:

- ❒ **Feste des Judentums** (S. 30–43: Jahresfeste und Kalender; 44–46: Schabbat; 47–52: Lebensfeste)
- ❒ Stationen der **Geschichte Israels** (S. 81–109)
- ❒ **Jüdische Persönlichkeiten** (S. 110–120)

Dabei können Lernende in Einzel- oder Gruppenarbeit die jeweiligen Schwerpunkte selbst erarbeiten und präsentieren.

Arbeiten in thematischen Zusammenhängen/Querschnittsthemen
Zusätzlich zu den offensichtlichen Schwerpunkten möchten wir auf weitere thematische Zusammenhänge hinweisen:

Judentum in Deutschland

Spuren des Judentums in der Region S. 20
Jüdische Spuren in unserer Sprache S. 23
Sepharden und Aschkenasen S. 94
Anfeindung und Verfolgung S. 97–98
Emanzipation und Assimilation S. 101
Biografien: Rathenau S. 116 und Reich-Ranicki S. 120
Sie sind wieder da S. 126 und „Wir Russen“ S. 127
Jung und Jüdisch S. 128–129
Daniel Cohn-Bendit: Als Jude hier S. 152

Antijudaismus – Antisemitismus

Ein Besuch in Deutschland S. 27
Anfeindung und Verfolgung S. 97–98
Luther und die Juden S. 99
Antisemitismus S. 102
Biografien: Moses Mendelssohn (S. 117); Heinrich Heine (S. 118); Theodor Herzl (S. 119), Anne Frank (S. 123), Marcel Reich-Ranitzki (S. 126)
Antisemitismus und Aufarbeitung der Schoa S. 146–154
Das Verhältnis neu denken S. 162

Land Israel

Besuch im Land Israel S. 26
Fremdherrschaft und Entstehung des Judentums S. 89
Israel bis zur Staatsgründung S. 108
Biografien: z.B. Juda Makkabi S. 111; Flavius Josephus S. 112; Theodor Herzl S. 116; David Ben Gurion S. 119
Palästina-Israel-Konflikt S. 141–144

Mystik im Judentum

Madonnas Geheimnis S. 28
Kabbala S. 96
Chassidismus S. 100
Baal Schem Tov S. 114
Matisyahu S. 139

Judentum und Kultur

Literatur: Dichter und Denker im 19. und 20. Jh. (S. 101); Heinrich Heine S. 115 und Franz Kafka S. 117
Musik: Matysjahu S. 140; Klezmer S. 139
Film: Steven Spielberg S. 125; Ein ganz gewöhnlicher Jude S. 148 „Alles auf Zucker“ S. 137

Jüdische Ethik – Halacha

Schabbat S. 44–45
Was ist koscher? S. 72–74
Das Rabbinische Judentum S. 93
Strömungen im Judentum S. 124–125
Jung und jüdisch S. 128–129
Jüdische Ethik S. 130–135
Die jüdische Frau heute S. 136

Arbeiten mit dem „Kleinen Lexikon" (S. 8–9)
Es empfiehlt sich, das kleine Lexikon zu Beginn der Einheit an die Lernenden auszuhändigen und als Grundlage zu verwenden. Dadurch können sie Grundinformationen und Begriffe selbst klären.

Integration der Spiele
Im Entwurf finden sich Spielideen, die begleitend oder auch zur Nachbereitung eingesetzt werden können. Dazu gibt es das Memory-Spiel (S. 75–80), das die wichtigsten Ergebnisse aus den Bereichen „Feste" bis „Kaschrut" zusammenfasst. Ergänzt werden kann dies durch die Karten zur Geschichte Israels (S. 83–86).
Im Stile des bekannten Spiels „Wer wird Millionär?" wird das Spiel „Reise durch die Welt des Judentums" gespielt (S. 167–172) – als Brettspiel oder als einfaches Quiz. Dieses Spiel kann sowohl zur Vorbereitung, Nachbereitung oder begleitend zu einer Unterrichtseinheit verwendet werden.

Weitere empfehlenswerte Materialsammlungen zum Thema:

- ✡ **Grundkurs Judentum, Teil 1, 223 Seiten, Teil 2, 195 Seiten. ISBN 3-7668-3712-5, Calwer, Stuttgart 2002:** Das umfassende Werk bietet eine Fülle von praxisnahen und abwechslungsreichen Materialien zum Judentum. Arbeitsblätter zur Geschichte, zum Wesen und Gestalt des Judentums von den Ursprüngen bis zur Gegenwart. Auch wird die Situation in Israel und das jüdische Leben in Deutschland bedacht.
- ✡ **Gisela Ganzhorn, Doris Bornhäuser, Gerlinde Ehrenfeuchter: Judith – ein jüdisches Mädchen in Deutschland. Eine Begegnung mit ihrem Glauben und der Geschichte ihres Volkes. 264 Seiten mit zahlreichen Abb., KV und einem Hörbuch. ISBN 13: 978-3-7668-3902-2. Calwer, Stuttgart 2005:** Anhand der Erzählfigur Judith wird die jüdische Religion und Lebensweise, aber auch die Geschichte und das Leben in Israel nahe gebracht. Gebundener Unterricht und Freiarbeit können mit den Materialien gestaltet werden.

Arbeiten mit Ganzschriften:
Klasse 5–10: „Schalom Martin"

- ✡ *Michael Landgraf: Schalom Martin. Eine Begegnung mit dem Judentum,* marixverlag, ISBN 3-86529-108-7, 220 Seiten, Wiesbaden 2006, geb. 9,95 €.
Die Erzählung versteht sich als **erster Einstieg in das Thema für Jugendliche** in Form eines Reiseführers in die jüdische Welt. Die kurzen Kapitel und farbigen Abbildungen lassen sich mit den Arbeitsblättern der ReliBausteine kombinieren. Das Buch beschreibt die Begegnung von Martin mit den jüdischen Jugendlichen David und Mirjam, die ihm Einblick in das jüdische Leben, die Feste, die Kaschrut, die Synagoge und das Gebet geben. Martin erlebt bedrückende Begegnungen in der Aufarbeitung der NS-Zeit und lernt durch seine Freunde wesentliche Epochen der jüdischen Geschichte kennen. Eine Israelreise der beiden zu Mirjam verschafft den drei Jugendlichen einen Einblick in bewegende Orte im Heiligen Land.
Das Buch lässt sich in **zwei Teilen** bearbeiten. Der erste Abschnitt (120 Seiten) bezieht sich auf das jüdische Leben und klärt die klassischen Themen der Klassen 4–8. Der zweite Abschnitt (etwa 80 Seiten) ist eine Einführung in die Thematik NS-Zeit, Antisemitismus und Geschichte Israels. Dieser Aspekt lässt sich gut in den Klassen 9–11 verhandeln. Die Lektüre kann zur Vorbereitung von Einzelstunden dienen, oder man kann dies in Form von **Projektarbeit** machen, indem Lernende jeweils einen Abschnitt des Buches präsentieren sollen. Es ist auch der Einsatz in der Grund- und Hauptschule als Vorlesebuch möglich.

Klasse 11–13: „Das Judentum"

- ✡ *Michael Tilly, Das Judentum, Wiesbaden 2007, geb. 220 Seiten, ISBN 3-86529-910X, 5 €.*
Die Einführung bietet eine **kompakte Aufarbeitung des Themas**. Die Schwerpunkte Geschichte des Judentums, jüdische Dokumente, jüdische Persönlichkeiten und Lebensformen des Judentums lassen sich gut mit den ReliBausteinen kombinieren und führen die dort angelegte elementarisierte Zusammenfassung fort, indem hierbei weiterführende Informationen und Quellen dargeboten werden. Da der Band Teil einer Reihe zu den Weltreligionen ist, können diese Bände im Rahmen der Behandlung der Weltreligionen in der Oberstufe oder in der Erwachsenenbildung als Ganzschrift zum Unterricht begleitend oder vorbereitend gelesen werden.

8. Judentum „vor Ort“

a) Hinweise auf Lernorte – Möglichkeiten der Begegnung

b) Kontaktadressen und Links

Kontakte und Begegnungsmöglickkeiten

☞ www.zentralratdjuden.de: **Zentralrat der Juden.** Hier gibt es auch Links zu jüdischen Gemeinden und Landesverbänden
☞ www.liberale-juden.de: Plattform der **Liberalen Juden in** Deutschland
☞ Aktuelle Adressen der jüdischen Gemeinden auch unter www.talmud.de
☞ **Gesellschaften für Christlich-Jüdische Zusammenarbeit**
✡ www.deutscher-koordinierungsrat.de
✡ www.christen-und-juden.de
✡ www.klak-christen-und-juden.de
✡ www.jcrelations.net

c) Allgemeine Informationen zum Judentum damals und heute im Internet

✡ www.judentum.net
✡ www.alemannia-judaica.de
✡ www.talmud.de
✡ www.payer.de
✡ www.hagalil.com
✡ www.judentum-projekt.de
✡ www.juedische-allgemeine.de: Wichtiges Presseorgan mit aktuellen Artikeln und einem Archiv
✡ www.jewish-forum.de (engl.)
✡ www.jewish-studies.com (engl.)
✡ www.myjewischlearning.com
✡ www.askmoses.com
✡ www.schalomnet.de (Fotoausstellung, Bilder zum Judentum)

Spurensuche: Jüdische Friedhöfe , Gedenkstätten und Museen
✡ www.alemannia-judaica.de/juedische_friedhoefe.htm
✡ www.fritz-bauer-institut.de/links/gedenkstaetten.htm
✡ Hinweise zur Aktion „Stolpersteine“: www.stolpersteine.com
✡ www.alemannia-judaica.de/juedische_museen.htm
✡ www.fritz-bauer-institut.de/links/museen.htm
✡ www.juedisches-museum-berlin.de/site/DE/homepage.php (Berlin)
✡ www.juedischesmuseum.de (Frankfurt)
✡ www.cad.architektur.tu-darmstadt.de/synagogen: Rekonstruktion **alter Synagogen**

Holocaust – Links
✡ www.shoa.de
✡ www.fritz-bauer-institut.de/links/holocaust.htm
✡ www.yadvashem.org

Informationen zum Rechtsextremismus heute
✡ www.fritz-bauer-institut.de/links/gegenrechts.htm
✡ www.verfassungsschutz.de/de/arbeitsfelder/af_rechtsextremismus/zahlen_und_fakten.html
✡ www.apabiz.de

Zugänge

Zugänge knüpfen an Vor-Erfahrungen, der Lebenswelt der Lernenden oder an aktuellen Ereignissen an. Mögliche Beispiele von Zugängen sind ...

Ereignisse bei uns z.B. Jahrestage/Gedenktage (9. November/27. Januar) Feiertage	Ereignisse – Gedenktage	Was bedeuten diese Tage – welche Geschichte(n) verbinden sich mit ihnen?
Spurensuche – Denkmäler	Das Judentum im Stadtbild, in Popsongs oder in der Sprache	Wie begegnet uns das Judentum im persönlichen Umfeld?
Spurensuche im Christentum und seiner Geschichte	z.B. Jesus als Jude, Paulus und das Judentum, christlicher Antijudaismus, Feste und Feiern des Christentums und ihre Wurzeln	Wo kann man Spuren des Judentums in unserer religiösen Tradition entdecken?
Bisherige eigene Erfahrungen im Umgang mit dem Thema	Judentum im Unterricht oder Kenntnisse aus den Medien	Welche Erfahrungen habe ich persönlich mit dem Thema im Unterricht/den Medien gemacht?
Konkrete Begegnung mit Juden (Besuch einer Gemeinde, jüdische Mitschüler; Interview mit einem Juden)	Begegnung	Was kann ich alles entdecken? (Synagogenbesuch) Was kann ich alles erfahren? (Interview)
Aktuelle Themen (Nahostkonflikt, Zuwanderung bei uns, Umgang mit dem Holocaust ...)	Orientierung bei aktuellen Fragen	Welche Position nehme ich bei aktuellen/ besonderen Fragen rund um das Judentum ein?

Bausteine:

Bilder mit jüdischen Symbolen	Erste Begegnung mit dem Judentum und Sammlung von Vorerfahrungen über Bilder.	✡	18
Begegnungen	Anhand einer Szene aus dem Buch „Schalom Martin“ wird die Begegnung zwischen zwei Jugendlichen geschildert, die dazu anregen soll, Vorerfahrungen zum Thema zusammenzutragen. Ein anderer Einstieg wäre über die aktuelle Radiomeldung „Jüdische Kinder unter Polizeischutz“, die in die immer noch schwierige Lebenssituation in Deutschland einführt. Hier können bereits aktuelle Berichte über antisemitische Übergriffe recherchiert werden (vgl. hierzu S. 146).	✡	19
Spuren des Judentums in der Region	Hier soll motiviert werden, selbst zu recherchieren, wie das Judentum in Geschichte und Gegenwart in der eigenen Region verortet ist.	✡✡	20
Judentum im Neuen Testament	Vielen Schülerinnen und Schülern ist vertraut, dass im Neuen Testament und bei Jesus Spuren des Judentums zu finden sind. Hier sollen nun an das Judentum anknüpfende und abgrenzende Texte untersucht werden.	✡	21
Das hebräische Alphabet	Der Überblick über das Hebräische (Tabelle) soll helfen, die Sprache lesen und beispielsweise Inschriften entziffern zu können.	✡✡	22
Jüdische Spuren in unserer Sprache	Viele Vornamen der Lernenden sind jüdischen Ursprungs. Dies kann mithilfe der Materialien (mit „Hebräisch“, S. 22) herausgefunden werden.	✡✡	23
Eine Geschichte – nicht ganz auf Deutsch	Die Erzählung hilft, Spuren des Jiddischen in unserer Sprache zu entdecken. Die Einführung und das kleine Lexikon regen an, selbst eine Geschichte in Jiddisch zu schreiben.	✡✡	24 – 25
Besuch in Israel – Besuch in Deutschland	Beide Erfahrungsberichte von Schülerinnen und Schülern können gegenübergestellt und verglichen werden.	✡✡	26 – 27
Madonnas Geheimnis	Kabbala ist durch die Sängerin Madonna in Mode gekommen. Der Text führt in den aktuellen Boom der Geheimlehre ein und zeigt dabei, wie plötzlich eine jüdische Tradition Thema der Popularkultur wird.	✡✡	28

Judentum in Bildern

☞ Zu welchen Bildern fällt dir etwas ein? Fasse kurz zusammen, was du weißt.

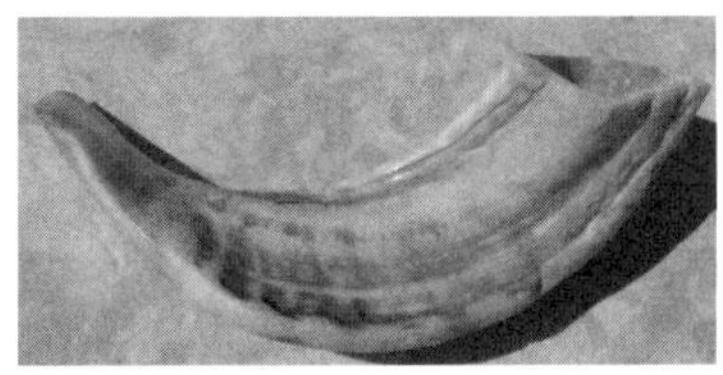

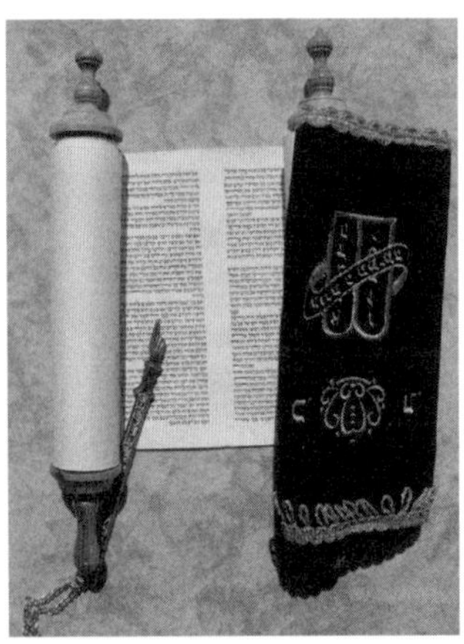

Begegnungen

In der **Erzählung „Schalom Martin“** begegnen sich die beiden Jugendlichen Martin und David in der Schule. David gehört der jüdischen Gemeinde an. Für Martin ist dies die erste Begegnung mit dem Judentum:

„Wie viele Leute gibt es denn bei uns in Deutschland, die deiner Religion angehören?“, fragte Martin, der inzwischen neugierig geworden war.
David erklärte: „Heute leben ungefähr 140 000 jüdische Menschen in Deutschland. Weißt du, es gab früher einmal viel mehr Juden hier. Allein dreimal so viele in den Städten wie heute da sind. Selbst in kleinen Dörfern gab es jüdische Gemeinden. Aber seit die Nationalsozialisten Hunderttausende vertrieben und umgebracht haben, gibt es nicht mehr so viele.“
Von dem, was David gerade erzählte, hatte Martin zwar dunkel etwas mitbekommen, aber er wollte nicht nachfragen. „Irgendwann wird sich das klären“, dachte er sich.
David erklärte weiter: „Weltweit gibt es ungefähr 14 Millionen Menschen, die sich zum jüdischen Glauben bekennen. Die meisten leben heute in Amerika oder in Israel. (...)
Hier in Mannheim gibt es eine große jüdische Gemeinde und eine Synagoge.
Dort feiern wir immer den Schabbat. Sogar einen jüdischen Friedhof gibt es hier ...“
Einen eigenen Friedhof? Synagoge? Schabbat? Martin war etwas verwirrt. Aber er dachte auch: „Das wird sicher spannend mit David.“

☞ Was würdest du über das Judentum wissen, wenn du plötzlich jemandem begegnest, der dem jüdischen Glauben angehört?
☞ Wie und wo begegnete dir das Thema bisher?

Eine Radiomeldung

Der Rundfunk Berlin Brandenburg berichtet in seiner Sendung „Klartext“ am 22.11.2006 unter dem Titel **„Jüdische Kinder unter Polizeischutz“:**

Die Bilder sieht man fast jeden Tag in den Nachrichten: Bilder von den Kämpfen im Libanon. Da fallen Bomben, Häuser werden zerstört, Menschen sterben. Das heißt dann „Nahost-Konflikt“. Vielleicht denken Sie da manchmal auch, das ist alles schlimm, aber zum Glück weit weg. Aber so weit weg ist das gar nicht. Mitten in Berlin sind die Folgen zu spüren. Ein 14-jähriges Mädchen erlebt sie sogar hautnah. Ohne Polizeischutz konnte sie nicht mehr zur Schule gehen. Weil sie Jüdin ist ...
Anne (Name geändert): „In meinem Leben bin ich ziemlich viel vorsichtiger geworden, weil ich habe Angst, meine Religion zu sagen, dann könnte mir irgendwas passieren. Ich binde es jetzt nicht jedem auf die Nase irgendwie: Yo, ich bin Jüdin.“
Wir nennen sie Anne und zeigen ihr Gesicht nicht – zu ihrer Sicherheit. Anne, ein 14-jähriges Mädchen aus Berlin-Kreuzberg fühlt sich nur zu Hause richtig sicher. Hier macht sie keiner verantwortlich für Konflikte, die fernab am anderen Ende der Welt täglich Tote und Verletzte fordern.
Hier in Kreuzberg sind es Mädchen und Jungen aus ihrer Schule und Jugendliche aus ihrem Kiez, arabische Migrantenkinder, die sie, die Jüdin, verantwortlich machen. Einige haben sie zum Feindbild erklärt ...

☞ Was weißt du über die Hintergründe dieser Radiomeldung?

Spuren des Judentums in der Region

In folgenden Städten gibt es im Jahr 2007 jüdische Gemeinden.

☞ Welche Gemeinde liegt in deiner Nähe? Was kannst du über sie herausfinden?

☞ Ihr könnt eine Deutschlandkarte anfertigen, wo es überall eine jüdische Gemeinde gibt.

Aachen
Ahrensburg (bei Hamburg)
Amberg
Augsburg
Bad Kreuznach
Bad Nauheim
Bad Nenndorf
Bad Pyrmont
Bad Segeberg
Baden-Baden
Bamberg
Bayreuth
Berlin
Bielefeld
Bochum-Herne-Hattingen
Bonn
Braunschweig
Bremen
Bremerhaven
Celle
Chemnitz
Cottbus
Darmstadt
Delmenhorst
Dessau
Dortmund
Dresden

Duisburg
Düsseldorf
Elmshorn
Emmendingen
Erfurt
Erlangen
Essen
Flensburg
Frankfurt/Main
Frankfurt/Oder
Freiburg
Fulda
Fürth
Gelsenkirchen
Gießen
Göttingen
Gudensberg
Hagen i.W.
Halle/Saale
Hamburg
Hameln
Hannover
Heidelberg
Herford-Detmold
Hildesheim
Hof
Kaiserslautern

Karlsruhe
Kassel
Kiel
Koblenz
Köln
Königs-Wusterhausen
Konstanz
Krefeld
Leipzig
Lörrach
Lübeck
Ludwigshafen/ Rhein
Magdeburg
Mainz
Mannheim
Marburg
Minden
Mönchengladbach
München
Münster i.W:
Neu Fahrland (Brandenburg)
Nürnberg
Oberhausen
Offenbach
Oldenburg
Oranienburg

Osnabrück
Paderborn
Pinneberg
Pforzheim
Potsdam
Recklinghausen
Regensburg
Rostock
Saarbrücken
Schwerin
Seesen
Speyer
Straubing
Stuttgart
Trier
Ulm
Weiden
Wiesbaden
Wolfsburg
Wuppertal
Würzburg

Österreich und Schweiz:
Linz, Wien
Basel, Bern, Zürich

Vor 1938 gab es in deutschen Städten und Dörfern viele Synagogen und Gemeinden, die leicht auf einem Stadtplan zu finden waren (Abbildung).

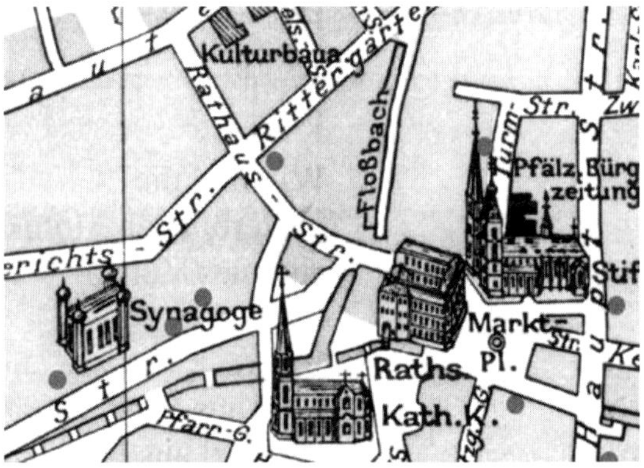

☞ Macht euch auf die Suche nach alten Spuren, die zeigen, ob es früher einmal Juden in eurer Region gegeben hat.

☞ Wo ist oder war beispielsweise die von dir aus am nächsten gelegene Synagoge?

☞ Wo ist der am nächsten gelegene jüdische Friedhof?

Auskunft geben können beispielsweise **Stadtarchive, Historische Vereine** oder besondere **Arbeitskreise** (z.B. **„Spurensuche“** oder **„Stolpersteine“**).
Ihr könnt hierzu auch im **Internet** recherchieren, z.B. unter:

- ❒ www.alemannia-judaica.de
- ❒ www.fritz-bauer-institut.de
- ❒ www.judentum.net

Spurensuche: Judentum im Neuen Testament

Jesus und seine ersten Jünger waren Juden. Das hat seine Spuren in der Bibel hinterlassen.

☞ Lies die Bibeltexte und schreibe die wichtigsten Informationen hierzu heraus:

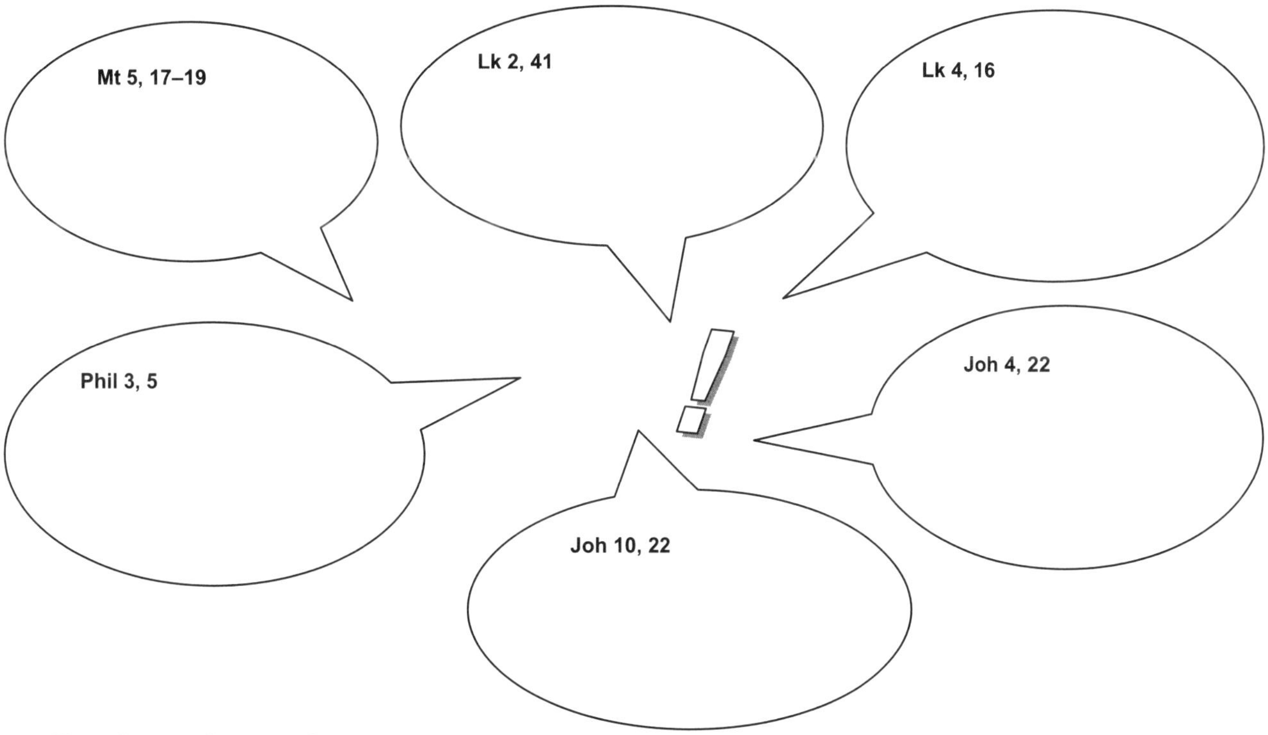

Es gibt im frühen Christentum auch eine **Abgrenzung vom Judentum**, die mit dem allmählichen Auseinandergehen der Wege zu tun hat.

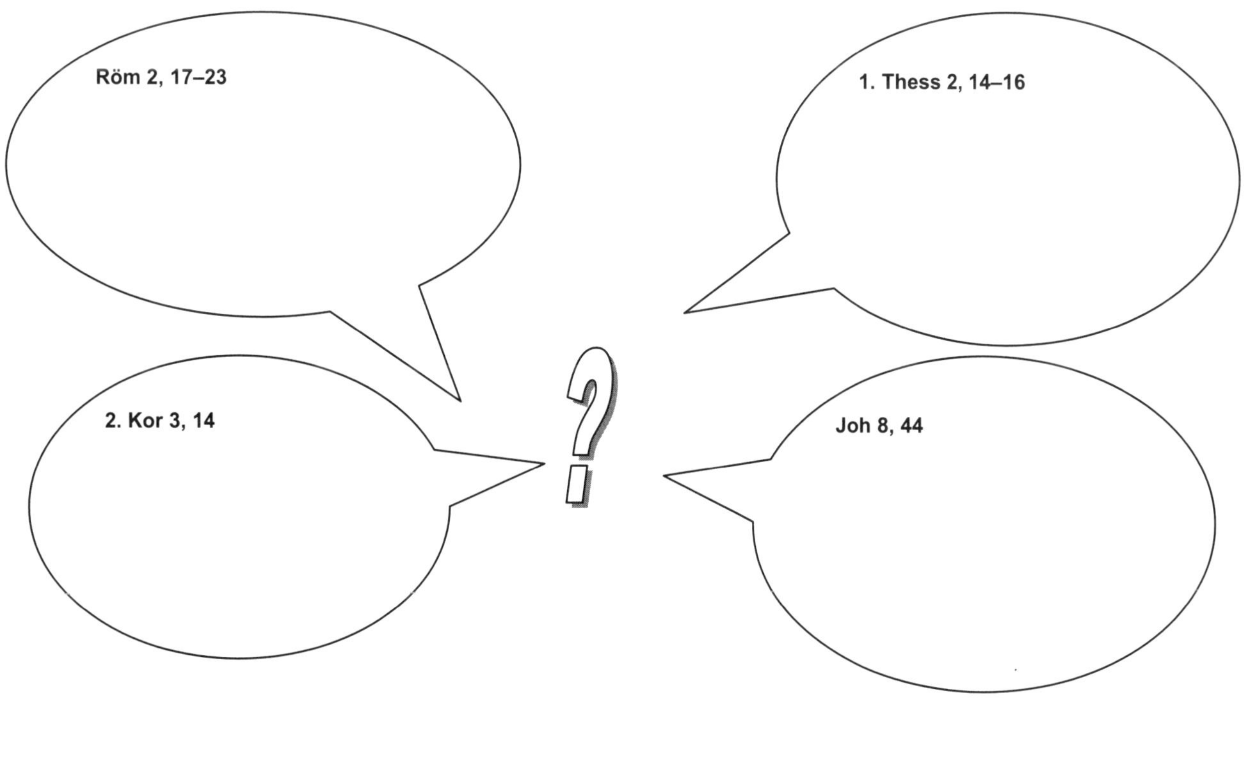

Das hebräische Alphabet

Im hebräischen Alphabet sind nur die Konsonanten geschrieben. Außerbiblische Texte sind in der Regel nicht vokalisiert. Auch Buchstaben wie Aleph, Jod und Ajin sind Konsonanten. Steht ein Aleph am Anfang, beginnt das Wort mit einem Vokal. Gelesen wird das Hebräische von rechts nach links. Schaut genau hin, leicht zu verwechseln sind die Buchstaben: ד (D), ך (K am Wortende) und ר (R), ב (B) und כ (K am Wortanfang oder im Wort), ebenso ה (H) und ח (CH). Wenn die Vokale geschrieben werden, werden sie als Striche oder Punkte unter die Konsonanten gesetzt. Das moderne Hebräisch (Ivrit) benutzt dasselbe Alphabet wie das Hebräische der Bibel, verzichtet aber auf die Schreibung der Vokale. Die Bibel für den Privatgebrauch ist vokalisiert geschrieben, weil man bei diesem wichtigen und heiligen Text bewahren wollte, wie man die Worte ausspricht und liest. Torarollen, die in der Synagoge verlesen werden, haben keine Vokale, weil dies eine Verfälschung des Textes bedeuten würde. Jeder Vorleser in der Synagoge weiß, wie die Wörter ausgesprochen werden.

Hebr. Buchstabe	Name	Lautwert
א	Aleph	Vokallaut ohne Konsonant
ב	Beth	b oder w
ג	Gimel	g
ד	Daleth	d
ה	He	h
ו	Waw	v, w
ז	Zajin	s
ח	Het	ch
ט	Tet	t
י	Jod	i, j
כ am Wortende: ך	Kaph	k, ch
ל	Lamed	l
מ am Wortende: ם	Mem	m
נ am Wortende: ן	Nun	n
ס	Samech	s
ע	Ajin	Gepresster Knacklaut* (gutural, stärker aus dem Hals heraus gesprochen)
פ am Wortende: ף	Pe	p, f
צ am Wortende: ץ	Sade	z
ק	Qoph	k, q
ר	Resch	r
שׂ/שׁ	Sin/Schin	s, sch
ת	Taw	t

* Stimmabsatz, wie im Deutschen: be´absichtigen

☞ Wollt ihr eure Vor- und Nachnamen in Hebräisch aufschreiben, könnt ihr folgende hebräische Konsonanten für Vokale einsetzen:

א für A, E, O – ו für O, U – י für E, I, J, Ü – ה für E, Ä

Jüdische Spuren in unserer Sprache

Aus welcher Sprache kommt dein Name? Es gibt kaum einen Vornamen, der nicht seine Wurzel in der lateinischen, griechischen, einer germanischen oder der hebräischen Sprache hat. Ein Beispiel: **Michael.** Der „deutsche Michel" gilt als typisch Deutsch. Aber der Name ist jüdischen Ursprungs. Das hebräische Wort „El" bedeutet „Gott". Das Wort Mi-cha-el ist eigentlich eine Frage. Sie lautet: „Wer ist wie Gott?"

☞ Schau einmal im Inhaltsverzeichnis einer Bibel, im Alten Testament nach. Darin finden sich biblische Namen von Büchern, die heute noch bekannte Vornamen sind.

1. רחל
2. דניאל
3. בנימין
4. אדם
5. אסתר
6. דוד
7. שרה
8. מרים
9. לאה
10. דבורה

☞ Schreibt diese biblischen Vornamen mithilfe des hebräischen Alphabets ins Deutsche um. Um welche Vornamen handelt es sich?

☞ Wer einen Namen hat, der aus dem Hebräischen kommt, sucht nach Informationen über die Person, nach der sie benannt ist.

Hilfe: Folgende Namen finden sich oben: Lea – Rahel – David – Adam – Benjamin – Deborah – Sarah – Daniel – Mirjam – Ester.

Finde folgende **Städte- und Ländernamen** heraus:

1. תל-אביב
2. ירושלים
3. ישראל
4. אמריקה

Deutsch in hebräischen Buchstaben geschrieben: Ein jiddischer Schabbatwunsch

Unter deutschen Juden war es früher Brauch, deutsche Wörter in hebräischen Buchstaben zu schreiben. So findet sich auf einem Teller ein deutscher Schabbatwunsch mit hebräischen Buchstaben, der deshalb auch von rechts nach links zu lesen ist. Da das Deutsche aber im Gegensatz zum Hebräischen hier Vokale schreibt, wurden hebräische Konsonanten zu Vokalen umfunktioniert. TIPP: **א** kann hier für A stehen oder aber auch gar nicht gelesen werden. **ו** für O, U, aber auch für den Konsonanten W. Der Wunsch lautet also:

גוט יאהר אונד גוט וואך

....

Jiddisch

Die Anfänge des Jiddischen liegen im 12. Jahrhundert. Viele Juden aus Frankreich und England mussten nach Deutschland fliehen. So hat das Jiddische hebräische, deutsche und romanische Wurzeln. Als viele Juden nach Osteuropa wanderten, nahmen sie diese Sprache mit. Dort sickerten auch slawische Begriffe ein. Weitgehend unverändert hielt sich die Sprache bis ins 20. Jh. Nach der NS-Zeit schien das Jiddische als Volkssprache auszusterben. Heute wird es nicht nur in orthodoxen Kreisen in Amerika und Israel wieder vermehrt gesprochen, sondern erlebt auch in Künstler- und Literatenkreisen eine Neubelebung. Der Nobelpreisträger Isaak B. Singer schrieb alle seine Werke in Jiddisch. Auch die Lieder der Klezmer-Musik sind in dieser Sprache verfasst.

- **Abzocken** betrügen, reinlegen; jidd. *zchoken* – spielen, scherzen
- **Acheln/achilen** viel und gierig essen; jidd. *achlen/achila* >hebr. *achal*
- **Ausbaldowern** auskundschaften; jidd. *bal dower*: kundig, sachverständig >hebr. *ba´al dabar*
- **Ausgekocht** schlau, raffiniert, durchtrieben; jidd. *chochem* – klug, weise >hebr. *chacham*
- Wo der **Barthel/Bardel den Most holt:** Barthel/Bardel: jidd. *Barsel*: Eisen; Most: jidd. *moos* – Geld; d.h. wo man mit dem (Brech-)eisen an Moos (Geld) herankommt
- **Bedeppert** eigentl.: bedibbert; abgeleitet von: jidd.: *dabbern, dibbern* – reden >hebr. *dibber*, reden, im Sinne von beschwatzen, zureden, einschüchtern
- **Chuzpe** Frechheit, Anmaßung, Unverschämtheit >hebr. *chozef* – schamloser Mann
- **Essig** aus und vorbei sein; jidd. *hesek* – Schaden, Nachteil, Verlust
- **Ganove** jidd. *ganef* – Dieb >hebr. *ganav*: stehlen
- **Großkotz** jidd. *kozin* – Richter, Anführer, Reicher, umgangssprachlich: Angeber >hebr. *kazin*
- **Hechtsuppe** Es zieht wie Hechtsuppe. „Hechtsuppe" leitet sich nicht von etwas Essbarem ab, sondern von hebr. *hech supha*, was so viel heißt „wie ein Sturmwind"
- **Herummosern** nörgeln; jidd. moser – Verräter >hebr. moser
- **Kies** jidd./hebr. kis – Beutel, Sack
- **Knast** Gefängnis; jidd. knas – Strafe
- **Koscher** richtig, rein, in Ordnung; jidd. koscher >hebr. kascher
- **Für lau** für nichts; jidd. lo, lau: nichts >hebr. lo (Verneinung)
- **Macke** Schlag, Hieb; jidd. makke – Hieb, Schaden, Wunde >hebr. makka
- **Malochen** schwer arbeiten; jidd. meloche/ maloche – Arbeit >hebr. malach – Bote
- **Mauscheln** betrügen; jidd. mosche, mausche, bedeutet eigentlich „Moses", sodass „mauscheln" so viel heißt: wie Moses (d.h. als Jude) reden/handeln
- **Meschugge** verrückt; jidd. meschugge
- **Miese** Fehlbetrag, Defizit; jidd. mis – ekelhaft, garstig; daher: mies machen = verleiden
- **Mischpoche** Verwandtschaft; jidd. mischpoche >hebr. mischpachah
- **Pleite** Bankrott; jidd. plete – fort >hebr. pletah – Entrinnen (so auch: „flöten gehen": sich auf die Flucht begeben)
- **Reibach** Gewinn; jidd. rebbach, rewach
- **Rochus/Roges** Zorn, Wut; jidd./hebr. roges – Zorn
- Einen guten **Rutsch** wünschen! > hebr.: rosch – Kopf, Haupt, Anfang. Also: „Ein guter Anfang!" Auf Hebräisch heißt „Neujahr": Rosch ha Schana
- **Schlamassel** Unglück, Pech; entweder zusammengesetzt aus: schlimm und massel (Glück; vgl. „vermasseln") oder >hebr. schä-lo massal = was nicht Glück ist
- **Schmu** Betrug; jidd. schmus – Gerede, Gerücht >hebr. schmuoth
- **Schofel** schäbig, schlecht; jidd. schofel >hebr. schaphel – niedrig
- **Schummeln** betrügen; ein Schummler war ein Jude aus den SchUMstädten (Speyer/Worms/ Mainz; gebildet aus den Anfangsbuchstaben: Sch = Speyer / U = W = Worms / M für Mainz). Die Handelstätigkeit der Juden und ihr Geldverleih brachten sie ständig in Verdacht zu betrügen
- **Stuss** Unsinn, Quatsch; jidd. Stuss
- **Tacheles reden** Klartext reden; jidd. tachles – Zweck, Ziel >hebr. taklith – Ende, Äußerstes
- **Zoff** Streit; jidd. Zoff – Ende >hebr. sof
- **Verkohlen** veralbern, beschwindeln; jidd./hebr. kol – Stimme
- **Vermasseln** gründlich den Spaß an etwas verderben; jidd. massel – Glück >hebr. massal
- **Zappenduster** vielleicht >hebr. saphon: Norden; was nördlich liegt

☞ Schreibe eine Geschichte mit mindestens 10 jiddischen Ausdrücken.

Eine Geschichte – nicht ganz auf Deutsch

Es war am letzten Tag des Jahres, als sie das Haus verließen. Es war Nachmittag und schon zappenduster. Der Wind pfiff um die Häuserecken und es zog wie Hechtsuppe. Sie waren auf dem Weg, ihren Onkel und ihre Tante zu besuchen, um ihnen einen guten Rutsch zu wünschen. Eigentlich machten sie diesen Besuch mehr aus Pflichtgefühl, als dass sie Lust darauf gehabt hätten, denn ihr Onkel war ein regelrechter Großkotz und seine Frau war ziemlich meschugge. Der Onkel moserte ständig herum und interessierte sich im Grunde nur dafür, ob es etwas Anständiges zu acheln (achilen) gab. Die Tante dagegen wollte immer nur pokern. Dabei ging es richtig zur Sache, sie spielte nicht für lau, sondern um viel Kies und machte dabei ordentlichen Reibach. Sie schummelte, wo immer sich die Gelegenheit bot. Würde ihre Tante die Abzockerei berufsmäßig betreiben, bräuchte sie dank ihrer Mauschelei nicht mehr zu malochen. Sie hatten wegen des Pokerspiels schon oft Zoff mit ihrer Tante gehabt. Aber obwohl sie deshalb mehrfach Tacheles mit ihr geredet hatten, ließ sie sich in ihrer Spielleidenschaft nicht beirren. Denn ihre Tante fand es schofel, dass man ihr nicht den kleinsten Spaß gönnen wollte. Trotz all der Macken, die die beiden hatten, war es ihre Mischpoche und deshalb konnte man auch einmal ein paar Stunden ihre Gesellschaft ertragen.

Als sie in die Straße einbogen, wo ihre Verwandten wohnten, sahen sie auf einmal einen fremden Mann vor dem Gartentor stehen, der sich vorsichtig nach allen Seiten umschaute, als wollte er etwas ausbaldowern. Das kam ihnen nicht ganz koscher vor, zumal der Mann, der sie offensichtlich nicht gesehen hatte, plötzlich über das Gartentor sprang und eilig im Garten verschwand. Sie näherten sich dem Haus und sahen, dass der Mann sich an einem Kellerfenster zu schaffen machte. Offensichtlich wusste er, wo der Barthel den Most holt, und sie staunten nicht schlecht über die Chuzpe des Ganoven. Merkwürdig war, dass im Haus alles dunkel war, obwohl Onkel und Tante doch zu Hause sein mussten. Von der Straße aus riefen sie mit dem Handy die Polizei, um dem Einbrecher die Tour zu vermasseln. Die kam auch gerade an, als der Dieb mit einer großen Tasche in der Hand aus dem Haus stürzte. Der schaute recht bedeppert drein, als die Polizei ihn in Empfang nahm. Denn er hatte sich ja für besonders ausgekocht gehalten. In der Tasche hatte er die wertvolle Münzsammlung ihres Onkels, den Schmuck ihrer Tante und dazu noch Bargeld abtransportiert. Die Polizisten erkannten in ihm einen alten Kunden wieder, dem sie gleich ein paar Jahre Knast ankündigten.

Da sich im Haus noch nichts gerührt hatte, verfrachteten die Polizisten den Einbrecher fürs Erste in den Polizeiwagen und klingelten dann an der Haustür. Es dauerte eine ganze Weile, bis Onkel und Tante öffneten. Sie hatten Mittagsschlaf gehalten und den Einbruch überhaupt nicht mitbekommen. Deshalb erschraken sie sehr, als sie die Polizei sahen. Als sie erfuhren, dass gerade ein Einbruchsversuch vereitelt worden war, glaubten sie zuerst, man wolle sie verkohlen. Als sie aber begriffen, dass die Polizisten keinen Stuss redeten, war es mit ihrer Ruhe Essig. Die Tante hatte jedoch fast mehr Rochus auf ihren Mann, der, wie sie meinte, besser hätte aufpassen müssen, als auf den Einbrecher selbst. Doch als die Polizisten ihr versicherten, dass alles Diebesgut sichergestellt worden war, beruhigte sie sich schnell wieder. Als die Polizei gegangen war, bat sie ihre Nichte und ihren Neffen ins Haus, und zum Trost, um dem ganzen Schlamassel dennoch eine gute Seite abzugewinnen, spielten alle doch noch Poker. Wie zu erwarten, machte ihre Tante Schmu und gewann. Die drei anderen Mitspieler kamen jedoch in die Miesen und für sie war der Nachmittag eine richtige Pleite.

☞ Unterstreiche alle jiddischen Wörter, die du gefunden hast. Dann übertrage den Text sinngemäß in gutes Hochdeutsch. Wenn du die Bedeutung der Wörter nicht kennst, benutze das „Jiddische Wörterbuch“.

Besuch in Israel

Voller Vorfreude landeten wir auf dem Ben Gurion Flughafen in der Nähe von Tel Aviv. Dort wurden wir begeistert mit Gesängen und Orangen begrüßt. Es war wirklich, als hätten wir uns gestern erst getrennt. Die Eingewöhnung in das fremde Land fiel allen ziemlich leicht: die Sonne, das gute Essen, die Farbenpracht der Landschaft – alles war überwältigend. Das Programm, das die Israelis für uns zusammengestellt hatten, enthielt viel Vergnügliches, vom Backen des eigenen Fladenbrotes und Reiten auf dem Kamel in der Wüste Negev bis zum Bad im Toten Meer. Gelernt haben wir mit Sicherheit viel – eben auch das, was man aus Büchern nicht lernen kann, z.B. was es für unsere Gastgeber wirklich bedeutet, einmal im Jahr der toten Soldaten aus den verschiedenen Kriegen zu gedenken, denn fast jede Familie hat Opfer zu beklagen. Uns wurde klar, in welcher Sicherheit wir in Deutschland leben. Den Gedenktag für die gefallenen Soldaten erlebten wir in Israel hautnah mit wie auch den Unabhängigkeitstag und den Holocaust-Gedenktag, der uns wieder mit der eigenen Geschichte konfrontierte.

Wir haben Israel als sehr vielfältiges und vielschichtiges Land kennengelernt, kein Land für vorgefertigte Meinungen oder Lösungen. Israel ist ein Land voller Lebendigkeit, ständig fordert es uns heraus, sich mit ihm auseinanderzusetzen. Wir besuchten Kapernaum und Tabga, den Ort des Brotvermehrungswunders, und die Kirche der Seligpreisungen am See Genezareth sowie Nazareth, heute eine arabisch geprägte Stadt. In Jerusalem konnten wir das Religiöse buchstäblich mit den Händen greifen, z. B. an der Klagemauer, dem Felsendom und der Grabeskirche. Und als Jochen und Lukas ihre Fotoapparate verloren und schließlich wiederbekommen hatten, da war ihnen klar, dass Stoßgebete im Land der Bibel prompt beantwortet werden, weil sie – wie es heißt – nur Ortsgespräche zu Gott sind.

Noch etwas, was man nicht aus Büchern lernen kann, ist die Begegnung mit den Menschen. „Warum müssen wir uns denn noch diesen Vortrag im Kibbuz anhören, darüber haben wir doch schon einen Film gesehen", fragte eine Schülerin nach einem erlebnisreichen Tag am See Genezareth. Doch alle Müdigkeit war verflogen, als wir dem alten Kibbuznik mit seinen abenteuerlichen Geschichten aus der Gründerzeit des Staates Israel lauschten.

Irgendwann mussten auch wir die Heimreise antreten. Voll mit Eindrücken und Erfahrungen kehrten wir nach Hause zurück. Für viele war es sicher nicht die letzte Reise nach Israel. So sagten wir *Lehitraot*: Auf Wiedersehen. Vielleicht nächstes Jahr in Jerusalem.

☞ Was hat den Schülerinnen und Schülern aus Speyer die Israel-Reise gebracht?

☞ Suche auf einer Israel-Karte die Orte heraus, die auf dem Besichtigungs-Programm standen! Sammle im Internet und in Büchern Informationen über Land und Leute.

☞ Was würde dich selbst in Israel am meisten interessieren? Stelle ein einwöchiges Reiseprogramm zusammen und entwerfe eine Werbebroschüre.

Ein Besuch in Deutschland

„Das kann man nicht aus Büchern lernen", lautete die Überschrift des Zeitungsartikels, mit dem der erste Schüleraustausch des Nikolaus-von-Weis-Gymnasiums und des Gymnasiums am Kaiserdom mit der Ginsburg Highschool in Yavne/Israel offiziell endete. Ein Jahr zuvor waren Speyer und Yavne eine Städtepartnerschaft eingegangen; der Schüleraustausch sollte nun das erste gemeinsame Projekt sein. Für uns, die verantwortlichen Lehrer, begann eine hektische Zeit der Planung. Während der vorbereitenden Treffen fragten wir uns, wie denn die israelischen Gäste sein würden, schließlich kämen sie aus einem orientalischen Land, ob wir uns mit ihnen gut (in Englisch) verständigen könnten, und ob sie Vorurteile gegen uns als Deutsche hätten.

Lukas erinnert sich noch gut an die Ankunft der israelischen Schüler auf dem Frankfurter Flughafen, wie sie alle – ausgestattet mit Begrüßungsplakat und Brezeln – fast eine Stunde warten mussten, und die Spannung sich ins Unerträgliche steigerte, bis die 21 Israelis im Alter von 15 Jahren durch die Schranke stürmten. Auf der Fahrt nach Speyer dudelte bereits israelische Popmusik durch den Lautsprecher des Busses, und erste Verabredungen wurden getroffen. Die direkte, unkomplizierte Art der Israelis erleichterte die Kontaktaufnahme mit den deutschen Jugendlichen sehr, allerdings war einigen von diesen die nie erlahmende Energie und Unternehmungslust der Gäste manchmal fast zuviel des Guten. Für jene war das prall gefüllte Programm mit Schulbesuch, Ausflügen nach Frankfurt, Heidelberg, Worms und in den Pfälzer Wald kein Problem. Auch die Familien gaben sich sehr große Mühe, ihren Gästen an den Wochenenden etwas zu bieten.
Ein besonderes Erlebnis für die deutschen und israelischen Schüler bleibt der Besuch des ehemaligen Konzentrationslagers Struthof im Elsass. Für israelische Schülergruppen, die nach Deutschland fahren, ist ein Besuch von Stätten, an denen Juden durch den nationalsozialistischen Terror zu Tode kamen, obligatorisch. Hier sollen sie lernen, wie wichtig der Staat Israel als Zufluchtstätte für alle Juden ist. Zur Erinnerung an die Opfer gestalten sie eine Gedenkfeier mit Texten, Liedern und dem Niederlegen von Blumen. Für die deutschen Schüler war dieser Gang verständlicherweise schwer. Sind sie doch ein Teil des Volkes, das einmal so viel Leid über so viele Menschen gebracht hat. Julia hat damals ihre Gedanken in dem Gedicht „Erinnerungen" niedergeschrieben. Der Besuch in Struthof hat auf beiden Seiten tiefe Emotionen freigesetzt. Am Ende der Gedenkfeier jedoch haben die Deutschen den Israelis die Hände zum Zeichen der Versöhnung reichen können; viele haben sich in den Armen gelegen und gemeinsam geweint. Die Schüler waren sich darüber einig, dass diese Erfahrung ihre Beziehungen untereinander sehr gestärkt hat.
Schließlich kam der Tag der Abreise. Die Schüler aus Yavne konnten sich nur schwer von ihren neuen Freunden trennen, manche wollten sogar schon in den Herbstferien wiederkommen, da unser Gegenbesuch in Israel ja erst für April nächsten Jahres geplant war.

☞ Mit welchen Gefühlen sind die israelischen Schülerinnen und Schüler wohl nach Deutschland gekommen? Was mussten die deutschen Gastgeber bedenken?

☞ Was könnte Julia in ihrem Gedicht „Erinnerungen" geschrieben haben? Versuche es selbst einmal.

☞ Was haltet Ihr von der Idee einer Partnerschaft mit einer israelischen Schule? Diskutiert den möglichen Nutzen, aber auch Probleme, die es geben könnte.

Madonnas Geheimnis

Spurensuche in der Popmusik

Madonna, Demi Moore und Britney Spears. Immer mehr „Schöne und Reiche“ bekennen sich zur jüdischen Geheimlehre der Kabbala. In den Texten der Tora, so glauben sie, seien alle Prinzipien des Universums überliefert. Wer ihren geheimen Code versteht, halte deshalb den Schlüssel zu Wohlstand und Glück in der Hand. In der jüdischen Theologie gelten die kabbalistischen Texte bis heute als nur für diejenigen zugänglich, die die Tora und ihre Kommentare, den Talmud, lange studiert haben. Das ist für Hollywoodstars natürlich viel zu mühsam. Der amerikanische Kabbala-Guru Philip Berg empfiehlt deshalb seine englische Übersetzung zentraler Kabbala-Texte, die man gar nicht erst lesen muss: Berg behauptet, es reiche, mit der Hand darüberzustreichen, um die Weisheit in Sekundenschnelle in sich aufnehmen zu können. Madonna hat die Werke nach Bergs Anleitung „gescannt“, sie bekennt sich zur Lehre und nennt sich mittlerweile Esther. In ihrem Video zum James-Bond-Titelsong *Die Another Day* zeigt sie auf nackte Haut tätowierte hebräische Buchstaben und hat ihren Arm mit dem Gebetsriemen (Tefillin) umwickelt. Und, wie Medien berichteten, besingt Madonna in ihrem neuen Album *Confession on a dancefloor* den wohl größten Kabbalisten aller Zeiten, Isaak Luria.

Wer die Kabbala versteht, wird reich, schön und glücklich, so werben die neuen Kabbala-Gurus um die verlorenen Seelen. Viele ernstzunehmende Rabbiner, seien sie orthodox oder liberal, halten den neuen Mode-Kabbalismus hingegen für Humbug. Es sei ein Versuch, eine neue, leicht verdauliche Religion zu schaffen, die vorgebe, die Probleme der Welt im Handumdrehen zu lösen. Das Ziel der jüdischen Mystiker sei aber, den göttlichen Anweisungen zu folgen und die Welt einen Schritt weiter auf dem Weg zur Erlösung zu bringen.
Die Kabbala unter Aufsicht eines dafür ausgebildeten Rabbiners zu studieren, die meditative Praxis zu beherrschen, die großen Geheimnisse der Tora und der Welt zu verstehen, kann das geistige Leben enorm bereichern. Der Weg, die jüdische mystische Welt kennenzulernen, ist allerdings mit viel Disziplin, Gehorsam und Studium verbunden. Der Weg beginnt mit einfacher Gebotserfüllung. Das Lernen findet aber in einer rabbinischen Akademie statt. Dort werden auch Lehre und Leben von Isaak Luria vermittelt. Doch davon hat Madonna wohl noch nichts gehört. Denn, wie die Pop-Ikone von MTV News zitiert wird, sei die Behauptung, ihr Song Isaac handle von Isaak Luria, total absurd. „Ich weiß überhaupt nichts über Isaak Luria – wie sollte ich da einen Song über ihn schreiben?“

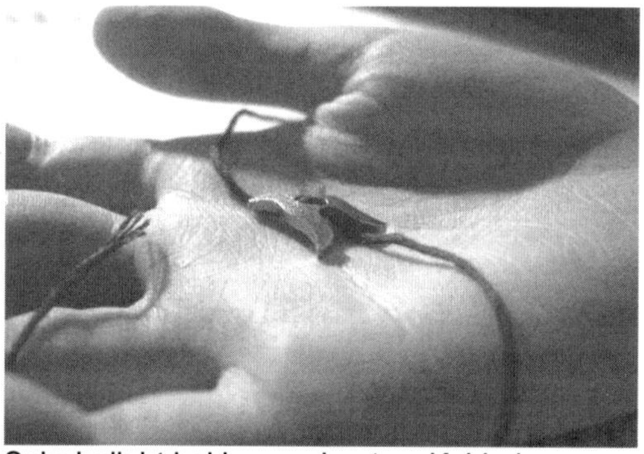

Sehr beliebt bei jungen Leuten: Kabbala-Armbändchen gegen den „bösen Blick“

- ☞ Fasse kurz das Problem zusammen, das hier beschrieben wird.
- ☞ Erkundige dich über die Kabbala und Isaak Luria.
- ☞ Schreibe einen Leserbrief (an die BRAVO), worin du deine Meinung zu Madonnas Kabbala-Begeisterung zusammenfasst. Mache darin deutlich, wo für dich persönlich die Grenze zwischen Glaube und Aberglaube liegt.

Entdeckungen: Jüdische Feste – Schabbat – Lebensfeste

Jüdische Feste im Jahreskreis

Der jüdische Kalender	Einführung in die Besonderheiten des jüdischen Kalenders. Der Festkreis kann mit dem Kirchenjahr verglichen werden.	✡	30
Feste im Jahreslauf – ein Überblick	Der Überblick fasst die wichtigsten Stichworte über die Jahresfeste zusammen. Der Überblick kann auch spielerisch eingesetzt werden, wenn man in der Wiederholungsphase die einzelnen Rubriken zerschneiden und zuordnen lässt.	✡✡	31
Einzelne Feste	Die Bausteine zu den einzelnen Festen können auch in Form eines offenen Unterrichts (Stationenarbeit) oder als Expertenarbeit eingesetzt werden. • **Rosch ha Schana** • **Jom Kippur** • **Sukkot** • **Chanukka** o **Dreidel-Spiel** • **Purim** • **Pessach** o **Pessach-Fragen** o **Speisen beim Sedermahl** • **Schawuot**	✡	32 33 34 35 36 37 38 39 40 41
Rezepte fürs Feiern	Hier sind verschiedene Rezepte für Speisen zu finden, die an den Festen gegessen werden.	✡✡	42
Christliche und jüdische Feste	Es sollen Beziehungen in der Tradition der christlichen und jüdischen Feste gegenübergestellt werden.	✡	43

Schabbat

Schabbat – der höchste Feiertag	Auszug aus „Schalom Martin“: David führt seinen Freund Martin in die Feier des Schabbat ein. Die Bilder dienen dazu, die Geschichte anhand von markanten Eckpunkten nacherzählen zu lassen.	✡	44 - 45
Schabbat in der Bibel und im Talmud	Quellen über den Schabbat in der Bibel und im Talmud werden hier zur eigenen Recherche und zur Aufarbeitung zusammengefasst.	✡	46

Lebensfeste

Riten im jüdischen Leben	Überblick über die Lebensfeste – als Zuordnungsspiel gedacht.	✡	47
Riten im Rhythmus des Lebens	• **Beschneidung** • **Bar und Bat Mizwa** • **Hochzeit** • **Beerdigung**	✡✡	48 49 50 51
Jüdische Friedhöfe	Das Arbeitsblatt führt in die Gestaltung und die Symbole ein, die den jüdischen Friedhof besonders machen. Frage nach der Fernsehserie: Es handelt sich hierbei um „Raumschiff Enterprise“ und den Gruß der Vulkanier. Gene Roddenbery (Autor) und Leonard Nimoy (Schauspieler Mr. Spock) sind beide Juden.	✡✡	52

Der Jüdische Kalender

Der Jüdische Kalender zeigt zwei Jahreszahlen.
So zählt man im Herbst 2005/2006 das jüdische Jahr 5766.
Die Jahre werden im Judentum nicht „nach Christus“ gezählt, sondern nach der Erschaffung der Welt.
Als Datum der Weltschöpfung gilt traditionell das Jahr 3760/3761 vor der christlichen Zeitrechnung. Man kommt auf die Zahl, indem man alle Aufzählungen in der Bibel zusammenzählt.

☞ Zähle in 1. Mose 5 alle Jahre zusammen, die dort stehen.

✡ Der Tag beginnt am Vorabend des Tages.
✡ Dem jüdischen Kalender liegt ein Mondkalender, kombiniert mit Elementen des Sonnenjahres, zugrunde. Alle fünf bis sieben Jahre muss daher ein extra Monat (Schaltmonat = zweimal der Monat Adar) dazukommen.
✡ Besonders Erntezeiten sind wichtig, an die große Feste erinnern (Pessach, Schawuot, Sukkot).
✡ Die Monate werden anders benannt. Das Jahr beginnt mit dem Monat Tischri im September/Oktober.

☞ Vergleiche diesen Jahreskreis mit dem Kirchenjahr und trage christliche Feste in den Kalender ein.

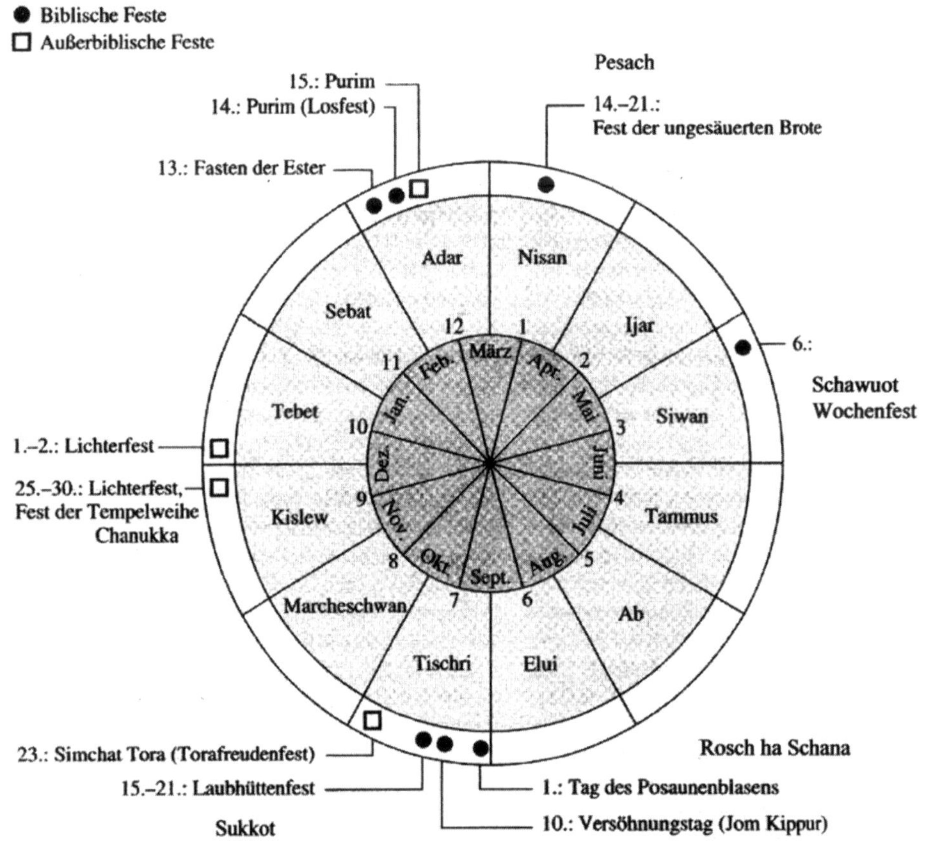

Feste im Jahreslauf – ein Überblick

Feste	Biblischer bzw. historischer Bezug	Rituelle Handlungen
Rosch Ha Schana (Neujahrsfest)	• Name: „Kopf“ oder „Anfang“ des Jahres“ • dauert zwei Tage (im Herbst) • Erinnerung an die Schöpfung • Tag der Umkehr	• Lesung der Geschichte von Isaaks Bindung (1. Mose 22) • Blasen des Schofar (Widderhorn) • Speisen werden gereicht, die süß und rund sind
Jom Kippur (Versöhnungstag)	• Name: „Tag der Versöhnung“ • in Israel ein Tag, in der Fremde zwei Tage (10. Tischri im Sept./Okt.) • Bußtag, Fastentag	• Lesung des Buches Jona • Blasen des Schofar • Fasten • Tragen weißer Kleidung
Sukkot (Laubhüttenfest)	• Name: „Laubhütten“ • in Israel 7 Tage (in der Fremde 8 Tage) • Erntefest im Herbst • Erinnerung an die Wanderung der Israeliten durch die Wüste und an Gottes Hilfe und Rettung	• Bau einer Laubhütte (Sukka) • fröhlich und ausgelassen feiern • Feststrauß (Lulaw) aus Weiden-, Palmenzweigen, Myrten und einer Zitrusfrucht für den Gottesdienst
Simchat Tora (Tag der Gesetzesfreude, Letzter Tag von Sukkot)	• Name: „Tora-Freude“ • Ende und Neubeginn des Tora-Lese-Zyklus • Feier zum Ausdruck der Liebe und Verbundenheit zur Tora	• Alle vorhandenen Tora-Rollen werden aus dem Schrein genommen • Umzüge und Tänze mit der Tora
Chanukka (Weihefest, Lichterfest)	• Name: „Weihefest“ • dauert 8 Tage im Monat Tevet (Dezember) • Lichterfest, das an die Neuweihe des Tempels 164 v. Chr. in Jerusalem erinnert	• Anzünden des Channukka-Leuchters (Acht Kerzen und eine Hilfskerze) • essen von Speisen, die in Öl zubereitet wurden • Dreidel-Spiel • Geschenke (Chanukka-Gelt)
Purim (Losfest)	• Name: Pur (persisch) = „Los“ • ein Tag im Monat Adar (Februar) • Erinnerung an die Rettung der Juden in Persien durch Ester und Mordechai	• Lesung des Buches Ester • Karneval-Umzüge und Abhalten humoristischer Ansprachen • Lärm bei der Erwähnung des Namens Hamans
Pessach (Fest der ungesäuerten Brote)	• Name: „Vorbeischreiten“, „Verschonen“ • acht Tage im Monat Nisan (März/April) • Erinnerung an den Auszug der Israeliten aus Ägypten	• Vortrag der Auszugsgeschichte • Säuberung der Haushalte besonders von Nahrungsresten • symbolische Befragung des Vaters durch die Kinder • Essen ungesäuerten Brotes
Schawuot	• Name: „Wochenfest“ (50 Tage nach Pessach) • ein Tag im Monat Siwan (Mai) • Erinnerung an die Gesetzgebung (Zehn Gebote) durch Gott am Berg Sinai • ehemals: Fest der Erstlingsfrüchte und Erntewallfahrt	• Lesung des Buches Rut und der Zehn Gebote • schmücken der Häuser und Synagogen mit Blumen und Baumzweigen
Neunter Aw	• Name: nach dem Monat Aw • ein Tag, an dem an die Zerstörung des Tempels in Jerusalem erinnert wird	• Lesung der Klagelleder Jeremias und verschiedener Psalmen • Feier in der Synagoge

Rosch ha Schana

Rosch ha Schana (ראש השנה) bedeutet „Kopf“ oder „Anfang des Jahres“.
Der erste Tag des Jahres heißt auch „Tag des Posaunenblasens“.
Neujahr wird im Herbst gefeiert. Mit der Ernte im Herbst war für die Menschen früher das Jahr zu Ende.

Rosch ha Schana ist ein ernstes Fest. Man soll darüber nachdenken, was man im letzten Jahr falsch gemacht hat und nun ändern will. Wichtig ist die Versöhnung mit Menschen, denen man etwas angetan hat.

Zeichen

✡ Zeichen für das Neujahrsfest ist der Schofar. Dieses Widderhorn bläst man, um an die Umkehr zu erinnern (daher „Tag des Posaunenblasens“). Den ganzen Monat wird im Morgengottesdienst der Schofar geblasen.

✡ Weiteres Zeichen sind süße und runde Speisen. So werden beispielsweise Apfelringe mit Honig gegessen.

✡ Man sagt zueinander: „Zu einem guten Jahr mögest du ins Buch des Lebens eingetragen sein.“

✡ Es gibt die Tradition des „Taschlich“ („wegwerfen“): Man geht an einen Fluss oder Bach und schüttet den Inhalt seiner Tasche hinein. Damit will man zeigen: Alles Alte, besonders das, was man falsch gemacht hat, soll weggespült werden. Man erinnert sich dabei auch an die Sündenvergebung durch Gott (vgl. Mi 7,19: *Du wirst all unsere Sünden in die Tiefen des Meeres werfen*).

Woran erinnert wird:

✡ Man erinnert an die Erschaffung der Welt und der Menschen.

✡ Im Gottesdienst liest man die Geschichte von Abraham, der seinen Sohn Isaak opfern sollte (1. Mose 22). Statt seines Sohnes durfte Abraham schließlich einen Widder opfern. Daher kommt das Symbol des Widderhorns.

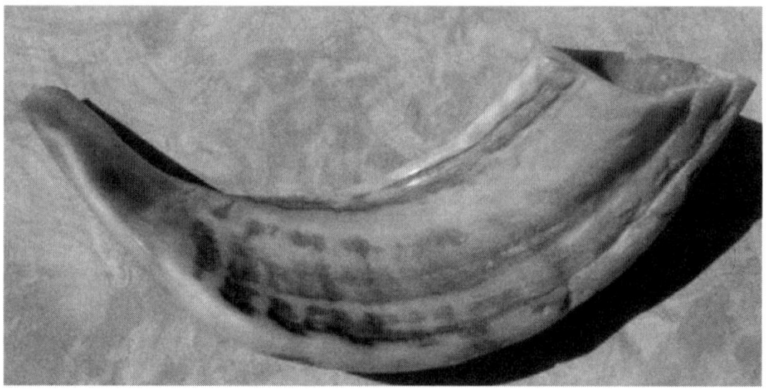

☞ Worin unterscheidet sich das jüdische Neujahrsfest von unserem?
Stelle den Ablauf beider Feste bzw. die Zeichen in einer Tabelle nebeneinander.

Jom Kippur

Zehn Tage nach Neujahr, am 10. Tischri, feiern Juden „Jom Kippur“ (יום כפור).
Jom bedeutet „Tag“ und „Kippur“ meint „Versöhnung“ (Versöhnungstag).

Viele beten und fasten den ganzen Tag. Man soll nachdenken, wie man sein Leben ändern und sich mit Gott versöhnen kann.
Traditionelle Juden reinigen sich vor Jom Kippur in der **Mikwe (rituelles Bad).** Dann fasten sie den ganzen Tag.
Im Gottesdienst wird das **Kol Nidre,** das heißt „Alle Gelübde“, gebetet. Man bittet darum, von allen nicht gehaltenen Versprechen Gott gegenüber aus dem letzten Jahr entbunden zu werden.
Im Gottesdienst wird aus dem **Buch Jona** gelesen wegen seines Hilferufes aus der Tiefe des Meeres. Beim Schlussgebet wird an die Barmherzigkeit Gottes appelliert (vgl. 2. Mose 34, 5–7). Am Ende wird der Schofar geblasen blasen.

Zeichen

✡ Zeichen für den Versöhnungstag ist, wie beim Neujahrsfest, ein Widderhorn („Schofar“). Auf diesem Horn bläst man wie auf einer Posaune. Der Schofar erinnert an eine Geschichte Abrahams und Isaaks (Gen 22).
✡ Viele tragen an dem Tag eine weiße Kippa, weiße Kleidung und verzichten auf Lederschuhe. Die Kleidung soll so einfach wie möglich sein. Auch die Synagoge wird weiß geschmückt. Die weiße Farbe symbolisiert Vergänglichkeit (auch das Sterbehemd ist weiß; vgl. Jes. 1, 18).

Woran erinnert wird:

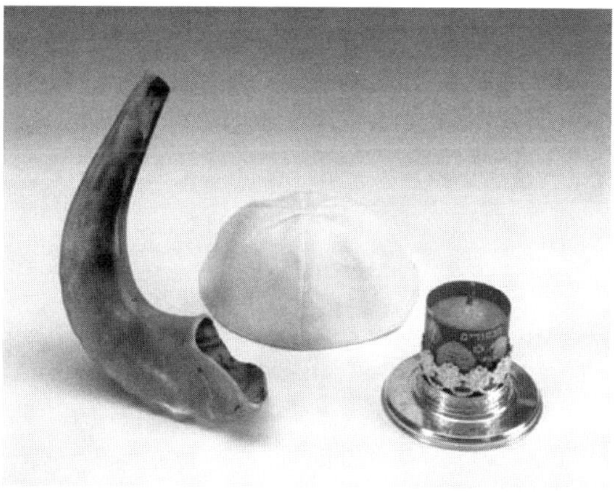

Besonders an die Buße des Volkes Israel in der Wüste, aber auch an all die Dinge, die man selbst im Leben falsch macht.
Als biblische Belegstellen für den Jom Kippur gelten 3. Mose 23, 26–32 und 3. Mose 16, 29–30.

☞ Lies nach, was hier über den Jom Kippur steht.

Bei uns wird auch ein „Bußtag“ gefeiert – der „Buß- und Bettag“. Bis vor wenigen Jahren war er ein offizieller Feiertag an einem Mittwoch im November. Dann wurde er als gesetzlicher Feiertag abgeschafft.

☞ Erkundige dich über die Gründe, die zur Abschaffung des Feiertages geführt haben.

☞ Welchen Sinn kann ein offizieller Bußtag haben? Wäre so ein Tag als religiöser Feiertag heute wieder sinnvoll?

Sukkot und Simchat Tora

Ab dem 15. Tischri wird in Israel sieben Tage lang das Laubhüttenfest **„Sukkot“** (סוכות) gefeiert (in der Diaspora: acht Tage).
Sukkot bedeutet **„Laubhütten“**. Ursprünglich war das Fest ein Erntefest. Man dankt Gott für die Ernte am Ende des Jahres. Dazu machte man früher eine Wallfahrt nach Jerusalem. Es soll an diesem Fest fröhlich zugehen.

Am Ende von Sukkot wird der Festtag **Simchat Tora** (שמחת תורה), das **„Fest der Gesetzesfreude“** gefeiert. Alle Tora-Rollen werden aus dem Tora-Schrein in der Synagoge geholt. Man tanzt mit der Tora in der Synagoge. Damit zeigt man seine Verbundenheit mit der Heiligen Schrift.
An Simchat Tora endet auch der jährliche Toralesezyklus (Reihenfolge der Abschnitte, die im Gottesdienst vorzulesen sind).

Zeichen

- ✡ Es werden im Garten oder auf Balkonen Hütten aus Holz, Zweigen oder Palmwedel gebaut. In Wohngebieten werden auch Gemeinschaftshütten errichtet. Durch das Dach soll man nachts die Sterne sehen können. Meist übernachtet der Vater mit den Kindern in der Laubhütte.
- ✡ Ein Feststrauß wird aus Weiden- und Palmenzweigen, aus Myrten gemacht. Er heißt Lulaw. Dazu gibt es eine Zitrone.

Woran erinnert wird:

- ✡ Das Fest erinnert an die Zeit der Israeliten in der Wüste. 40 Jahre musste Mose mit dem Volk Israel durch die Wüste wandern, bis er ins Gelobte Land kam.
- ✡ Das Fest erinnert an die Laubhütten, die „Sukkot“, die in 3. Mose 23, 42 f. erwähnt werden.

☞ Auch bei uns gibt es ein Erntefest. Wie wird dies gefeiert?

Chanukka

Im Monat Kislew (Dezember) wird das Chanukka-Fest gefeiert. Chanukka (חנוכה) bedeutet „Einweihung“. Weil Lichter eine wichtige Rolle spielen, nennen manche Chanukka auch „Lichterfest“. Das Fest dauert acht Tage.
In Israel ist Chanukka ein sogenannter Halbfeiertag, das heißt, er geht nicht auf biblische Gebote, sondern auf historische Ereignisse zurück.

Zeichen

- ✡ Zeichen für das Chanukka-Fest ist der neunarmige Chanukka-Leuchter. Er findet sich in jeder Synagoge und in Haushalten.
- ✡ An den acht Tagen des Festes wird an jedem Abend ein Licht mehr angezündet. Der neunte Arm ist der „Schammes“, der „Diener“, an dem die anderen Lichter angesteckt werden. Er soll sich sichtbar von den anderen abheben.
- ✡ Am Freitagabend (Schabbat) werden die Chanukka-Lichter vor den Schabbat-Kerzen angezündet. Sie sollen nach außen sichtbar sein (z.B. auf dem Fensterbrett stehen).
- ✡ Da Öl bei Chanukka eine große Rolle spielte, ist es üblich, Speisen zu servieren, die in Öl zubereitet wurden. Zu den beliebtesten Gerichten gehören in Öl frittierte Kartoffelpuffer oder Krapfen.
- ✡ An Chanukka spielen Kinder gerne das Dreidel-Spiel.
- ✡ Heutzutage gibt es häufig Geschenke oder „Chanukka-Gelt“, das auch für wohltätige Zwecke gespendet wird.

Woran erinnert wird:

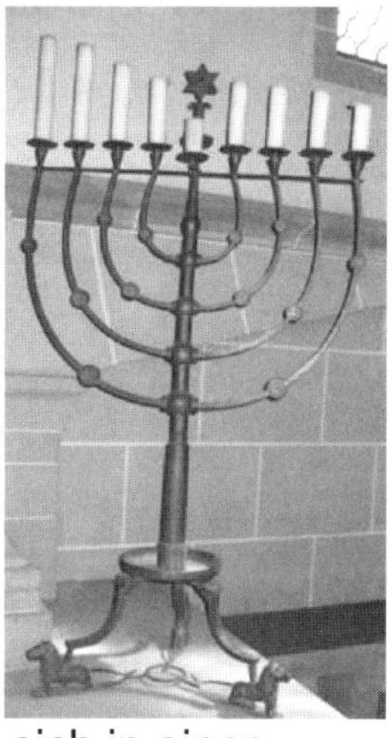

Das Fest erinnert an die Wiedereinweihung des Tempels im Jahre 164 vor Christus. Zuvor wurde Israel von den Soldaten des Königs Antiochus von Syrien erobert und der Tempel entweiht.
Anführer des Widerstandes war Judas Makkabäus, der die Syrer vertreiben konnte. Der Tempel wurde neu geweiht.
Man brauchte koscheres Öl für die Leuchter im Tempel. Aber ein solches Öl musste erst hergestellt werden. In einem Versteck fand man einen kleinen Krug mit Öl, das noch geweiht war. Man zündete die Leuchter an und ein Wunder geschah: Die Lichter brannten acht Tage.

☞ Lies im ersten Makkabäerbuch (Kap. 1–9) die Geschichte vom Aufstand gegen die Unterdrücker nach. (Hinweis: Das Buch findet sich in einer Luther-Bibel in den „Apokryphen“.)

☞ Chanukka gilt als ein „historisches“ Fest. Welche Feiertage erinnern bei uns an historische Ereignisse?

Dreidel-Spiel

An Chanukka spielt man gerne das Dreidel-Spiel. Der Ursprung des Spiels ist wenig bekannt. Man nimmt an, dass Juden in Deutschland das Spiel erfunden haben. Wichtig ist der Dreidel. Das ist ein Kreisel (hebr. Sewiwon) mit vier Seiten. Jede Seite zeigt einen anderen hebräischen Buchstaben.
Spieler legen Rosinen, Süßigkeiten oder Nüsse in die Kasse und drehen abwechselnd den Kreisel. Folgende Buchstaben können erscheinen:

Nun für das Wort **Ness**
= nichts. Man gewinnt nichts, verliert aber auch nichts

Gimel für das Wort **Gadol**
= man gewinnt alles

He für das Wort **Haja**
= man gewinnt die Hälfte der Kasse

Schin für das Wort **Scham**
= man muss etwas in die Kasse legen.

Zusammen bedeuten die vier Buchstaben:

Nes gadol haja scham =
Ein großes Wunder geschah dort.

Wer die Wurzeln des Spiels im deutschen Sprachraum sucht, der deutet die Buchstaben auch mit:
„**Nichts – Ganz – Halb – Stell ein**."

✡ **Dreidel kaufen:**
Drehwürfel gibt es über das Internet zu kaufen (z.B. über www.doronia.de). Vorsicht: In Israel gibt es auch eine andere Lesart der Buchstaben.

✡ **Dreidel selber machen:**
Wer möchte, kann sich einen Dreidel selber machen, indem er die Vorlage auf einen festen Karton kopiert, ausschneidet, zusammenklebt und durch das Loch oben einen Holzspieß steckt.

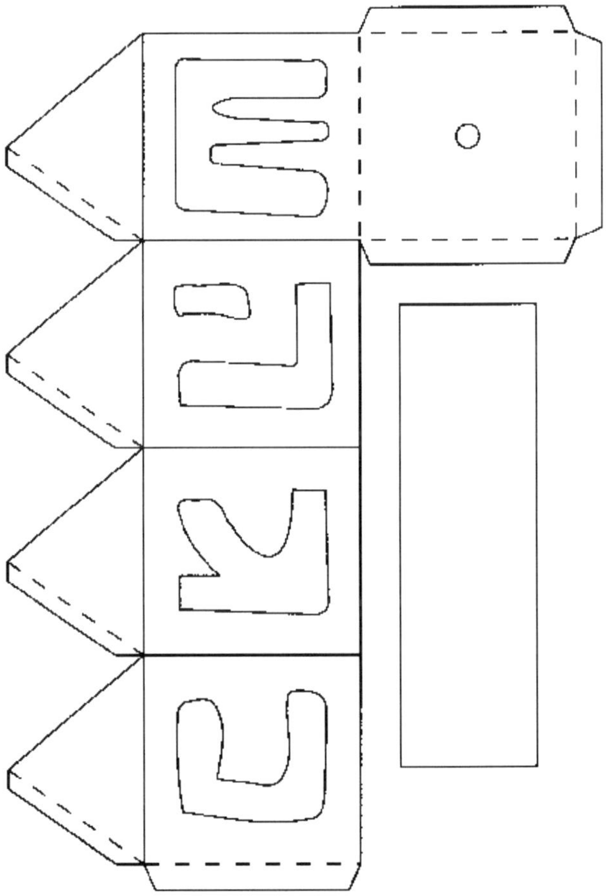

Purim

Das Purim-Fest (פורים) ist ein fröhliches Fest. Es wird am 14. Adar (März) gefeiert und dauert einen Tag.
Pur bedeutet in der persischen Sprache „**Los**" und bezieht sich auf die biblische Geschichte von Ester.

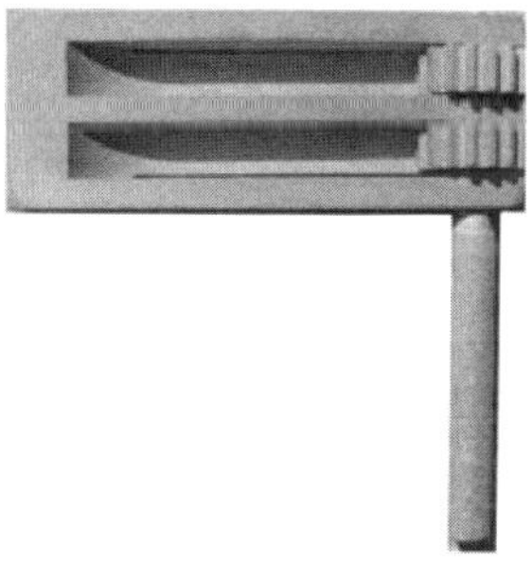

Am Tag vor Purim wird traditionell gefastet. Am Festtag selbst gibt es Festumzüge, und man verkleidet sich. Bei Purimsfeiern werden Reden gehalten, in denen Alltagsthemen und Politiker veralbert werden.
Man liest aus einer Buchrolle das biblische Buch Ester (Megillat Ester) vor. In der Geschichte kommt ein Bösewicht namens Haman vor. Um den „bösen Haman" zu vertreiben, dürfen Kinder mit Ratschen und Rasseln viel Lärm machen.

Zeichen

- ✡ Man verkleidet sich. Beliebt sind Kostüme von Ester, Haman und dem persischen König Ahasveros.
- ✡ Man macht Lärm, wenn der Name „Haman" ausgesprochen wird. Dafür gibt es die Purim-Ratschen.
- ✡ In vielen Familien isst man Teigtaschen, die mit Mohn und Obst gefüllt sind. Man nennt sie „Haman-Taschen" (Foto unten).

Woran erinnert wird:
Man erinnert sich an die Geschichte, die von einer Rettung der Juden in Persien durch Mordechai und Ester berichtet. Der Minister Haman stachelt den Perserkönig Ahasveros gegen die Juden im Land auf. Mit einem Los (Pur) wurde der Tag bestimmt, an dem alle Juden im Land sterben sollten. Aber der König hatte eine jüdische Frau mit Namen Ester. Sie konnte den König umstimmen und das Unheil vom Volk der Juden abwenden. Am Ende wurde Haman hingerichtet.

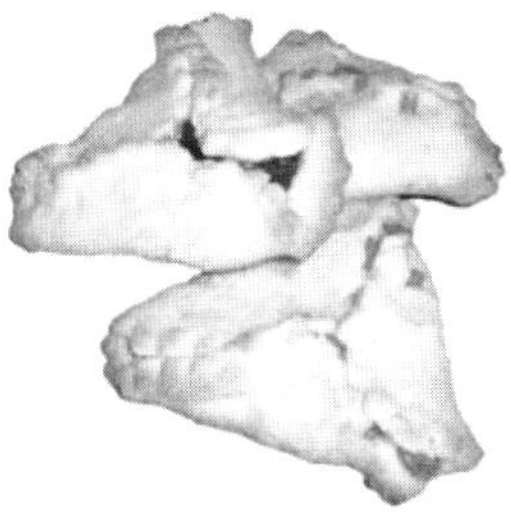

☞ Lies im Buch Ester die Geschichte, die hinter dem Purim-Fest steht.

☞ Vergleiche das Purim-Fest mit „Fasching" und stelle Unterschiede und Gemeinsamkeiten heraus.

Pessach

Eines der wichtigsten Feste im Judentum ist Pessach (פסח).
Pessach bedeutet „Vorübergehen.“

☞ 2. Mose 12, 13 zeigt, wer „vorübergeht.“ Lies hierzu das gesamte Kapitel 12. Es zeigt die Ursprungsgeschichte von Pessach.

Die
Pessach-Haggadah.
הגדה של פסח

Das Fest dauert acht Tage (14.–21. Nisan; März/April).
Zur Vorbereitung auf Pessach säubert man die Wohnung, reinigt die Kleidung und sucht nach Nahrungsresten.
Am Abend vor dem Pessach-Fest besucht man die Synagoge.

Zuhause wird dann der **Seder-Abend** gefeiert. „Seder“ heißt „Ordnung“. Diese „Ordnung“, der Ablauf des Abends, findet sich in der **Pessach-Haggada**. Es werden Lieder gesungen, Gebete gesprochen und die Geschichte vom Auszug aus Ägypten vorgetragen.

Zeichen:

✡ Das jüngste Kind darf fragen, was an diesem Abend so besonders ist.

✡ Auf dem Tisch finden sich Nahrungsmittel, die an die Sklaverei und die Freude der Rettung erinnern.

✡ Während des Pessach-Festes sollen keine Speisen gegessen werden, die mit Sauerteig gemacht wurden. Man isst Mazzen („Brot der Not“), dünne Brotfladen, die leicht brechen. Pessach wird auch „Fest der ungesäuerten Brote“ genannt.

✡ Man trinkt symbolisch vier Becher Wein. Auch Kinder dürfen Wein trinken.

✡ Man lehnt sich mit dem Rücken links an, als Symbol für die Freiheit.

✡ Am Ende des Seder-Abends sagt man: „Nächstes Jahr in Jerusalem.“ Das erinnert daran, dass man an Pessach früher eine Wallfahrt nach Jerusalem machte und es drückt die Hoffung auf eine gute Zukunft aus.

✡ Früher wurde zur Erinnerung ein Lamm oder Zicklein geschlachtet. Es wurde an einem Stück gebraten. Die Knochen mussten unbeschädigt bleiben. Heute nimmt man als Zeichen z.B. einen Hühnerknochen.

Woran erinnert wird:

✡ Israel war in der Sklaverei in Ägypten. Gott rettete Mose als Kind. Später sandte er ihn zum Pharao, um die Israeliten aus Ägypten zu befreien. Als der nicht auf ihn hörte, schickte Gott den Ägyptern Plagen. Die letzte Plage war die Tötung der erstgeborenen Söhne der Ägypter. In dieser Nacht sollten die Israeliten mit dem Blut von Lämmern ihre Türpfosten bestreichen. Danach konnten die Israeliten aus Ägypten ziehen. Sie wurden trockenen Fußes durch das Meer geführt und vor der Armee der Ägypter gerettet. Mit Gottes Hilfe überlebten sie in der Wüste und erhielten am Berg Sinai die Zehn Gebote.

Pessach-Fragen

Feierlicher Ablauf des Seder-Abends:

- ✡ Der jüngste Knabe in der Familie darf die Fragen stellen. Die erste Frage lautet: *Wodurch unterscheidet sich diese Nacht von anderen Nächten?*
  Der Vater erzählt darauf, wie Mose die Israeliten aus Ägypten herausgeführt hat.
- ✡ Als zweite Frage kommt:
  An allen Abenden essen wir gesäuertes Brot. Warum essen wir an diesem Abend nur ungesäuertes Brot?
  Der Vater antwortet: *Wir mussten eilig aus Ägypten fliehen, und es war keine Zeit mehr, den Teig zu säuern und ihn aufgehen zu lassen.*
- ✡ Die dritte Frage lautet: *Warum essen wir an allen anderen Abenden verschiedene Kräuter und an diesem Abend nur bittere Kräuter, die wir in Salzwasser tunken?*
  Der Vater antwortet hierauf: *Unsere Väter hatten es bitterschwer in Ägypten. Sie wurden zu Sklavenarbeit gezwungen und weinten bittere Tränen. Und Tränen schmecken nach Salz.*
- ✡ Die vierte und letzte Frage lautet: *An allen anderen Abenden essen wir sowohl aufrecht sitzend als auch angelehnt. Warum lehnen wir uns in dieser Nacht alle an?*
  Der Vater sagt dazu:
  Das Anlehnen ist ein Zeichen der Freiheit, in die uns Mose aus der Sklaverei geführt hat. Das Meer wandte sich zurück, und unser Volk war gerettet. Nicht uns, Herr, nicht uns, sondern deinem Namen gib Ehre um deiner Gnade und Treue.
- ✡ Schließlich sagt Vater: *Wir warten auf den Propheten Elija. Sein Weinbecher in der Mitte des Tisches ist gefüllt. Kind, öffne ihm die Zimmertür.*
  Dann öffnet der jüngste Knabe die Tür.
- ✡ Am Ende spricht der Vater ein Gebet. Es stammt aus dem Buch der Psalmen.
  Danket dem Herrn, denn er ist freundlich. Ewig währet seine Gnade. So soll Israel sprechen: Ewig währet seine Gnade.
- ✡ Zum Abschluss trinken alle einen Becher Wein und sagen:
  Nächstes Jahr in Jerusalem.

☞ Welchen Sinn haben diese Fragen, die der jüngste Sohn der Familie stellt?

Wodurch unterscheidet sich diese Nacht von anderen Nächten?	***An allen Abenden essen wir gesäuertes Brot. Warum essen wir an diesem Abend nur ungesäuertes Brot?***
Warum essen wir an allen anderen Abenden verschiedene Kräuter und an diesem Abend nur bittere Kräuter, die wir in Salzwasser tunken?	***An allen anderen Abenden essen wir sowohl aufrecht sitzend als auch angelehnt. Wodurch unterscheidet sich diese Nacht von anderen Nächten? Warum lehnen wir uns in dieser Nacht alle an?***

☞ Was denkt ihr: Warum soll ausgerechnet ein kleines Kind diese Frage stellen?

Speisen beim Sedermahl

☞ Am Sederabend werden besondere Speisen gegessen, die an die Geschichte vom Auszug aus Ägypten erinnern. Ordne die verschiedenen Speisen den symbolischen Bedeutungen zu:

① Grüne Kräuter z.B. Petersilie, Salat	... erinnern an die Tränen, die während der Sklaverei vergossen wurden
② Bittere Kräuter Meerrettich	... symbolisieren die Eile der Flucht
③ Salzwasser	... erinnert an die bittere Zeit der Sklaverei
④ Hart gekochtes Ei	... symbolisiert die karge Nahrung, die man zu essen bekam, aber auch die Hoffung (Farbe!)
⑤ Knochen	… erinnern an das Lamm, das kurz vor dem Auszug aus Ägypten geschlachtet wurde
⑥ Wein	... ist Symbol für die Fülle des Lebens und der Feier
⑦ Mazzen	... erinnern an die harte Arbeit in der Sklaverei, aber auch an neues Leben
⑧ Fruchtmus z.B. aus Apfel mit geriebenen Nüssen und Honig	... erinnert an den braunen Lehm der Lehmziegel, die die Israeliten als Sklaven formen mussten

☞ Hier siehst du einen traditionellen Pessach-Teller, auf dem symbolisch die Speisen auf dem Tisch liegen. Welche der Symbole entdeckst du auf dem Pessach-Teller? (Hinweis: Zwei Symbole zeigen „Grüne Kräuter".)

☞ Suche nach Traditionen bei uns, wo durch Speisen auf besondere Zeiten hingewiesen oder an ein besonderes Ereignis erinnert wird.

Schawuot

50 Tage nach Pessach wird „Schawuot" (שבועות) gefeiert.
Schawuot bedeutet „Wochen" – daher der Name „Wochenfest".

Weil im Mai schon die ersten Früchte geerntet werden, war das Fest früher auch ein Erntefest.
Schawuot war eines der drei großen Wallfahrtsfeste, bei denen man nach Jerusalem zog.
Die 50 Tage zwischen Pessach und Schawuot nennen Juden Omer-Zeit.

Zeichen

- ✡ An Schawuot schmückt man Häuser mit Zweigen und Blumen.
- ✡ Auch gibt es besondere Süßspeisen, die daran erinnern, dass Gott die Israeliten in ein Land geführt hat, in dem „Milch und Honig fließen". Man isst Blinzes, Palatschinken, Kreplach, Strudel oder Piroggen.
  Auch gibt es Kuchen mit sieben Schichten, die „Sieben Himmel" heißen. Sieben ist ein Zeichen für die sieben Wochen zwischen Pessach und Schawuot und für die sieben Himmel, durch die Gott zum Berg Sinai hinabstieg.
- ✡ Milchspeisen sind ein Symbol des Geschehens am Berg Sinai. Alle hebräischen Worte drücken auch eine Zahl aus. „Chalaw" bedeutet Milch und die Zahl 40 zugleich.
  Moses musste 40 Tage am Berg Sinai warten, bevor er die Zehn Gebote empfangen durfte. Als Symbol werden daher auch Kuchen in Form von Gesetzestafeln gebacken.

Woran erinnert wird:

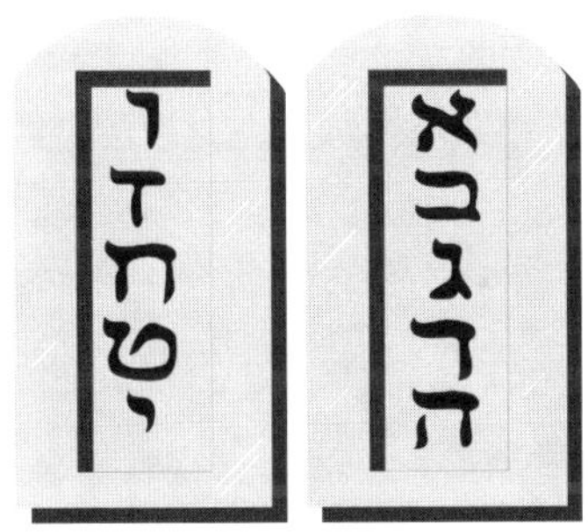

Zwei biblische Texte sind im Zusammenhang mit dem Schawuot-Fest wichtig:

- ✡ Am Fest Schawuot denken Juden daran, dass Moses für sein Volk die Zehn Gebote erhalten hat.
- ✡ An Schawuot wird die Geschichte von Rut vorgelesen. Darin kommt eine Ernte vor. Rut gilt als die erste Frau, die zum Judentum übergetreten ist.

☞ 5. Buch Mose 16, 9–12 erinnert an das Wochenfest.
Was erfährt man hier darüber?

☞ In Apg 2 wird von einem Ereignis berichtet, das am Wochenfest nach Jesu Tod und Auferstehung geschah. Was war da?

Rezepte fürs Feiern

Haman-Taschen

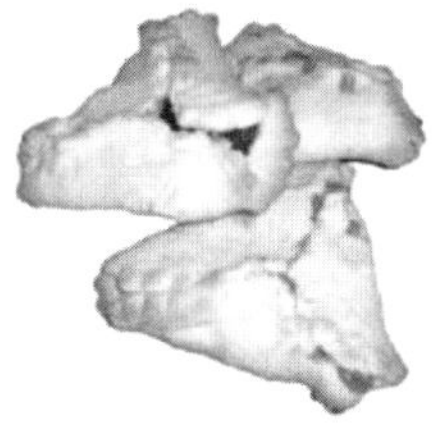

Alle Zutaten musst du zusammenkneten und stückweise Margarine dazugeben. Den Teig gibst du auf eine bemehlte Arbeitsfläche, formst eine Kugel, drückst sie flach, wickelst sie fest in eine Folie und lässt sie im Kühlschrank fest werden.
Zucker, Honig und Wasser in einem Topf kochen, bis der Zucker schmilzt. Den Mohn unterrühren, Zitronensaft untermischen und das Ganze abkühlen lassen. Den Backofen auf etwa 190° C vorheizen. Den Teig muss man ausrollen und mit einem runden Ausstecher von etwa fünf cm Durchmesser so viele Kreise wie möglich ausstechen. Auf jedes Teigstück wird etwas Mohnfüllung in die Mitte gegeben. Die Ränder musst du an drei Stellen nach oben ziehen, um ein Dreieck zu formen. Die Ränder zusammendrücken. Die Teigdreiecke legst du dann auf ein eingefettetes Backblech, backst das Ganze etwa 15 Minuten und lässt es anschließend abkühlen.

Zutaten für den Teig sind:	Die Zutaten für eine Mohn-Honig-Füllung sind:
• 2 ½ Tassen Mehl	• ½ Tasse Zucker
• ½ Tasse Zucker	• 1 EL Honig
• 2 Eigelb	• ¼ Tasse Wasser
• ¼ Tasse Milch	• 1 Tasse Mohnsamen
• 1 EL Vanilleextrakt	• 2 EL Zitronensaft
• 1 EL geriebene Zitronenschale	• 1 EL abgeriebene Zitronenschale
• 200 g kalte Margarine	

Honigkuchen

Zum Neujahrsfest wünscht man sich: „Möge es dein Wille sein, uns ein gutes und süßes neues Jahr zu schenken.“ Dazu tunkt man Brot und Äpfel in Honig oder isst Honigkuchen, der nach dem folgenden Rezept hergestellt wird:
Der Honig wird mit den Eidottern verrührt, dann das Mehl mit dem Natron hinzugefügt. Dann gibt man abwechselnd Öl und Orangensaft hinein, anschließend die Nelke und die Nüsse. Schließlich schlägt man das Einweiß mit einer halben Tasse Zucker steif und hebt es vorsichtig unter die Mischung. Bei mittlerer Hitze wird der Kuchen 40 Minuten gebacken.

• 1 Tasse Honig	• 1 Tasse frischer Orangensaft
• 2 getrennte Eier	• 1 Prise gemahlene Nelke
• 3 ½ Tassen Weizenmehl	• 100g gehackte Pekannüsse
• 1 Pck. Backpulver	• ½ Tasse Zucker
• 1 TL Natron	• ½ Tasse Öl

Kreplach

Kreplach sind kleine Vierecke aus Pasta-Teig, die man füllt und zu Dreiecken zusammenlegt. Man kann sie kochen und in Suppe anrichten oder frittieren und als Beilage essen.
Sie werden traditionell in der Zeit vor Jom Kippur, am siebten Tag von Sukkot oder an Purim serviert.
Das verschlagene Ei mit dem Wasser und dem Salz in die Schüssel geben, 5 Min. kneten, bis der Teig geschmeidig ist. Ihn dann zu einem Kloß formen, in einer Schüssel mit einem Handtuch zudecken und ruhen lassen. Währenddessen die Zwiebel in Öl braun dünsten, das Fleisch damit vermengen, zusammen mit den übrigen Zutaten in einer Schüssel gut vermischen. Den Teig noch einmal durchkneten, sehr dünn ausrollen, in Quadrate (8 x 8 cm) schneiden und dann befüllen.

Der Teig:	**Die Füllung:**
• 2 Tassen Weizenmehl	• ½ gehackte Zwiebel
• 1 Ei	• 3 EL Öl
• ½ TL Salz	• ½ Tasse gekochtes Hackfleisch
• ½ Tasse Wasser	• ½ TL Salz, ½ TL schwarzer Pfeffer
	• 1 Ei
	• ½ EL Semmelbrösel

Christliche und jüdische Feste

Viele der uns bekannten Feste haben ihren Ursprung im Judentum oder es haben sich Traditionen entwickelt, bei denen im Laufe der Zeit Beziehungen zwischen den Festen beider Religionen entstanden sind.

☞ Finde heraus, welches jüdische Fest mit einem christlichen in Zusammenhang steht.

Fest und Brauch im Christentum	Fest und Brauch im Judentum
Weihnachten: Das Fest von Jesu Geburt wird in der Winterzeit gefeiert. Der Zeitpunkt hängt nicht mit einem jüdischen, sondern mit einem heidnischen Fest zusammen (25. 12.: Feier des römischen Sonnengottes). Weihnachten feiert man heute, indem man Lichter anzündet (Weihnachtsbaum – Adventskranz) und Geschenke macht.	
Fastnacht: In der „Faschings“-Zeit verkleiden sich die Leute. Dies hat damit zu tun, dass man sich ausgelassen auf die danach kommende Fastenzeit (bis Karfreitag) vorbereiten möchte.	
Ostern: Jesus ist zu einem jüdischen Fest nach Jerusalem gepilgert. Während der Zeit in Jerusalem wurde er gefangen genommen und gekreuzigt. An diesem Fest erinnern sich Christen auch an das jüdische Fest.	
Himmelfahrt und Pfingsten: Jesus war nach seiner Auferstehung 40 Tage bei seinen Jüngern, bis er zu seinem Vater ging. An Pfingsten waren die Jünger während eines großen jüdischen Festes in Jerusalem.	
Erntedank: Im Christentum gibt es an einem Sonntag im Herbst ein Fest, an dem man an die Ernte und Gottes Gaben denkt.	
Buß- und Bettag: Der Tag im Spätherbst, an dem an alles gedacht wird, was man in seinem Leben falsch gemacht hat.	
Neujahr: Zu Beginn des Jahres gibt es ein Neujahrsfest, zu dem es auch Gottesdienste gibt, auch wenn Neujahr kein kirchlicher Feiertag ist.	

Schabbat – der höchste Feiertag

Martin darf bei David übers Wochenende bleiben. So bekommt er mit, wie man im Judentum den Schabbat feiert.

David erklärte: „*Schabbat* ist hebräisch und bedeutet *Ruhe*. Der Tag ist dafür gedacht, dass wir uns ausruhen. Es gibt für den Schabbat auch die Regel, dass man kein Feuer machen soll. So fahren in Israel nur wenige Autos, und der Flugverkehr ist eingeschränkt."
Martin runzelte die Stirn und fragte: „Was hat denn Autofahren mit Feuermachen zu tun?"
„Ganz einfach: Wenn man ein Fahrzeug startet, dann macht man Feuer. Denk an den Verbrennungsmotor! Übrigens: Auch das Anmachen von elektrischen Geräten und Licht gilt als Feuermachen. Da wird ja auch ein Funke entzündet."
„Stimmt eigentlich", grübelte Martin. „Wie aber ist das mit dem Essen?"
„Das ist so", erklärte David weiter. „Man kocht am Freitag vor und stellt die Speisen, die bis samstagabends gegessen werden, in einen Warmhaltebehälter." (...)

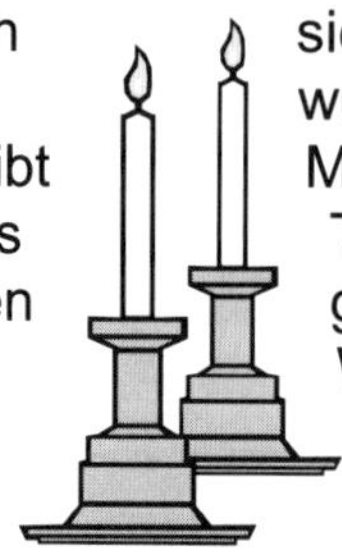

Nach dem Unterricht ging Martin mit zu David. Die beiden fragten Davids Mutter, ob Martin über den Schabbat dableiben darf. Sie freute sich sehr und sagte: „Am *Schabbat* passiert so einiges, das dir bestimmt fremd erscheint." (...) Sie ging mit den beiden in die Küche. Dort hing ein kleines Poster, das Martin noch nie aufgefallen war. Rut sagte: „Hier steht *Schabbat Schalom*. Das ist der Gruß, mit dem wir unsere *Prinzessin Schabbat* begrüßen." (...)
David erzählte weiter: „Kurz vor Sonnenuntergang wird der Tisch hergerichtet. Der *Schabbat* fängt für uns an, wenn meine Mutter im Haus die *Schabbat-Kerzen* anzündet. Das Anzünden der Kerzen ist das Recht einer Frau. Nach dem Anzünden wird der *Lichtersegen* gesprochen." Rut sprach den Segen: *„Gepriesen seist du, Herr, unser Gott, der du uns befohlen hast, das Licht des Schabbats anzuzünden."* Dann schaute sie selbstbewusst die Jungs an und sprach: „Ihr müsst wissen: Bei der *Schabbat-Feier* zeigt sich, wer hier im Haus das Sagen hat. Ohne uns Frauen wären die Männer am *Schabbat* aufgeschmissen." Martin lächelte und fragte sich, ob alle jüdischen Frauen so selbstbewusst sind. (...)
Martin wurde ins Wohnzimmer geführt. Der Tisch war mit einer weißen Tischdecke gedeckt. Auf dem Tisch standen Kerzen, Wein und Brote, die mit einem schönen Tuch abgedeckt waren. Nun füllte Davids Vater einen Becher mit Wein und ließ ihn überlaufen. Später erklärte David, dass das kein Versehen war, sondern ein Zeichen: „Am *Schabbat* wird von Gott reichlich eingeschenkt." Dann hob Davids Vater die Hände und segnete die Anwesenden. Alle standen auf. Davids Vater nahm den vollen Becher Wein in die rechte Hand und sprach ein Segensgebet. (...)
Gemeinsam sagten alle *Amen* und tranken einen Schluck Wein. Nach einem weiteren Gebet wuschen sich alle in einer Schüssel die Hände. Nun wurden die Brote aufgedeckt. Davids Vater hielt die Hände über das Brot und sprach einen Brotsegen. Schließlich wurde das Brot in kleine Stücke geschnitten, gesalzen und an alle Anwesenden gereicht. Dann wurde zu Abend gegessen. (...)
Am nächsten Morgen gingen David und seine Eltern in die Synagoge und Martin nach Hause. Martin kam zum Mittagessen und blieb bis zum Abend. Da endete der *Schabbat.* Es gab noch eine kleine Zeremonie. Alle durften an einer silbernen Dose riechen. Martin roch eine Mischung aus Nelken, Zimt und Kardamom. „Das ist unsere *Besamim-Büchse*. Durch den Duft der Gewürze dürfen wir den Wohlgeruch des Schabbat riechen. Er soll bis zum nächsten Schabbat in unserer Nase sein", erklärte Rut. Zum Abschied der *Prinzessin Schabbat* wurde die geflochtene *Hawdala-Kerze* angezündet. Ihre Flamme wurde mit Wein gelöscht – ein Zeichen dafür, dass der *Schabbat* nun zu Ende war.

Auszug aus: „Schalom Martin", S. 55–61.

Schabbat – der höchste Feiertag (II)

☞ Beschreibe, was du auf den Bildern siehst und darüber weißt:

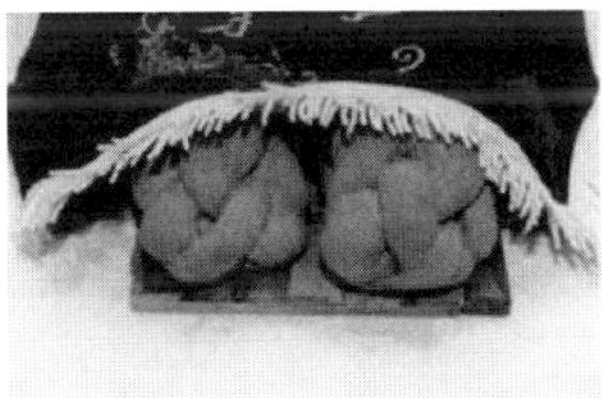

Hilfe:
Auf den Bildern sind zu sehen: Poster „Schabbat Schalom“ mit dem Schabbat-Tisch – Schabbat-Brote – Weinbecher – Besamim-Büchse – Hawdala-Kerze

Schabbat – Grundlagen in der Bibel und im Talmud

Bibelstellen zum Schabbat (שבת)

✡ **1. Mose 2, 2–3**

✡ **2. Mose 20, 8–11**

✡ **2. Mose 23, 10–11**

✡ **2. Mose 31, 12–17**

✡ **5. Mose 5, 12–15**

✡ **5. Mose 1–2.12–15**

☞ Schlage die Bibelstellen nach, und fasse zusammen, welche Aussagen über den Schabbat darin enthalten sind.

☞ Vergleiche die Bibelstellen mit den Hinweisen im Babylonischen Talmud. Wo gibt es Gemeinsamkeiten, wo Unterschiede?

Die Hauptarbeiten sind 40 weniger eine: Wer sät, wer pflügt, wer erntet, wer gerbt, wer drischt, wer worfelt, wer verliest, wer mahlt, wer siebt, wer knetet und wer bäckt; wer Wolle schert, wer sie bleicht, wer sie schwingt, wer sie färbt, wer spinnt, wer anzettelt (= Einspannen von Fäden in den Webrahmen), wer zwei Maschen macht, wer zwei Fäden webt, wer zwei Fäden trennt, wer verknotet, wer losknüpft, wer zwei Nähte näht und wer auftrennt, um zwei Nähte zu nähen; wer eine Gazelle fängt, wer sie schlachtet, wer ihr Fell abzieht, einsalzt und zurichtet, wer es abschabt, wer es zuschneidet, wer zwei Buchstaben draufschreibt und wer abschabt (um das gewonnene Pergament wieder zu beschreiben), um zwei Buchstaben draufzuschreiben; wer baut und wer einreißt, wer auslöscht und wer anzündet; wer mit dem Hammer schlägt; wer von einem Gebiet in ein anderes hinausträgt. Dies sind die Hauptarbeiten, 40 weniger eine.

Mischna Schabbat VII,2

Wenn schon der Opferdienst den Schabbat verdrängt, um wie viel mehr gilt dann für die Lebensrettung, dass sie den Schabbat verdrängt. Rabbi Elasar antwortete, indem er sagte: Und wenn die Beschneidung den Schabbat verdrängt, die doch nur eines von den 248 Gliedern, die am Menschen sind, angeht, um wie viel mehr verdrängt es den Schabbat, wo es seinen ganzen Körper betrifft.
Rabbi Jose, Rabbi Jehudas Sohn, sagt: Beachtet meine Schabbate! Man könnte meinen: in jedem Fall? so besagt doch der Text: Nur teilweise.

Rabbi Jonatan, Josephs Sohn, sagt: Ja, heilig sei er für euch! Er ist also euren Händen übergeben, und nicht seid ihr seinen Händen übergeben.
Rabbi Schimon, Menasjas Sohn, sagt: Und die Söhne Israels sollen den Schabbat beachten. Die Weisung sagt: Entweihe um seinetwillen einen einzigen Schabbat, damit er viele Schabbate beachten kann. Raw Jehuda sagte, Schmuel habe gesagt: Wenn ich dort (bei der Diskussion der oben genannten Rabbinen) gewesen wäre, so hätte ich ihnen meinen Beleg gesagt, der trefflicher ist als der ihrige: Er soll durch sie leben, aber nicht: Er soll durch sie sterben.

Babylonischer Talmud: Joma 85b

Riten in einem jüdischen Leben

„Erklärquartett“

1. Lost mithilfe der Symbole eines Kartenspiels einen der Riten aus.
2. Lest euch danach (jeder für sich) genau den euch zugelosten Text durch.
3. Notiert euch maximal fünf Begriffe als Gedächtnisstütze zu eurem Thema.
4. Jetzt treffen sich alle Asse, alle Könige, alle Zehner usw. zusammen in einer Vierergruppe. Jeder ist „Experte“ für ein anderes Fest.
5. Tragt der Reihe nach, ohne Hilfe des Arbeitsblattes, also nur mit den fünf notierten Begriffen gegenseitig vor, was ihr über euer Fest gelernt habt.
6. Zum Abschluss haben die Zuhörer die Möglichkeit zu Rückfragen. Bleiben Fragen unbeantwortet, fragt nach Abschluss des Erzählquartetts eure Lehrkraft.
7. Lest zu Hause zur Wiederholung noch einmal das ganze Blatt durch.

♣ **Beschneidung *(Brit Mila)* und Namensgebung** Jedes Kind einer jüdischen Mutter ist Jude oder Jüdin – der Vater ist hier nicht relevant. Die *Beschneidung* ist das äußere Zeichen der Zugehörigkeit eines Jungen zum „Bund“ (Brit) des Volkes Israel mit Gott (Gen 17). Sie findet am achten Tag nach der Geburt in der Synagoge oder zu Hause statt. Meist geschieht sie durch den *Mohel*, den Beschneider. Bei der Feier wird auch der Vorname des Kindes verkündet. Mädchen bekommen ihren Vornamen in einer eigenen Zeremonie in der Synagoge.	♠ **Bar Mitzwa und Bat Mitzwa** Mit 13 Jahren feiern jüdische Jungen ihre *Bar Mitzwa* („Sohn des Gebotes“) und sind dann mündige Mitglieder der Gemeinde. Bei der Feier der *Bar Mitzwa* in der Synagoge darf der junge Mann erstmals aus der Tora vorlesen. Mädchen werden schon mit zwölf Jahren für die Gemeinde ein mündiges Gemeindeglied. In Reformgemeinden und einigen traditionellen Gemeinden gibt es auch *Bat Mitzwa*-Feiern.
♥ **Hochzeit *(Kidduschin)*** In Israel gibt es keine standesamtliche Feier, sondern nur die Hochzeit durch einen Rabbiner. Die Feier kann im Freien oder in der Synagoge, immer aber unter der *Chuppa* (Baldachin) stattfinden. Die Trauung vollzieht der Bräutigam allein. *„Er nimmt sich eine Frau."* Ein gegenseitiges Versprechen gibt es nicht. Wichtig ist der von zwei Zeugen unterschriebene Ehevertrag, der verlesen wird und dem die Frau zustimmen muss. Bei der Trauung wird ein Ring übergeben und ein Glas zertreten. Der Rabbiner spricht den Segen.	♦ **Beerdigung und Trauer** Für Sterbende sollen bestimmte Gebete gesprochen werden, vor allem das „Schma Israel“. Verstorbene werden am Tag des Todes rituell gewaschen und in einem einfachen Gewand (Männer mit Tallit) beerdigt. In Israel werden Tote in Leintüchern beerdigt. In Deutschland ist ein Sarg vorgeschrieben. Er soll schlicht sein. Oft legt man etwas Erde aus Israel hinein. Feuerbestattungen sind verboten. Das Totengebet am Grab, das Kaddisch, spricht der Sohn oder der nächste männliche Verwandte. Wer ein Grab besucht, legt einen Stein auf das Grab.

Beschneidung (Brit Mila) und Namensgebung

Am achten Tag nach der Geburt wird jeder jüdische Junge beschnitten.
Brit Mila, so wird im Judentum die Beschneidung genannt. Brit heißt **Bund,** Mila meint **Beschneidung.**
Ob man zum Judentum gehört, entscheidet sich bei traditionellen Familien durch die jüdische Mutter.
Die Beschneidungszeremonie kann in der Synagoge oder im eigenen Haus vorgenommen werden. Mehrere Männer halten abwechselnd das Kind.
Bei der Feier wird das Kind mit den Worten: **„Baruch ha-ba"** – „Gesegnet sei, der da kommt" begrüßt.

Alle sagen:
„Möge das ganze Volk den Bund halten."
Das Kind wird dann auf den „Stuhl des Elija" gelegt. Man glaubt, der Prophet Elija ist immer dabei, wenn es um den Bund der Menschen mit Gott geht.
Dann nimmt einer Männer, der **Sandak** (Beistand), den Neugeborenen auf den Schoß, und der Beschneider, der **Mohel,** kommt. Er fragt den Vater, ob das Kind beschnitten werden soll. Das Kind wird dann vor den Augen der Anwesenden beschnitten. Der Mohel schneidet ein Teil der Vorhaut am Glied des Kindes ab. Während der Zeremonie spricht man Gebete. Nach der Beschneidung sprechen alle Anwesenden einen Segenswunsch:
„Wie das Kind in den Bund eingegangen ist, so möge es auch zum Torastudium, zur Ehe und zu guten Werken eingehen."
Dann bekommt der Junge einen biblischen **Namen**. Die Anwesenden trinken aus einem Becher Wein. Auch die Lippen des Kindes werden mit Wein benetzt. Nun nimmt jeder das Kind auf den Arm und spricht ein Gebet. Anschließend wird gefeiert, und das Kind bekommt Geschenke. Häufig bekommen Kinder ein Kettchen mit einem religiösen Symbol.
Am Ende der Feier betet man für die Zukunft des Kindes und dass der Erlöser der Welt, der **Messias,** bald kommt. Er soll der Welt ewigen Frieden, den „Schalom", bringen.
Mit der Beschneidung wird an **Abraham** und den Bund, der zwischen ihm und Gott geschlossen wurde, erinnert.

Wenn ein **Mädchen** geboren wird, dann wird ihr Name im ersten Gottesdienst nach der Geburt in der Synagoge der Gemeinde verkündet. Danach gibt es zu Hause eine Feier, ebenfalls mit Geschenken.

☞ Lies in 1. Mose 17, 9–14, was dort über die Beschneidung steht. Welche Bedeutung wird dort der Beschneidung gegeben?

☞ Riten, bei denen ein Kind in die Gemeinschaft eingeführt wird, heißen „Initiationsriten". Welchen Sinn haben diese Handlungen?

Bar und Bat Mitzwa

Im zwölften Lebensjahr besuchen Jungen einen Unterricht in der Synagoge. Dort lernen sie wesentliche Dinge über das Judentum kennen. Man lernt, wie man sich in der Synagoge während des Gottesdienstes zu verhalten hat. Man lernt die wichtigen Gebete und Texte aus den Heiligen Schriften kennen und wie man die Tora im Gottesdienst laut auf Hebräisch vorliest. Den Unterricht leitet der Rabbiner der Gemeinde.

Am Schabbat nach dem 13. Geburtstag werden die Jungen zum **Bar Mitzwa,** zum **Sohn des Gebotes**.
In der Synagoge trägt der Bar Mitzwa erstmals den **Tallit**, den Gebetsmantel. In traditionellen Gemeinden werden auch die **Tefillin**, die Gebetsriemen, zum ersten Mal getragen. Normalerweise trägt man sie nur zum Morgengebet.
Im Gottesdienst holt der Rabbiner die **Tora-Rolle** aus dem Schrein und legt sie auf das Lesepult. Der Bar Mitzwa wird im Gottesdienst aufgerufen. Er steht nun zum ersten Mal vor der Gemeinde am Lesepult und soll einen Text aus der Tora vortragen.

Der Bar Mitzwa liest die Zeilen mit einer Melodie laut vor.
Dann spricht der Rabbiner darüber, was es bedeutet, ein „Sohn des Gebotes“ zu sein. Für alles, was man sagt und tut, ist man nun selbst verantwortlich. Somit ist der Junge „religionsmündig“. Schließlich wird der Segen gesprochen. Der Rabbiner legt die Hände über den Jungen und spricht den Segen. Nun rufen die Anwesenden „Masel Tov“ („guter Stern“, was „viel Glück“ meint). Süßigkeiten oder Nüsse werden auf den Bar Mitzwa geworfen.

Nach dem Gottesdienst findet in den Räumlichkeiten der Synagoge oder zu Hause eine Familienfeier statt. Der Junge hält eine Dankesrede. Bei der Feier bekommt der Bar Mitzwa Geschenke.

Mädchen werden schon mit 12 Jahren religionsmündig. In reformierten Gemeinden findet für Mädchen eine ähnliche Feier wie die Bar Mitzwa statt. Sie heißt dann **Bat Mitzwa**. „Bat“ bedeutet „Tochter“. In traditionellen Gemeinden gibt es dies nicht, sondern nur ein Fest zu Hause.

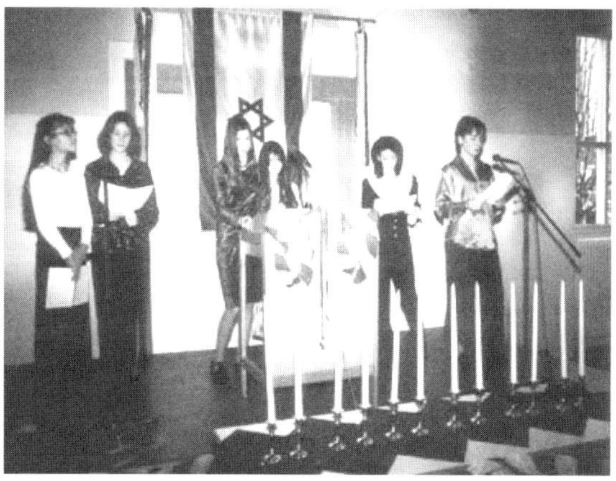

☞ Vergleiche die Bar Mitzwa mit einer Konfirmation (evangelisch) oder einer Firmung (katholisch). Wo gibt es Gemeinsamkeiten, wo Unterschiede?

☞ Mit der „Bar Mitzwa“, also mit 13 Jahren, ist man mündiges Mitglied einer Gemeinde. Was denkst du darüber?

Hochzeit (Kidduschin)

Die Eheschließung wird auch **Kidduschin** genannt.
Am Schabbat vor der Hochzeit wird der Mann in der Synagoge aufgerufen, aus der Tora vorzulesen. Kurz vor der Hochzeitsfeier gehen in traditionellen Gemeinden Frauen in die **Mikwe** und nehmen ein rituelles Reinigungsbad. Eine Mikwe soll von frischem, fließendem Wasser gespeist sein (Bach, Quellwasser). Sie hat eine lange Tradition. Daher finden sich heute noch in alten Gemeinden wie Speyer oder Worms Mikwen, die bis ins Mittelalter zurückreichen.

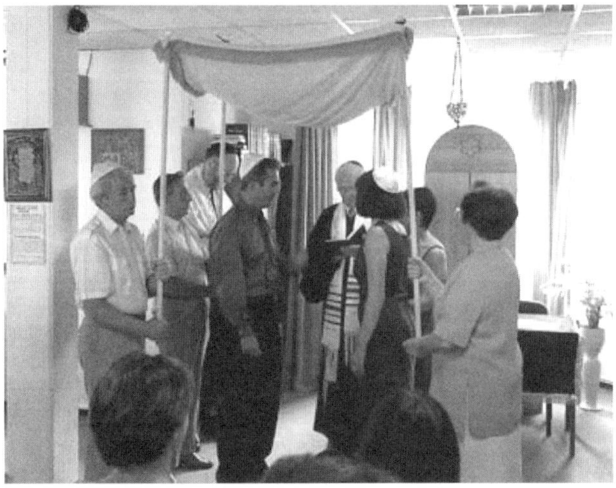

Der Gottesdienst kann im Freien oder in der Synagoge stattfinden. Auf alle Fälle muss eine **Chuppa** aufgestellt sein. Das ist ein Gestell mit einem Dach aus Stoff, einem Baldachin (Bild). Darunter findet die Hochzeitszeremonie statt. Mit einer Kerze in der Hand geht der Bräutigam zur Braut.
Die Braut hat meist einen **Schleier** über dem Gesicht. Der Rabbiner spricht dann Segensworte. Er sagt beispielsweise: *„Gelobt seist du, Ewiger, unser Gott, du hast Freude und Glück, Bräutigam und Braut, Fröhlichkeit, Liebe und Frieden geschaffen.“*
Das Braupaar trinkt nun miteinander aus einem **Glas Wein**.
Nach traditionellem Verständnis „nimmt“ sich der Mann eine Frau.
Wichtig ist der **Ehevertrag.** Der Rabbiner liest ihn vor. Darin steht, welche Pflichten Mann und Frau haben und wie die Frau abgesichert ist, wenn es zur Scheidung kommt.

Der Rabbiner überreicht den Vertrag dem Mann und der wiederum der Frau. Erst wenn die Frau den Vertrag angenommen hat, ist die Ehe gültig.

Die Braut bekommt einen **Ring** an den rechten Zeigefinger gesteckt. Dieser Finger gilt seit alters her als direkte Verbindung zum Herzen.
Mit dem rechten Fuß wird dann ein **Glas zertreten**. Dadurch wird an den zerstörten Tempel und auch an schlechte Zeiten erinnert, die in der Ehe kommen können.

Wenn die Zeremonie fertig ist, bewerfen die Hochzeitsgäste das Brautpaar mit **Reis und Nüssen** – ein Symbol der Fruchtbarkeit.
Dann wird miteinander gefeiert, und man ruft immer wieder **Masel Tov** – „Guter Stern“. Das bedeutet „Viel Glück“.

☞ Was ist ähnlich, und wo unterscheidet sich eine Hochzeitsfeier im Judentum von der christlichen?

☞ Im Judentum gibt es nur eine religiöse Trauung mit einem Rabbiner. Was denkst du darüber?

Beerdigung

Nach dem Tod lässt man den Leichnam bis zur Beerdigung nicht allein. Mit dieser Totenwache erweist man den Toten die letzte Ehre und zeigt, wie sehr man ihnen verbunden war.

Am Grab sollen Angehörige das **Kaddisch-Gebet** für den Verstorbenen sprechen. Kaddisch bedeutet „Heiligung".
Das Kaddisch-Gebet wird nur in der Gegenwart von zehn Männern, dem **Minjan** (hebr. Zahl) gebetet. Das Gebet ist in aramäischer Sprache verfasst. Oft wird es das „Totengebet" genannt, obwohl es um die Heiligung des Namens Gottes geht. Das Gebet soll ein Jahr bis zum Jahrestag des Todes gebetet werden.
Bei der Beerdigung wird auch der Vorfahren gedacht, besonders Abraham und Sara, Isaak und Rebekka, Jakob und Rahel und Lea. Es wird dafür gebetet, dass der Verstorbene mit ihnen bald vereint sein möge.

Ein Friedhof soll **außerhalb** der Mauern des Wohnortes liegen.

Tote werden auf jüdischen Friedhöfen zuerst in ein **Leichenwaschhaus** gebracht und gereinigt.

In Deutschland müssen Menschen in einem Sarg beerdigt werden. Nach jüdischer Tradition, wie sie heute in Israel noch üblich ist, legt man die Toten in einem einfachen **Leinentuch** in die Erde. Mit dem Leinentuch zeigt man: Vor Gott sind alle Menschen gleich. Im Tod gibt es keinen Unterschied mehr, ob einer reich oder arm war.

Nach der Beerdigung waschen sich die Trauergäste traditionell dreimal die Hände, um sich von der Nähe zu dem Verstorbenen zu reinigen. Dafür muss auf einem Friedhof ein **Brunnen** sein.

☞ Das Kaddisch weist eine große Ähnlichkeit zum Vaterunser auf. Lies in Mt 6, 9ff. das Vaterunser und vergleiche das Gebet Jesu mit dem Kaddisch.

☞ Wo gibt es Gemeinsamkeiten, wo Unterschiede zwischen der christlichen und der jüdischen Beerdigung?

„Geheiligt werde der Name Gottes in der Welt, die er nach seinem Willen geschaffen.
Sein Reich möge gar bald, noch zu euren Lebzeiten, kommen.
Es sei für immer und ewig gepriesen sein Name, der erhabener ist als alle Lobpreisungen, die man ihm spenden mag.
Es komme für uns und ganz Israel Frieden und Leben aus Himmelshöhen.
Der in seinen Höhen Frieden stiftet, möge auch uns und ganz Israel mit Frieden beglücken."

Aus dem Kaddisch-Gebet

Jüdische Friedhöfe und Grabsteine

Auf jüdischen Gräbern finden sich Grabsteine. Auf ihnen stehen der Name des Verstorbenen und häufig auch ein Zeichen. Diese Zeichen haben eine symbolische Bedeutung, die etwas über den Verstorbenen aussagen:

- **Davidstern**: ein bekennender Jude
- **Zerbrochene Säule**: der Tod kam plötzlich
- **Zerbrochene Rose:** ein Kind
- **Trauben:** eine Frau mit vielen gut erzogenen Kindern
- **Palme, Zeder:** ein weiser Mann
- **Segnende Hände:** jemand aus einer Priesterfamilie, die von Aaron, Bruder des Mose, abstammt
- **Krug:** ein Nachkomme der Tempeldiener, der „Leviten" (Deutung Ölkrug für Leuchteröl im Tempel, Wasserkrug für Reinheit)
- **Widderhorn:** ein Schofarbläser
- **Harfe:** ein Kantor
- **Gänsefeder, Tintenfass:** (Ab)Schreiber heiliger Schriften
- **Löwe:** jemand aus dem Stamm Juda

✡ Jüdische Gräber sehen nicht sehr geschmückt aus. Bei Friedhöfen, auf denen uralte Grabsteine zu finden sind, sind diese oft schon im Boden versunken und ragen nur noch mit einem Teil aus der Erde heraus. Jüdische Friedhöfe und Gräber dürfen nicht eingeebnet oder entfernt werden. Tote sollen für immer ihre Ruhe haben.

✡ Es wird kein Blumenschmuck auf das Grab gestellt. Man legt den Toten kleine Steine oder manchmal auch eine Kerze auf den Grabstein. Die Steine erinnern an die Zeit, als man die Toten durch Steine auf dem Grab vor Tieren schützen wollte.

✡ Die Richtung, in die die Toten gelegt werden, ist Jerusalem.

☞ Wo gibt es Gemeinsamkeiten, worin unterscheiden sich jüdische Friedhöfe von christlichen?

☞ Die segnenden Hände des Priesters oben erinnern an einen Gruß in einer bekannten Science-Fiction-Serie. Der Buchautor der Serie und die Filmperson, die auf diese Weise grüßt, sind beide Juden. Um welche Fernsehserie/Filme handelt es sich?

Entdeckungen: Synagoge und Gebet

Synagoge

Besuch in der Synagoge	Auszug aus „Schalom Martin": David führt seinen Freund Martin durch die Synagoge. Das Blatt: „Was man in einer Synagoge alles entdecken kann" lässt diesen Besuch nacharbeiten.	✡	54 – 56
Synagoge und Kirche	Hier kann die Inneneinrichtung einer Synagoge und einer Kirche gegenübergestellt werden.	✡✡	56
Besuch einer orthodoxen Synagoge	Anspruchsvolle Beschreibung eines Schabbat-Gottesdienstes in einer Synagoge. Die Fachbegriffe können durch das Lexikon (S. 15–16) ermittelt werden.	✡✡✡	57
Menschen in der Synagoge	Hier werden die Menschen beschrieben, die in einer jüdischen Gemeinde arbeiten (Rabbiner, Kantor, Gemeindevorstand) und am Beispiel konkreter Fragestellungen (Diskussionsspiel) vorgestellt.	✡✡	58
Bedeutung der Synagoge	Der Text fasst zusammen, welche Bedeutung die Synagoge für das Judentum in Geschichte und Gegenwart hat. Auch die Aspekte Gottesdienst und Einrichtungsgegenstände werden hier beleuchtet.	✡✡	59

Gebet und Bekenntnis

Ritualgegenstände	Textauszug aus „Schalom Martin" und die Aufgabe, Bilder den beschriebenen Gegenständen zuzuordnen.	✡	60 – 61
Schma Israel	Grundinformationen über das „Schma Israel" und dessen Bedeutung für das Judentum.	✡	62
Kaddisch	Eines der wichtigsten Gebete im Judentum, das Kaddisch, wird hier mit dem Vaterunser verglichen. Ebenso sollen bekannte Ausdrücke (Amen, Halleluja) hier hinterfragt werden.	✡	63
Tefilla	Der Überblick über das Gebet mit drei Namen (Amida, Tefilla, Schmone Esre) führt in die Bedeutung eines der wichtigsten jüdischen Gebete ein.	✡✡✡	64
13 Glaubenssätze des Maimonides	Die Glaubenssätze des Maimonides aus dem 12. Jh. können mit dem christlichen Credo verglichen werden.	✡✡✡	65

Heilige Schriften

Die Hebräische Bibel	Überblick über die Einteilung und Besonderheiten des TeNaCh, der Hebräischen Bibel. Hier ist auch ein Vergleich mit dem Aufbau der christlichen Bibelausgaben möglich.	✡✡	66
Schriftliche und mündliche Tora	Hier wird die Unterscheidung von schriftlicher und mündlicher Tora erklärt, die im Judentum in der Auslegung der Heiligen Schriften eine besondere Rolle spielen.	✡✡	67
Talmud (I + II)	Der Aufbau einer Talmudseite wird hier erläutert. Dabei wird deutlich, wie das jüdische Schrifttum sich entwickelt hat. Zur Anwendung dienen das Textblatt einer Talmudseite und das Talmud-Puzzle.	✡✡	68 – 70

Kaschrut

Mit Juden essen – die koschere Küche	Wenn man jüdische Gäste einlädt, gibt es einiges zu beachten. Der Text ist ein Impuls, den Sinn von Speisegeboten zu reflektieren.	✡✡	71
Was ist eigentlich koscher?	Die Grundregeln gemäß der Halacha werden hier dargestellt: Reine und unreine Tiere, Schächten und die Trennung von Milchigem und Fleischigem. Dies kann schließlich spielerisch zugeordnet werden.	✡	72 – 74

Judentum – Memory-Spiel

Judentum – Memory	Die Karten dienen als Wiederholungs-, Lern- oder Spielkarten. Dabei kann ein Memory-Spiel gespielt werden, indem man nur die Bilder doppelt kopiert und laminiert. Höherer Schwierigkeitsgrad, wenn man Bild und Text kombiniert.	✡	75 – 80

Besuch in der Synagoge

Nach seiner Bar Mitzwa führt David seinen Freund Martin in die Synagoge ein.

Martin und David standen auf dem Vorplatz der Synagoge. David erklärte: „Für uns hat eine Synagoge viele Funktionen. Sie ist ein Haus für den Gottesdienst, für den Unterricht und für Feste und Feiern. (...) Hier finden also alle Arten der Gemeindeversammlung statt. Früher waren Synagogen sogar Herbergen für durchreisende Juden.
Synagogen sehen überall in der Welt unterschiedlich aus. Das liegt daran, dass man nirgends klar festgelegt hat, wie eine Synagoge auszusehen hat.“ (...)
In der Vorhalle zum Synagogenraum blieb David kurz stehen und deutete auf eine Kapsel, die schräg an der Wand angebracht war.
„An Türen, besonders von Synagogen, befindet sich die **Mesusa.** Das bedeutet auf Hebräisch Pfosten. Darin befindet sich eine kleine Rolle mit dem Schma Israel, unserem wichtigsten Gebet.“
Am Eingang sahen David und Martin auch einen **Behälter,** der mit **Kippas** gefüllt war.
David und Martin gingen in den Gottesdienstraum. Auf einer Sitzbank sah Martin ein Buch liegen.
„Ist das ein Gesangbuch?“
„Fast. Es sind Gebetbücher für den Gottesdienst. Ein solches Gebetbuch heißt **Siddur.** Das meint Ordnung. Im Siddur finden wir die wichtigen Gebete, die im Gottesdienst gesprochen oder gesungen werden.“
Die beiden sahen eine Art Bühne.
„Das ist unsere **Bima,** was soviel wie Vorlesepult heißt. Auf sie werden die Tora-Rollen gelegt. Da sind auch die **Schabbat-Kerzen** der Synagoge.“
Die beiden gingen weiter. Martins Blick fiel auf eine große, reich ausgestattete Tür. Er erinnerte sich: Hier wurde die große Schriftrolle herausgeholt. David erklärte: „Das ist das Herzstück jeder Synagoge. Wir nennen es den **Tora-Schrein.** Da die Tora der Mittelpunkt unseres Glaubens ist, steht auch der Tora-Schrein im Zentrum. In ihm werden die **Tora-Rollen** aufgehoben. Sieh mal über der Tür. Das ist eine Darstellung von Jerusalem. In diese Richtung zeigt auch der Schrein.“
Martin schaute genauer hin. Der Vorhang, der den Schrank abdeckte, war wertvoll und aufwendig gestaltet. Überhaupt konnte man spüren, dass hier etwas Wichtiges sein musste. In der Nähe des Tora-Schreins befand sich auch ein Licht.
„Die Lampe heißt Ewiges Licht, hebräisch **Ner Tamid** und erinnert an den Tempel. Unser eigentliches Gotteshaus ist der Tempel in Jerusalem, der vor 2000 Jahren zerstört wurde. Die Synagoge ist nur ein Ersatz, bis der Tempel wieder errichtet wird. (...)
Neben dem Schrein sah Martin auch einen **Chanukka-Leuchter.**

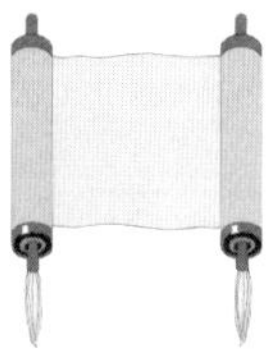

In diesem Augenblick kam der Rabbiner zur Tür herein und ging mit einem freundlichen Lächeln auf die beiden zu. David erzählte, was sie sich bisher angeschaut hatten.
„Na, dann will ich euch mal unser Herzstück öffnen“, sagte er.
Der Rabbiner ging zum Tora-Schrein und öffnete ihn. Martin konnte nun aus der Nähe die **Tora-Rollen** sehen.
„Vor der Toralesung wird im Gottesdienst der Schrein geöffnet. Wie du siehst, sind die Tora-Rollen in Tücher aus Samt oder Seide eingehüllt. Die Holzrollen sind mit einer wertvollen **Tora-Krone** oder mit zwei silbernen Aufsätzen bedeckt, die wir **Rimonim** nennen. Sie erinnern an Granatäpfel. Meist sind Glöckchen an den Aufsätzen. Auch das silberne **Tora-Schild** wird verziert. Wenn die Tora-Rolle aus dem Schrein herausgetragen wird, dann klingeln die **Glöckchen**. In diesem Moment stehen wir im Gottesdienst auf. Um die Tora-Rolle selbst wird ein Gürtel gebunden, der die Rolle zusammenhält. Dieser ist traditionell aus einem Stofftuch gemacht, auf dem die Beschneidung eines Jungen stattfand. Im Gottesdienst wird die Tora-Rolle auf die **Bima** gelegt und aus der Umhüllung herausgeholt. Der **Jad,** das heißt Hand, ist ein Stab in Form einer Hand. Der hängt an vielen Tora-Rollen gleich mit dran. Mithilfe des Jad können wir in der Tora lesen, ohne dass man mit den Fingern beim Lesen die Tora berühren muss.“

Auszug aus „Schalom Martin“, S. 107–115

Was man in der Synagoge entdecken kann

....

....

....

....

....

....

....

....

....

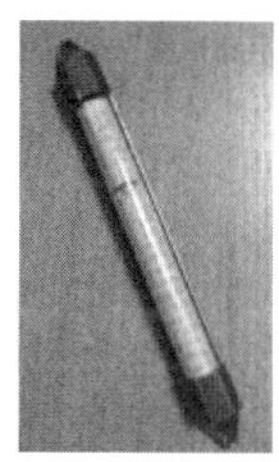

....

....

....

....

Synagoge und Kirche

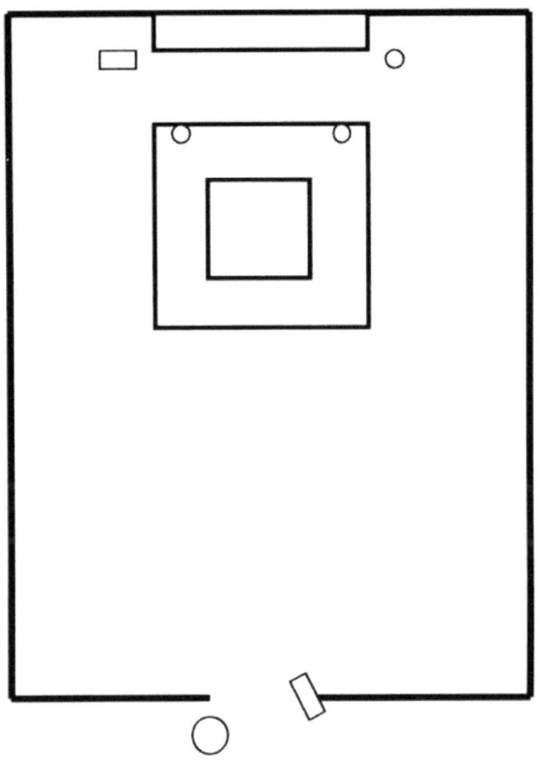

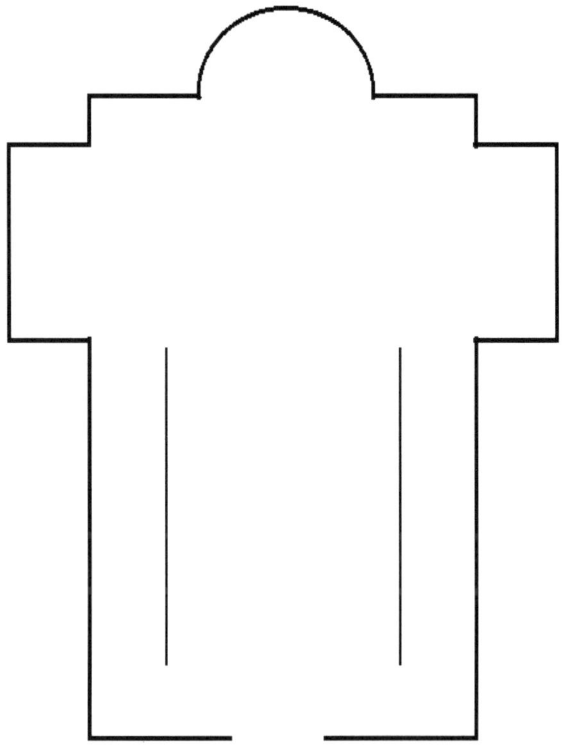

Ausstattung einer Synagoge

☞ Ordne die Einrichtungsgegenstände einer Synagoge dem Grundriss oben zu.

1. **Behälter mit Kippas**
2. **Mesusa**
3. **Bima,** der erhöhte Platz für die Tora-Lesung
4. **Schabbat-Kerzen**
5. **Schrein** für die Tora-Rollen
6. Neunarmiger **Chanukka-Leuchter**
7. **Ewiges Licht** (Ner tamid)

Einrichtung einer Kirche

☞ Was gehört zur Einrichtung einer Kirche? Zeichne dazu ein kleines Modell der Inneneinrichtung einer Kirche.

Besuch einer orthodoxen Synagoge

Es sind nur fünf Gehminuten an diesem sommerlichen Samstagmorgen von uns zuhause bis zur Synagoge. Gestern Abend, mit dem Anzünden der Kerzen und dem Segen über Brot und Wein, hat der Sabbat begonnen. Natürlich war ich auch schon gestern Abend zur „Begrüßung des Sabbat", der *Kabbalat Schabbat*, im Gottesdienst. Am Freitagabend werden bei uns Abend- und Nachtgebet zusammengezogen, die unter der Woche getrennt sind. Ich gehe aber höchstens zum Abendgebet in die Synagoge. Ich greife nach meinem leichten Sommerhut – es muss ja nicht die langweilige *Kippa* als Kopfbedeckung sein! Ich verlasse das Haus und gehe hinüber zur *Schul*. Unterwegs treffe ich ein oder zwei andere Gemeindemitglieder. Wir grüßen einander auf jiddisch: *Guten Schabbes* - die Hundertfünfzigprozentigen sagen auf Hebräisch: *Schabbat Schalom*. Im Eingang steht ein Mitglied des Synagogenvorstandes, einen Türsteher kann sich unsere Gemeinde nicht leisten. Der Mann steht zur Sicherheit da. Man weiß ja nie ...

Als ich den rechteckigen Raum betrete, hat der Gottesdienst schon angefangen. Um die Wahrheit zu sagen, er dauert schon eine halbe Stunde, aber besser ich komme spät als gar nicht. Ich werde auch nicht der Letzte sein, eine Synagoge ist keine Kirche. Die Gebete werden von der *Bima* aus vom Kantor oder *Chasan* geleitet. Unser Kantor ist ein Laie, ein ehemaliger Marktschreier, aber er beherrscht das Gebetbuch-Hebräisch und ist mit den traditionellen Melodien und Synagogenbräuchen genauso vertraut wie ein ausgebildeter Geistlicher. Er beendet gerade die *Amida*, das Stehgebet, als ich an meinen Platz komme. Das *Schma Jisrael* habe ich offensichtlich schon verpasst. Ich klappe möglichst leise den Sitz hoch und entnehme dem Hohlraum darunter mein Gebetbuch und einen Samtbeutel, in dem mein *Tallit* steckt, ein an den Enden blau gestreifter Seidenschal mit Fransen. Ich lege ihn um die Schultern, wobei ich die vorgeschriebene Formel spreche. Dann schlage ich mein Gebetbuch, den *Siddur,* an der rechten Stelle auf.

Nach wenigen Minuten ist der erste Teil des Morgengottesdienstes, des *Schacharit*, vorbei. Nun wird eine Schriftrolle aus der Lade genommen, die man auch Tora-Schrein nennt. Dieses Ritual wird mit einer gewissen Feierlichkeit und unter genau festgelegter Beteiligung der Gemeinde zelebriert. Mein Freund Arthur öffnet die Lade, Salomon nimmt eine Rolle heraus und bringt sie zum Kantor. Sie wurden, wie gewöhnlich, zuvor durch die Vorstandsmitglieder mit dieser ehrenvollen Aufgaben betraut. Bei der Prozession durch die Synagoge berühren viele Männer die Tora mit den Zipfeln ihres *Tallits*, andere mit der Ecke ihres *Siddurs*, um damit zu zeigen, dass jeder Einzelne Anteil hat an der Tora.

Der Tora-Abschnitt (*Parascha*) für diese Woche heißt *Beha'alotka*, in der christlichen Bibel steht er im 4. Mose 8–12. Das Recht, Texte mitzusprechen, steht allen zu. Bevor der Abschnitt angestimmt wird, wird ein Gemeindemitglied auf die *Bima* gerufen, der ein Segenswort spricht. Der Toraleser liest den Text vor. Am Ende des Abschnitts rezitiert er nochmals einen Segen. Der Erste, der dafür aufgerufen wird, ist Gideon Katz, ein *Kohen.* So nennt man die Nachfahren Aarons, des ersten Hohepriesters. Auch nach 3500 Jahren lebt das Wissen um diese Herkunft fort und wird nie in Zweifel gezogen. Ein Mann mag vielleicht nicht wissen, wer sein Großvater war, aber er weiß, ob er ein Kohen ist. An diesem Morgen verläuft alles reibungslos, und niemand hat sich versprochen. Der letzte Aufgerufene ist der 13-jährige Baruch Liebermann, ein *Bar Mitzwa*. Er hat vor wenigen Wochen die religiöse Volljährigkeit erreicht und zählt jetzt wie wir anderen Männer zum *Minjan* hinzu. Sein Vater ist mächtig stolz auf ihn, dass er die hebräischen Texte so flüssig lesen kann.

Nach der siebenteiligen Toralesung folgt am Sabbatmorgen noch die *Haftara*, der Abschnitt aus den Propheten. Sie steht in einer inhaltlichen Beziehung zur *Parascha*.

☞ Der Text enthält eine Reihe von Fremdwörtern, meist *kursiv* gedruckt. Findet passende Erklärungen und schaut zusätzlich im Lexikon oder Internet nach.

☞ Vergleiche den Ablauf des Synagogengottesdienstes mit dem Ablauf eines Gottesdienstes in einer christlichen Kirche. Wo sind Gemeinsamkeiten, wo Unterschiede?

☞ Jesus besuchte den Sabbatgottesdienst seines Heimatortes Nazareth.
Lies Lk 4, 16–21 und erkläre mithilfe des Textes oben die Stelle im NT.

Menschen in einer Synagoge

Der **Rabbiner** ist ein Angestellter der Synagogengemeinde und zugleich ihr geistlicher und rechtlicher Leiter. Als „Lehrer“ weiß der Rabbiner über die Tora und die jüdischen Riten gut Bescheid, weshalb man in strittigen Fällen seine Auskunft einholt. Im normalen Gottesdienst hat er keine unverzichtbare Aufgabe, außer an besonderen Festen wie Bar Mitzwa. Oft ist es aber der Rabbiner, der über die Toralesung die Predigt hält.

Ein **Kantor** (hebr. „Chasan“), vom lateinischen cantare = „Singen“, ist dagegen fest für den Schabbat-Gottesdienst angestellt. Er leitet den Gottesdienst und stimmt die gesungenen Gebete an.
Außer dem Gesang des Kantors ist Musik mit Instrumenten traditionell nicht üblich, auch wenn in manchen Synagogen eine Orgel steht. In manchen Gemeinden gibt es einen **Synagogendiener** („Schammes“), der dem Chasan im Gottesdienst zur Seite steht und sich um den Zustand des Gebäudes kümmert.

Die allgemeine, weltliche Leitung liegt bei einem von den Gemeindemitgliedern zu wählenden **Gemeindevorstand**. An der Spitze dieses Gremiums steht meist ein Vorsitzender oder Präsident (hebr.: „Parnas“ oder „Rosch“). Um speziell finanzielle Angelegenheiten wie Sammlungen und Steuern kümmert sich traditionell der **Gabbai** (hebr. „Kassierer“).

Wie **Frauen und Männer** in der Synagoge sitzen, ist oft unterschiedlich geregelt. In manchen Gemeinden sitzen Männer und Frauen zusammen. In den meisten Synagogen aber sind Frauen und Männer getrennt. Frauen sitzen auf einer Galerie oder hinter einer Holzschranke. Ein öffentlicher Gottesdienst findet nur statt, wenn mindestens zehn Männer, die bereits die Bar Mitzwa haben, zusammenkommen. Das nennt man **Minjan**, d.h. Zahl.
In nichtorthodoxen Gemeinden können auch Frauen zum Minjan zählen.

☞ Versetze dich in eine oder mehrere der vorgestellten Personen hinein, und schreibe aus ihrer Sicht über einen Vorfall in der Gemeinde:

- Der Schammes hat am Sabbat den Gehweg vor der Synagoge gekehrt. Der Fall kommt vor den Rabbiner …
- Am Freitagabend kommt in einer orthodoxen Synagoge nicht die notwendige Zahl von zehn Männern zusammen. Zusammen mit den Frauen würde es reichen …
- Der Gemeindevorstand berät, wie man die Situation der zugewanderten russischen Juden verbessern könnte …
- In einer Reformsynagoge kommt die Idee auf, manche Gesänge mit der Orgel zu begleiten. Der Kantor ist wenig begeistert …

☞ Du kannst dir selbst weitere Situationen aus dem Leben einer jüdischen Gemeinde ausdenken. Wenn ihr Lust habt, könnt ihr auch ein Hörspiel mit verteilten Rollen schreiben.

Die Bedeutung der Synagoge

- ✡ **Ursprung:** Schon früh gab es Synagogen als Versammlungsraum (griechisch = Versammlung). Allerdings bekam die Synagoge erst nach der Zerstörung des Jerusalemer Tempels im Jahre 70 n. Chr. die Bedeutung, die sie heute hat. Die Synagogen waren danach nicht nur regionale Zentren und Schulen für Juden, sondern der einzige Ort, an dem sie sich zu Gottesdiensten versammeln konnten. Dort erinnert man daher bis heute an den zerstörten Tempel in Jerusalem. Auch der Gruß an Feiertagen „Nächstes Jahr in Jerusalem“ erinnert an die Hoffnung, dass es irgendwann wieder einen Tempel in Jerusalem geben wird.
- ✡ **Funktion der Synagoge:** In den Synagogen fanden Gottesdienste, Unterricht, Gemeindeveranstaltungen, Leichenfeiern, politische Versammlungen oder die Unterzeichnung von Verträgen statt. Fremde Juden fanden in ihr eine Herberge. Hier wurde auch die Gemeinde versammelt, wenn wichtige Dinge besprochen und Gottesdienst gehalten wurde. Die Synagoge ist daher **kein heiliger Ort an sich (Sakralraum)**. Erst durch den Vollzug des Gottesdienstes und die Anwesenheit der Tora erhält der Raum seine Würde. Ein Gottesdienst kann überall stattfinden.
- ✡ Im **Baustil** folgten die Synagogen der allgemeinen Architektur ihrer Umgebung. So waren Synagogen im Mittelalter mit romanischen und gotischen Säulen ausgestattet (Foto 1: wieder aufgebaute Wormser Synagoge von 1174), im 19. Jahrhundert finden sich große Prachtbauten (Abbildung 2: Kaiserslautern) und im 20. Jahrhundert funktionale Gebäude (Foto 3: Mannheim).
- ✡ Der **Gottesdienst** hatte in seiner Frühzeit noch keine feste Form. Jeder konnte als Vorbeter (Chasan) den Gottesdienst leiten. Die Gemeinde war durch Wechselgesänge und durch die Mitwirkung bei der Tora-Lesung beteiligt. Sowohl die Anbetungsformen als auch die Gebetssprache wurden durch jüdische Überlieferung geprägt. Der Gottesdienst bestand von Anfang an aus **Gebet, Belehrung und symbolischen Handlungen**.
  Im Gebet bringt die Gemeinschaft ihre Hoffnungen zum Ausdruck. Die Belehrung besteht im Vorlesen biblischer Abschnitte und in ihrer Erläuterung. Die symbolischen Handlungen sind geschichtliche Erinnerungen mit Bezug zum ehemaligen Tempelritus.
  Die **Sprache des traditionellen Gottesdienstes** ist hebräisch, auch wenn es schon im späten Altertum keine Umgangssprache mehr war. In Westeuropa und Amerika lässt man heute im Gottesdienst die Predigt in der Landessprache zu.

☞ Vergleiche die Synagoge mit dem, was du über Kirche und Gottesdienst weißt. Wo gibt es Gemeinsamkeiten, wo Unterschiede?

☞ Welche sozialen und religiösen Funktionen erfüllt(e) die Synagoge im Leben der Gemeinde?

Ritualgegenstände

Martin besucht David. Es ist der Tag nach Davids „Bar Mitzwa“, bei der Martin dabei sein durfte. Einiges war ihm fremd. David erklärt ihm dies.

„Onkel Ari schenkte mir schon vor meiner *Bar Mitzwa* eine komplette neue Ausstattung für das Gebet. Ich habe gestern alles zum ersten Mal getragen. Zuvor hat uns der Rabbiner beigebracht, wie wir mit den Gegenständen umgehen sollen und was sie bedeuten.
Was mir keiner beibringen musste war, wie ich eine ***Kippa*** tragen muss.
Der Rabbi erzählte uns: Früher durften nur freie Menschen einen Hut tragen. So erinnert uns die *Kippa* an die Befreiung aus der Sklaverei in Ägypten. Außerdem zeigen wir so, wenn wir beim Gebet und in der *Synagoge* unseren Kopf bedecken, unsere Ehrfurcht vor Gott …
Etwas schwieriger war es für mich, den Gebetsmantel, den ***Tallit***, richtig überzuhängen. *Tallit* heißt übrigens *Hülle*.“
David nahm seinen *Tallit* in die Hand, gab ihn Martin und erklärte weiter:
„Du siehst: Der *Gebetsmantel* ist ein breites helles Tuch mit Streifen. An jeder der vier Ecken befindet sich je eine *Quaste*. Das sind die *Zizit, die Schaufäden*. Schon in der Tora steht, dass uns diese an die Gebote Gottes erinnern sollen.
Als ich am Tag meiner *Bar Mitzwa* zum ersten Mal den *Tallit* tragen durfte, da merkte ich, wie wichtig der Schal ist. Ich zog ihn über meinen Kopf und hatte viel mehr Ruhe. In einer alten Schrift heißt es übrigens, man soll sich mit dem *Tallit* fühlen, wie unter den Flügeln Gottes‘.“
David nahm einen weiteren Gegenstand in die Hand.
„Schließlich gibt es noch die ***Tefillin***. Die durfte ich vor meiner *Bar Mitzwa* zum ersten Mal anlegen. Sie sind für das Morgengebet bestimmt. Mit den *Tefillin* hatte ich am Anfang so meine Schwierigkeiten, aber Vater und Onkel Ari haben mir geholfen. Auch bei ihnen hat das Binden damals nicht gleich geklappt.“
David gab Martin die Riemen in die Hand. „Wie du siehst, sind die *Tefillin* lange Riemen mit einer viereckigen Kapsel dran. Das Leder muss koscher sein. Der Name *Tefillin* kommt übrigens von *Tefilla* – das bedeutet *Gebet*.“
In den Kapseln der *Tefillin* ist auch der Text des *Schma Israel* zu finden …
Es ist auch so etwas wie eine Glaubensanweisung, weil darin steht, dass man sich den Text um die Stirn und um den linken Arm wickeln und ihn an die Türpfosten schreiben soll.“

Auszug aus: Schalom Martin, S. 84–88

☞ Mit dem Letzten meinte David die ***Mesusa***, die an den Türpfosten der Synagogen und vieler Häuser hängt. Was bedeutet es, wenn in den Tefellin und in der Mesusa das Schma Israel hineinkommt?

☞ Welchen Sinn siehst du darin, solche Gegenstände zu haben? Mache dies an jedem der Gegenstände deutlich.

Ritualgegenstände (II)

....

....

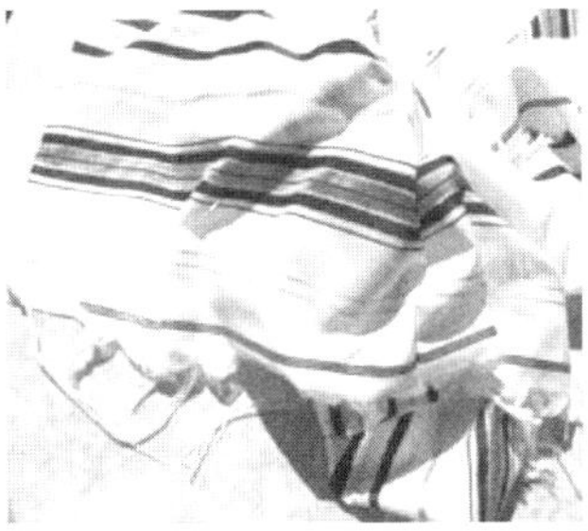

....

....

....

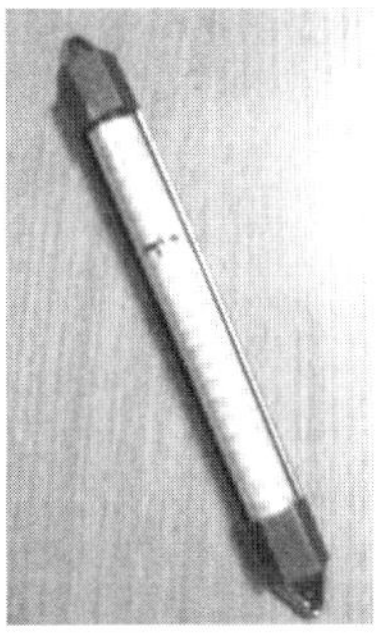

....

☞ Ordne folgende Begriffe den Bildern zu und erläutere kurz, was da zu sehen ist:

Tefillin – Tallit – Kippa – Mesusa – Schma Israel – Siddur

Schma Israel – Höre Israel!

Höre, Israel! Der Ewige ist unser Gott;
Der Ewige ist Einer.
Und du sollst den Ewigen, deinen Gott, lieben mit ganzem Herzen, mit ganzer Seele und mit deiner ganzen Kraft.
Und es sollen diese Worte, die ich dir heute gebiete, an deinem Herzen sein,
und du sollst sie deinen Kindern einschärfen und von ihnen reden, wenn du in deinem Haus weilst und wenn du auf dem Weg gehst, wenn du dich niederlegst und wenn du aufstehst.
Und knüpfe sie zu Wunderzeichen an deine Hand, und sie seien zum Wahrzeichen zwischen deinen Augen; und schreibe sie an die Pfosten deines Hauses und an deine Tore.

5. Mose 6, Übersetzung: Naftali Herz Tur-Sinai

שְׁמַע יִשְׂרָאֵל

שְׁמַע יִשְׂרָאֵל יְיָ אֱלֹהֵינוּ יְיָ אֶחָד:

בלחש: בָּרוּךְ שֵׁם כְּבוֹד מַלְכוּתוֹ לְעוֹלָם וָעֶד:

וְאָהַבְתָּ אֵת יְיָ אֱלֹהֶיךָ בְּכָל לְבָבְךָ
וּבְכָל נַפְשְׁךָ וּבְכָל מְאֹדֶךָ: וְהָיוּ
הַדְּבָרִים הָאֵלֶּה אֲשֶׁר אָנֹכִי מְצַוְּךָ
הַיּוֹם עַל לְבָבֶךָ: וְשִׁנַּנְתָּם לְבָנֶיךָ
וְדִבַּרְתָּ בָּם בְּשִׁבְתְּךָ וּבְקוּמֶךָ:
וּקְשַׁרְתָּם לְאוֹת עַל יָדֶךָ וְהָיוּ
לְטֹטָפֹת בֵּין עֵינֶיךָ: וּכְתַבְתָּם
עַל מְזֻזוֹת בֵּיתֶךָ וּבִשְׁעָרֶיךָ:

Tägliche Erinnerung an das Schma

- ✡ *Der Text des „Schma Israel“* („Höre Israel“) ist eine **Glaubensanweisung**, ein **Glaubensbekenntnis** und ein **Gebet.** Als Glaubensbekenntnis bringt der Text kurz auf den Punkt: **Juden glauben an den einen Gott.**
- ✡ Das *Schma* soll am Abend und am Morgen gesprochen werden. Es gibt in ihm genaue Anweisungen, wie dies zu tun ist und wo man den Text anbringen soll. Das Schma sprechen Juden auch, bevor sie sterben.
- ✡ An den Türpfosten eines jüdischen Hauses soll eine **Mesusa** (Kapsel) angebracht sein, in der ein Teil des Schma geschrieben steht. Geschrieben wird er auf koscheres Pergament. Wer durch die Tür geht, an der eine Mesusa angebracht ist, berührt sie.
- ✡ In dem Text wird auf die Gebetsriemen hingewiesen – die **Tefillin.** Auch sie enthalten eine Kapsel mit dem Pergament. Man soll sie um den linken Arm und um den Kopf binden. Dies ist ein Ausdruck für den Bund zwischen Gott und dem Volk Israel. Die Tefillin werden nur an Werktagen getragen.

☞ Vergleiche das Schma Israel mit dem christlichen Glaubensbekenntnis und dem Bekenntnis der Muslime („Es gibt keinen Gott außer Allah, und Mohammed ist sein Prophet“). Wo sind Übereinstimmungen, wo Unterschiede?

☞ Ihr könnt zu Hause eine Mesusa aus Holz oder Metall basteln. Welche Texte würdest du in einen solchen „Türsegen“ einschließen?

Kaddisch

Eines der wichtigsten Gebete im Judentum ist das Kaddisch. Es wird als Gebet der Gemeinde gesprochen und lautet:

„Geheiligt werde der Name Gottes in der Welt, die er nach seinem Willen geschaffen. Sein Reich möge gar bald, noch zu euren Lebzeiten, kommen.
Es sei für immer und ewig gepriesen sein Name, der erhabener ist als alle Lobpreisungen, die man ihm spenden mag.
Es komme für uns und ganz Israel Frieden und Leben aus Himmelshöhen.
Der in seinen Höhen Frieden stiftet, möge auch uns und ganz Israel mit Frieden beglücken."

Kaddisch – jüdisch	Vaterunser – christlich

☞ Im Vaterunser gibt es eine deutliche Verbindung zum Kaddisch. Schreibe ähnliche Redewendungen in die Tabelle.

☞ Im christlichen Gottesdienst finden sich noch vereinzelte hebräische Ausdrücke:

Amen

Halleluja

Maranatha

Finde heraus, was die Begriffe bedeuten. Hinweise findest du in Lexika, im Internet oder in der Bibel (z.B. Stichwortverzeichnis, kleines Lexikon im Anhang der Bibel).

Tefilla

Das jüdische Hauptgebet neben dem ***Schma Israel*** und dem ***Kaddisch*** ist unter drei Namen bekannt:

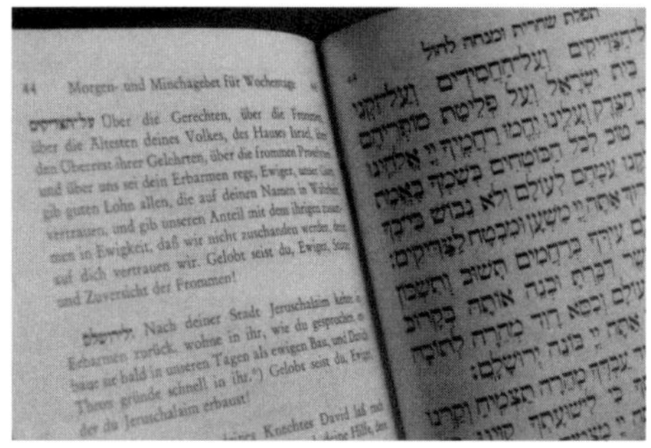

- ✡ **Ha-Tefilla** („das Gebet"):
  Für viele Jüdinnen und Juden ist es *das* Gebet schlechthin.
- ✡ **Amida** (von hebr. ´amad = „stehen"):
  Man betet stehend vor Gott, wie man sich auch vor höhergestellten Menschen erhebt.
- ✡ **Schmone Esre** („achtzehn Bitten"):
  Das Gebet enthielt ursprünglich 18 Bitten, es wurde aber um eine 19. Bitte erweitert.

Als 70 n. Chr. der Jerusalemer Tempel zerstört wurde, traten an die Stelle der Opfer im Tempel regelmäßige Gebete in der Synagoge als eine Art „Wortopfer".
Dreimal am Tag wird die Tefilla gebetet: am **Morgen („Schacharit"),** am **Nachmittag („Mincha")** und am **Abend („Ma´ariv").**
Die **Entstehung der Tefilla** liegt im Dunkeln. Der Talmud führt das Gebet auf die „große Versammlung" von Schriftgelehrten aus der Zeit Esras und Nehemias (5. Jh.v.Chr.) zurück. Im 1. Jh.n.Chr. sollen die Rabbinen Gamaliel und Simon ha-Pekoli ihm eine einheitliche Form und Ordnung gegeben haben.
Schriftfunde zeigen, dass bis ins Mittelalter der Wortlaut der Tefilla sich erheblich unterscheiden konnte. Allen Versionen ist der dreigliedrige Aufbau gemeinsam:

- ✡ **Lobpreis Gottes (1–3)**
- ✡ **die eigentlichen Bitten (4–16)**
- ✡ **die drei Schlusssprüche mit Dank und Friedensbitte (17–19).**

☞ Bei reformierten bzw. liberalen Juden weicht die Tefilla häufig von orthodoxen Gebetbüchern ab. Ordne zu jeder traditionellen Formulierung die passende Aussage der reformierten Juden zu:

Traditionelle Formulierung	Änderung bei den reformierten Juden
Die Bitte um eine **Rechtsordnung** in Israel …	… nicht, wie sonst üblich, auf einen personalen **Messias** aus dem Stamme Davids zugespitzt.
Die **messianische Hoffnung** wird eher allgemein thematisiert …	… zu einer **allgemeinen Hoffnung auf „Leben angesichts des Todes**".
Die Erwähnung der **leiblichen Auferstehung** wird abgewandelt …	… wird oft weggelassen, weil es seit 1948 wieder einen Staat mit ordentlicher **Gerichtsbarkeit** gibt.
Es wird nicht mehr für den **Tod der Verleumder** gebetet …	… entfällt oft, weil das **Leben in der Fremde** (Diaspora) dem Leben in Israel als **gleichrangig** angesehen wird.
Die **Rückführung der Zerstreuten** nach Israel …	… sondern nur für das **Ende der Verleumdung**.

Die 13 Glaubenssätze des Moses Maimonides

Moses Maimonides war einer der berühmtesten jüdischen Gelehrten im Mittelalter. Er lebte im 12. Jh. in Spanien und dann als Arzt des Sultans in Ägypten.
Maimonides formulierte folgende Glaubenssätze:

1. Ich glaube in ganzem Glauben, dass der Schöpfer, gelobt sei sein Name, jegliche Kreatur schafft und lenkt und dass er allein der Urheber alles dessen ist, was geschah, geschieht und geschehen wird.
2. Ich glaube in ganzem Glauben, dass der Schöpfer, gelobt sei sein Name, einzig ist und dass es keine Einheit seinesgleichen gibt, in keinerlei Hinsicht, und dass er allein unser Gott war, ist und sein wird.
3. Ich glaube in ganzem Glauben, dass der Schöpfer, gelobt sei sein Name, unkörperlich ist und frei von jeder Möglichkeit, materiell vorgestellt zu werden; und dass ihm auch keine Gestalt beigelegt werden kann.
4. Ich glaube in ganzem Glauben, dass der Schöpfer, gelobt sei sein Name, Anfang und Ende ist.
5. Ich glaube in ganzem Glauben, dass der Schöpfer, gelobt sei sein Name, allein es ist, dem Anbetung gebührt, und dass es ungebührlich ist, außer ihm ein Wesen anzubeten.
6. Ich glaube in ganzem Glauben, dass die Worte der Propheten alle wahrhaftig sind.
7. Ich glaube in ganzem Glauben, dass die Kündung unseres Lehrers Moses, Friede ihm, die Wahrheit und dass er von allen Propheten, früheren wie späteren, der Vater war.
8. Ich glaube in ganzem Glauben, dass diese Tora, wie wir sie jetzt besitzen, die gleiche ist, die unserem Lehrer Moses übergeben wurde.
9. Ich glaube in ganzem Glauben, dass diese Tora unverwechselbar ist und dass es nie eine andere Lehre vom Schöpfer her, gelobt sei sein Name, geben wird.
10. Ich glaube in ganzem Glauben, dass der Schöpfer, gelobt sei sein Name, alles Tun und jegliches Trachten der Menschen kennt, wie es heißt: Er, der ihre Herzen ganz und gar gebildet, Er weiß auch all ihr Tun.
11. Ich glaube in ganzem Glauben, dass der Schöpfer, gelobt sei sein Name, wohl vergilt all denen, die seine Gebote erfüllen, und übel tut denen, die seine Gebote brechen.
12. Ich glaube in ganzem Glauben, dass der Messias kommt, und ungeachtet seines langen Ausbleibens erwarte ich täglich seine Ankunft.
13. Ich glaube in ganzem Glauben, dass einst zu seiner Zeit, wenn es dem Schöpfer, gelobt sei sein Name und erhoben sein Gedenken immer und ewig, wohl gefällt, die Toten auferstehen werden.

☞ Kann man mehrere Sätze unter einer gemeinsamen Überschrift zusammenfassen?

☞ Vergleiche die Glaubenssätze des Maimonides mit dem christlichen Glaubensbekenntnis. Wo gibt es Gemeinsamkeiten, wo Unterschiede?

Die Hebräische Bibel

Die hebräische Bibel unterscheidet sich vom Alten Testament im Umfang und in der Reihenfolge der enthaltenen Schriften. Ihr endgültiger Umfang stand nicht vor dem 1. Jh. n. Chr. fest und umfasst nur 24 Schriften. Diese niedrige Zahl ergibt sich, wenn man 1. + 2. Sam, 1. + 2. Kön, 1. + 2. Chr und die zwölf kleinen Propheten zu je *einem* Buch zusammenfasst.
Der jüdische Schriftenkanon hat wie der christliche Kanon drei Teile und besteht aus:

- ✡ **Tora** („Gesetz“, „Weisung“): der Pentateuch bzw. die fünf Bücher Mose (hebr. Namen: Bereschit, Schemot, Wajikra, Bemidbar, Devarim sind die Anfangsworte des jeweiligen Buches).
- ✡ **Newiim** („Propheten“): Zu ihnen gehören nicht nur die Schriftpropheten (außer Dan), sondern auch die Bücher Jos bis 2. Kön, die im Christentum zu den Geschichtswerken gezählt werden.
- ✡ **Ketuwim** („Schriften“): Umfasst vor allem das weisheitliche und poetische Schrifttum (Ps, Spr, Hi, Hld, Koh), aber auch die Geschichtswerke Esra, Nehemia und Chronik.
- ✡ Aus den hebräischen Anfangsbuchstaben der drei Teile des Kanons ergibt sich das Wort **Tenach** (manchmal auch: Tanach).

- ✡ Der **Tora** kommt an Bedeutung kein anderer Teil des Kanons gleich. Bereits 400 v. Christus lag der komplette Text fertig vor. Im Laufe eines Jahres wird die Tora im Synagogengottesdienst einmal komplett gelesen – beginnend am Fest der Torafreude (Simchat Tora).

- ✡ Während in katholischen Bibelausgaben noch die „Spätschriften“ enthalten sind, gleicht der protestantische dem jüdischem Kanon (abgesehen von der Reihenfolge der Bücher): Martin Luther hat die Propheten an den Schluss gestellt, die er mit ihren messianischen Weissagungen als Brücke zum Neuen Testament gesehen hat.

☞ Juden ziehen die Begriffe „Tenach“ oder „Hebräische Bibel“ der Bezeichnung „Altes Testament“ vor.
Ein christlicher Ausleger schlägt den Begriff „Erstes Testament“ vor.
Was hältst du davon?

☞ Schlage eine Lutherbibel auf und vergleiche sie mit dem Inhaltsverzeichnis des Tenach in dem Schrank oben. Was fällt auf?

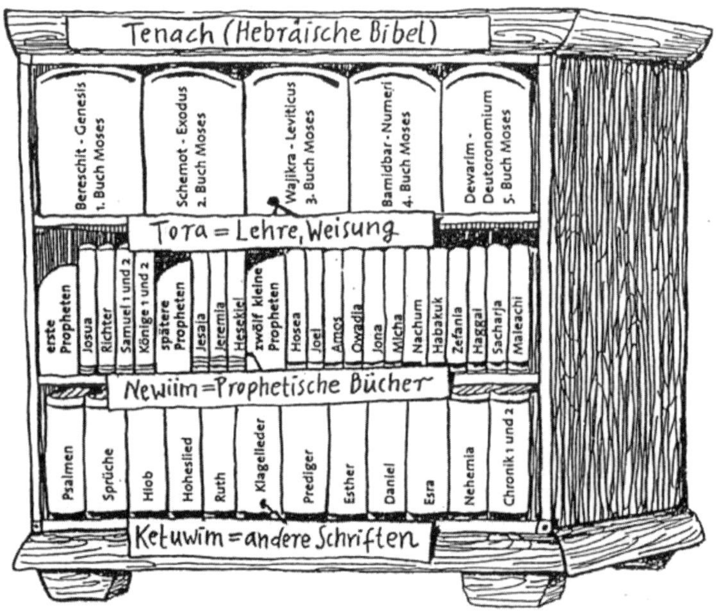

Schriftliche und mündliche Tora

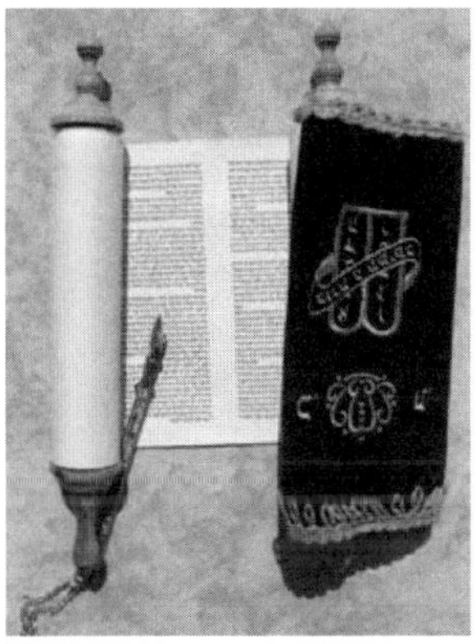

Die Hebräische Bibel bedarf der Auslegung. Es gibt Fragen, die der geschriebene Text offenlässt.
Was soll man beispielsweise tun, wenn der Feind im Krieg am Sabbat angreift? Soll man die Waffen ruhen lassen, wie die Tora es befiehlt? Oder darf man sich wehren und so vielleicht sein Leben retten?

Vor genau diese Alternative waren die Juden in der Zeit der Makkabäerkriege (2. Jh. vor Chr.) gestellt – und sie entschieden sich für das Leben. Warum? Weil sie zu dem Schluss kamen, dass die Tora zum Leben gegeben ist, nicht zum Tode.
Wenn das Befolgen der Tora zum Tode führen würde, so kann dies nicht im Sinne Gottes sein. Damals wurde die Idee einer mündlichen Tora geboren, die der geschriebenen Tora gleichwertig gegenübersteht.

Dass die mündliche Tora als der geschriebenen Tora gleichwertig gilt, verdankt sie dem Ruf, dass sie mit jener gleichen Ursprungs sei. Beide wurden dem Volk Israel von Gott am Sinai gegeben, so sagt das klassische jüdische Schrifttum. Dass auch spätere Generationen noch Zugang zu dieser Offenbarungsquelle haben, gewährleistet eine ununterbrochene Traditionskette von Mose bis heute: „Mose empfing die Tora auf dem Sinai, überlieferte sie Josua, Josua den Ältesten, die Ältesten den Propheten, und die Propheten überlieferten sie den Männern der Großen Synagoge.“ (*Mischna Avot)*

Die mündliche Tora kann sich gelegentlich so weit von der geschriebenen Tora entfernen, dass die Verbindungen zwischen beiden problematisch erscheinen. Das Judentum hat dies stets im Auge behalten und sogar selbstironisch kommentiert:
„Es geschah einmal, dass ein Nichtjude zu (dem Schriftgelehrten) Schammai kam und zu ihm sprach: ‚Wie viele Torot (Mehrzahl von ‚Tora') habt ihr?' Jener erwiderte: ‚Zwei, eine schriftliche und eine mündliche Tora.' Er (der Nichtjude) entgegnete: ‚Die geschriebene glaube ich dir, aber die mündliche nehme ich dir nicht ab. Mache mich zum Proselyten (d.h. lass mich zum Judentum übertreten) unter der Bedingung, dass du mich nur die schriftliche Tora lehrst!' Da schrie ihn jener an und entfernte ihn mit einem Verweis.
Der aber ging zu (dem Schriftgelehrten) Hillel, und der machte ihn tatsächlich zum Proselyten. Am ersten Tag lehrte er ihn: ‚Alef – Bet – Gimel – Dalet' (d.h. die ersten vier Buchstaben des hebräischen Alphabets). Am folgenden Tag aber lehrte er ihn in genau der umgekehrten Reihenfolge, worauf jener ihn fragte: ‚Gestern hast du es mir doch nicht so gelehrt!' Er (Hillel) erwiderte: ‚Hast du dich nicht da auf mich verlassen? Darum verlasse dich auch jetzt auf mich, was die mündliche (Tora) anbelangt!'“

Babylonischer Talmud, bSchab 31a.

☞ Was verrät diese Geschichte über das Verhältnis von schriftlicher und mündlicher Tora, was über die Lehrer (Rabbinen) Schamai und Hillel?

☞ Welche Vorteile, welche Nachteile hat das jüdische Konzept der „doppelten Tora“?

Einführung in den Talmud

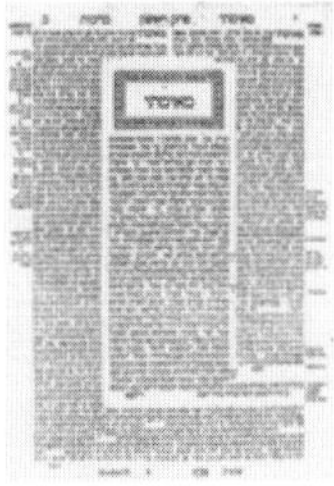

Anhand einer Talmudseite kann man sich gut das Wachstum des jüdischen Schrifttums veranschaulichen. Die Tradition wächst von innen nach außen – wie bei einer Zwiebel legt sich eine Schale um die andere.

Kapitelangabe
Die meisten Kapitel der Mischna bzw. des Talmuds sind benannt nach ihrem **ersten Wort**. Dieses Wort macht für sich oft keinen Sinn. Es hilft aber, sich im Text zu orientieren. Man findet Kapitelnamen eingefasst in einem **Schmuckrahmen** oben in der Mitte der Seite.

Mischna
Der älteste Teil der Überlieferung stellt die Mischna („Wiederholen", „Lernen") dar. Man findet sie im **Zentrum** jeder Talmudseite. Die Mischna ist auf Hebräisch geschrieben und enthält Antworten der Rabbinen über Fragen des jüdischen Religionsgesetzes („Halacha"). Sie ist aber kein Gesetzbuch, denn Meinungsverschiedenheiten bleiben nebeneinander stehen. Die Mischna wurde um die Wende zum 3. Jh. von Jehuda-ha-Nasi („der Fürst") zusammengestellt. Vieles ist sicher bedeutend älter und wurde lange Zeit mündlich weitergegeben.

Gemara
Den nächsten Schritt der Traditionsbildung stellt die Gemara („Vervollständigung") dar, die Ergänzungen späterer Schriftgelehrter (bis zum 8. Jh.) enthält. Der Text der Gemara, der meist auf Aramäisch abgefasst ist, steht in den gedruckten Ausgaben direkt unter der Mischna. Mischna und Gemara bilden zusammen den Talmud.

Raschi
Der bis heute bedeutendste Kommentar zum Talmud steht auf der Innenseite (rechts) eines Talmudblattes und stammt von Raschi, dem Rabbi Schlomo ben Jizchaki. Er ist einer der bekanntesten jüdischen Schriftgelehrten des Mittelalters (1040–1105). Raschi stammte ursprünglich aus Troyes in der Champagne, verbrachte neun Jahre als Lehrer in Worms. Sein Kommentar zeigt ein besonderes Interesse am wörtlichen Sinn des Textes, den er mit seinen hervorragenden Sprachkenntnissen zu ergründen wusste.

Tosafisten
Die Arbeit des Raschi wurde von seinen Schülern fortgesetzt, die unter dem Namen Tosafisten (tosafot = Hinzufügungen) bekannt wurden. Ihr Kommentar, der häufig alternative Interpretationen zu Raschi anbietet, steht auf der anderen (also der von der Buchheftung abgewandten) Seite der Mischna. Die bekanntesten Tosafisten waren Rabbi Meir ben Schmuel, Rabbi Jitzchaq ben Meir, Rabbenu Jaakov ben Meir Tam und Rabbi Schmuel ben Meir (genannt Raschbam).

Weitere Kommentare
Ganz links am Rand haben die Herausgeber des Talmuds Querverweise zu anderen mittelalterlichen Gesetzeskodizes, wie dem Schulchan Aruch des Joseph Caro und der Mischne Tora von Maimonides, hergestellt.

☞ Lest den Text und versucht mithilfe der gegebenen Informationen das Arbeitsblatt zu beschriften.

☞ Alternativ: Die Papierschnipsel des Puzzles werden verteilt, und die Puzzleteile sollen zu einer kompletten Talmudseite zusammengestellt werden. Beim Hinlegen der Teile erklärt man der Reihe nach (möglichst aus dem Kopf) den anderen in der Gruppe, was man über seinen Teil der Seite an Informationen besitzt.

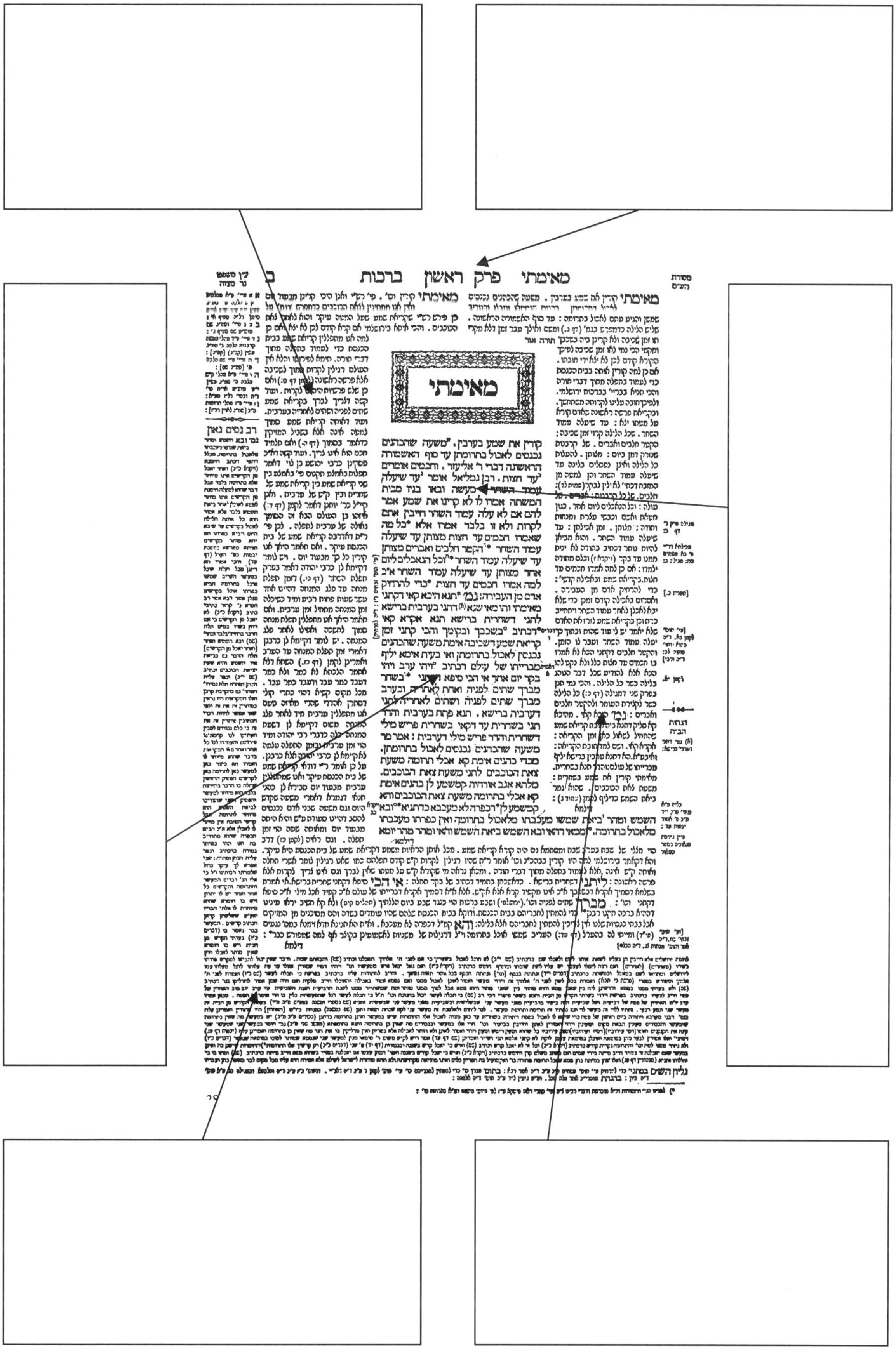
מאימתי פרק ראשון ברכות ב
מאימתי

Talmudpuzzle

Schneide das Puzzle aus, mische die Teile und lege sie wieder zusammen. So hast du den Aufbau einer Talmud-Seite.

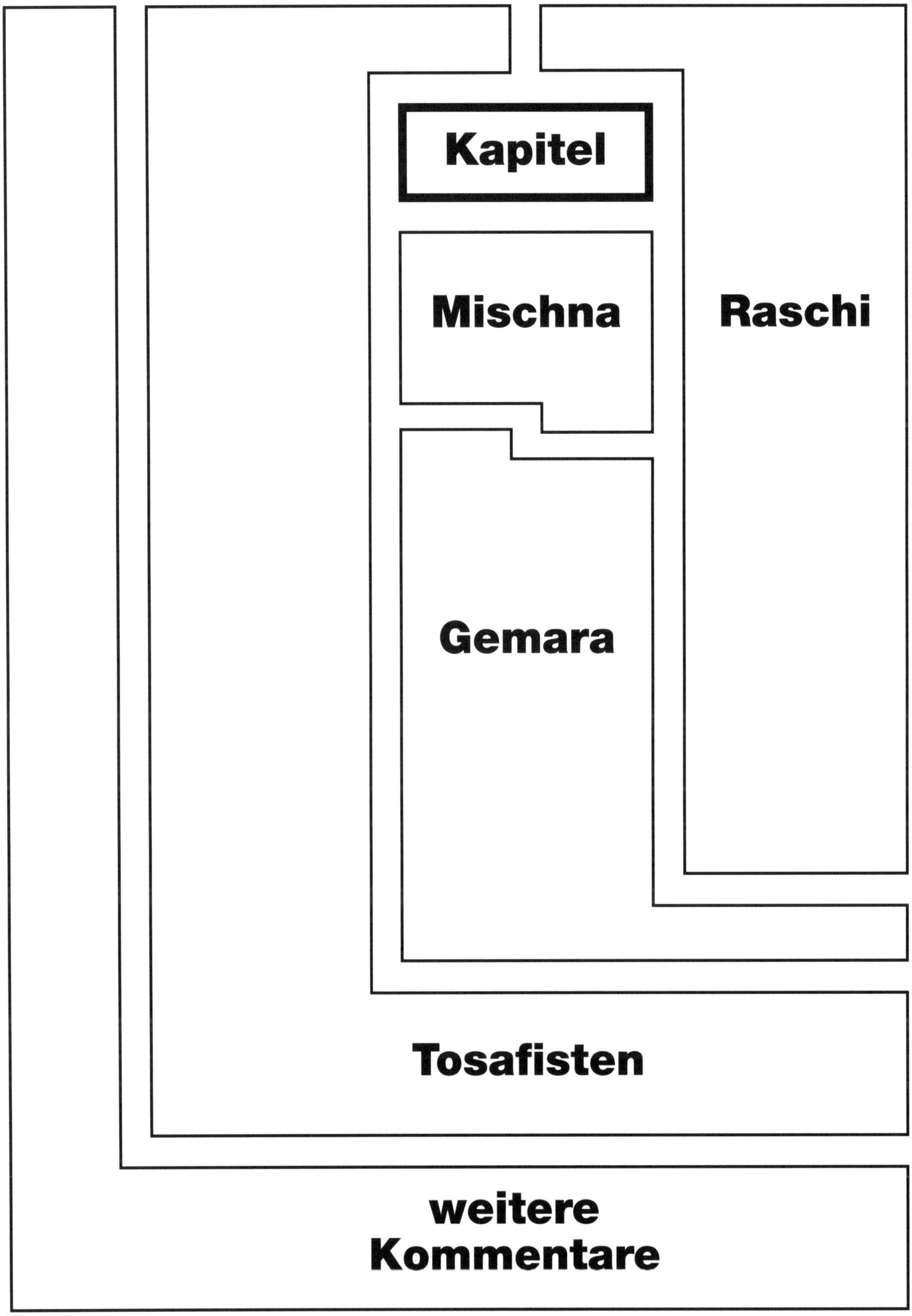

Mit Juden essen – die koschere Küche

Traditionell lebende Juden zum Essen einzuladen, ist gar nicht so einfach, vor allem, wenn man selbst kochen will. Da kann es einem wie uns passieren, dass man mit großem Aufwand versucht, für einen jüdischen Bekannten ein koscheres Menü zusammenzustellen, und stellt am Ende des Abends fest, der Gast ist Reformjude und isst so ziemlich alles, was der liebe Gott an Gaumenfreuden auf dieser Welt bereithält.
„Kann so schlecht nicht sein, wenn ER es gemacht hat …“ Auch trinkt der fromme Jude normalerweise nur Wein aus jüdischer Produktion, so schreibt es der Talmud vor. Unser Freund hingegen – durchaus ein frommer Mann – schlägt ein Gläschen Pfälzer Riesling nicht aus.
„Vorausgesetzt, ich gieße nichts davon vorher als Trankopfer für die Götter in die Erde“, wie er spaßhaft hinzufügt.
Ermutigt durch diese Erfahrungen fragen wir ein jüdisches Ehepaar, ob sie nicht zu einem Snack vorbeikommen wollen. Sie nehmen die Einladung gerne an, doch als es ans Kochen geht, bestehen sie höflich, aber nachdrücklich darauf, meiner Frau über die Schulter schauen zu dürfen. Wir erfahren erstmals, was man als Nichtjude in dieser Hinsicht alles verkehrt machen kann. Dass man Milch- und Fleischprodukte nicht zusammen kochen oder servieren darf, ist uns klar. Doch dass unsere Gedecke durch dauernden falschen Gebrauch längst verunreinigt sind und dagegen auch kein noch so gründliches Spülen hilft, hatten wir nicht bedacht. Zum Glück finden wir noch ein paar Pappteller, sonst wäre das Essen wohl flachgefallen. Unsere Ahnungslosigkeit ist nicht nur uns, sondern auch unseren Gästen sichtlich peinlich, schließlich wollen sie ja nicht undankbar erscheinen. So sehen sie großzügig über Kleinigkeiten hinweg und lassen sich die Dampfnudeln schmecken.
Das nächste Mal sind wir bei ihnen zu Gast, zu einem traditionellen Sabbatmahl. Als wir die Wohnung betreten, steht das meiste schon vorbereitet auf dem Tisch: Die herrlichen Sabbatbrote, allerlei Salate und Dips, die ich teilweise noch aus Israel kenne. Nur der Auflauf, den die Hausfrau schon vor Sonnenuntergang zubereitet hat, muss noch aus dem Warmhaltegefäß in der Küche geholt werden. Dann kann es losgehen: Hände waschen, der Kerzensegen der Hausfrau. Wie feierlich das alles anmutet in einer Großstadt, die ansonsten überwiegend von Fast-Food lebt.

Nach dem Essen – es dauert über eine Stunde – tragen wir gemeinsam das Geschirr in die Küche. „Aber Vorsicht, in das richtige Waschbecken stellen! Das andere ist nur für Milchiges.“
Ach, so. Auch das Waschbecken also …
„Ob das nicht alles sehr aufwendig ist“, frage ich meinen jüdischen Nachbarn.
„Sicher, doch durch die Speise-Gebote ist unser ganzer Alltag vom Glauben durchdrungen. Nicht erst beim Essen, schon beim Zubereiten und Einkaufen.“
„Da ist was dran“, denke ich. Als ich mehr erfahren will über die Kunst des koscheren Kochens, verweist mich mein Gesprächspartner, immerhin ein angehender Rabbiner, an seine Frau: „Frag sie! In der Küche ist sie der Rabbi.“

☞ Worauf muss man beim gemeinsamen Essen mit jüdischen Gästen achten?

☞ Was sind Vorzüge, worin liegen die Schwierigkeiten koscherer Ernährung?

☞ Welche Speisegebote anderer Religionen kennst du noch?

Was ist eigentlich koscher?

Lebensmittel (oder auch Gegenstände), die gemäß der jüdischen Speisegesetze hergestellt oder zubereitet wurden, bezeichnet man als **koscher = geeignet**.
Nur sie sind zum Verzehr (oder als ritueller Gegenstand) geeignet.
Das Gegenteil von „koscher" ist **taref oder trefe = ungeeignet**.
Die Sammlung der Vorschriften heißt bei Juden kurz **Kaschrut.**
Damit etwas als koscher bezeichnet werden kann, muss …

1. **… es von reinen Tieren stammen**
2. **… das Tier richtig geschlachtet worden sein (Schächten)**
3. **… es richtig zubereitet sein (Milchiges und Fleischiges getrennt)**

1. Koschere und nicht koschere Tiere

Bei den Tieren geht es nicht nur ums Essen. Auch das Pergament und die Schnüre zum Zusammennähen der Tora-Rollen oder die kleinen Pergamentstreifen in den Tefillin oder in der Mesusa, auf denen das Schma Israel geschrieben ist, das Leder der Tefillin und vieles mehr muss von koscheren Tieren sein.

☞ Das Kapitel 3. Mos 11 zählt Tiere auf, die koscher und trefe sind.
Demnach sind erlaubte Speisen:

✓ Alles, was unter den Vierfüßlern gespaltene .... hat

und seine Nahrung ....

✓ Alles, was im Wasser lebt, ... und .... hat.

Erlaubt sind zum Beispiel: ....

Verboten sind hingegen:

× Der Genuss von .... (verendete Tiere),

× Alle Kleintiere, die auf dem Bauch ....,

× Alle Tiere, die auf .... gehen.

Beispiele für verbotene Tiere: ....

☞ Dürfen **Meeresfrüchte** gegessen werden? (3. Mose 11, 12)

☞ Dürfen **Heuschrecken** gegessen werden? (3. Mose 11, 22)

☞ Dürfen **Gummibärchen** gegessen werden? (Info: Sie werden aus Gelatine gemacht. Erkundigt euch, was Gelatine ist.)

2. Schächten

Das **Schächten** ist eine Schlachtmethode, durch die das Fleisch reiner Tiere koscher bleibt und somit gegessen werden darf. Vieh und Geflügel unterliegen den Regeln des rituellen Schächtens. Beabsichtigt ist, dem Tier den geringsten Schmerz zuzufügen und möglichst viel Blut zu entfernen. Blut gilt als Sitz des Lebens. So muss auf ein schnelles Auslaufen des Blutes geachtet werden, damit es nicht gerinnt.
Beim Schächten wird die Kehle mit einer scharfen Klinge mit einer bestimmten Länge ohne Unebenheit oder Kerbe in einer schnellen Bewegung durchtrennt. Tierschutzvereinigungen sehen das Schächten kritisch und fordern eine Betäubung des Tieres vor dem Schächten. Durch diese Maßnahme würde das Tier jedoch unkoscher („taref") werden. Der **Schächter, Schochet** genannt, wird einer strengen Prüfung unterzogen und muss von einer rabbinischen Autorität bestätigt werden.

3. Trennung von „Milchigem" und „Fleischigem"

Man unterscheidet bei koscheren Nahrungsmitteln:

- **Fleischig (bessari):** koscheres Fleisch, Fleischfett; alle Produkte, die fleischige Bestandteile enthalten.
- **Milchig (chalawi):** Milch von koscheren Tieren, Milchfett; Produkte, die milchige Bestandteile enthalten.
- **Parwe (setami):** neutrale koschere Lebensmittel; dürfen zusammen mit Milch und Fleischprodukten eingenommen werden. (Gemüse, Eier, Fische ...)

Die **Speisevorschriften** besagen:

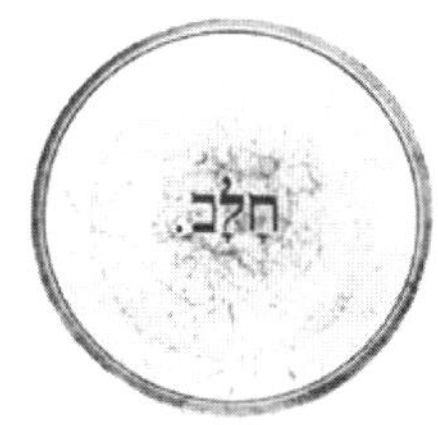

- Grundsätzlich dürfen fleischige und milchige Speisen nicht zusammen gegessen und/oder gekocht werden.
- Auch Gefäße und Geschirr für Fleischiges und Milchiges müssen getrennt aufbewahrt werden. Daher gibt es in Synagogen getrennte Küchen für „Milchiges" oder „Fleischiges" und in manchen Haushalten unterschiedliche Teller.
- „Parwe" kann mit Fleisch oder Milch gegessen werden.
- Es gibt eine zeitliche Trennung zwischen dem Essen milchiger oder fleischiger Mahlzeiten.

☞ Lies hierzu in 2. Mose 23, 19 und 5. Mose 14, 21 nach, wie lange man zwischen einer Mahlzeit mit Fleischigem und Milchigem warten muss.

☞ Die Begründung für die Trennung von „Milchig" und „Fleischig" findet sich in 2. Mose 23, 19. Schreibe dir den Satz auf:

....

☞ Was ist bei einem koscheren Schnellrestaurant vermutlich anders als bei uns?

☞ Stelle ein koscheres Vier-Gänge-Menü für jüdische Freunde zusammen.

Koscher oder nicht?

Überprüfe anhand der Regeln, ob Folgendes „koscher" ist:

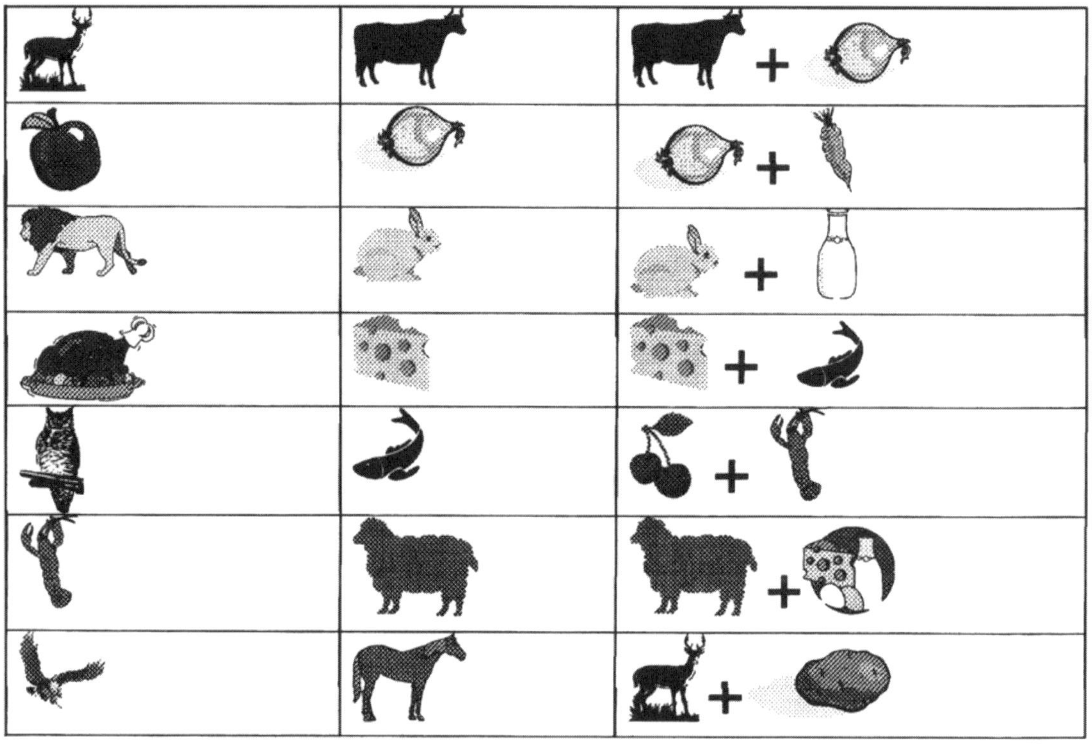

Spargeln mit Schinken, Pellkartoffeln und zerlassener Butter	„Pizza Chef" mit verschiedenen Gemüsesorten, Salami und Käse	Wurstplatte mit Obst garniert
□ ja □ nein, weil …	□ ja □ nein, weil …	□ ja □ nein, weil …

Spaghetti-Eis mit Erdbeersoße	Paella mit Reis und Meeresfrüchten	Geräucherter Lachs mit Obst und Salatgarnitur
□ ja □ nein, weil …	□ ja □ nein, weil …	□ ja □ nein, weil …

Memory-Lernkarten

Schalom Schalom bedeutet „Friede, Wohlergehen". Es ist ein jüdischer Gruß, ein Wunsch und eine Hoffnung zugleich.	**Schofar** Widderhorn, das zu Neujahr (Rosch ha Schana) und am Versöhnungstag (Jom Kippur) geblasen wird.	**Sukkot** … heißt „Laubhütten". Damit ist das Laubhüttenfest gemeint, das im Spätjahr gefeiert wird.
Lulaw Feststrauß zu Sukkot aus Weiden-, Myrten- und Palmenzweigen.	**Chanukka-Leuchter** hebr. „Einweihung". Lichterfest in der Winterzeit. Symbol ist der Leuchter mit acht Armen und einem Hilfsarm (Schammes).	**Haman-Taschen (Purimfest)** Nach dem Widersacher gegen die Juden in Persien benannte Süßspeise, die an Purim gegessen wird.
Dreidel Spiel, das an Chanukka gespielt wird. Spielgerät ist ein Drehwürfel, der unten spitz zuläuft.	**Purim-Ratsche** persisch „Pur" = „Los". Das Fest, an dem man sich an Ester und die Rettung der Juden in Persien erinnert. Mit der Ratsche will man den bösen Haman vertreiben.	**Pessach-Haggadah** Haggada: hebr. „Erzählung". Die Pessacherzählung erinnert an den Auszug aus Ägypten.
Pessach-Teller hebr. „Vorübergehen". Fest, das im Frühjahr gefeiert wird und an die Befreiung der Juden aus der Sklaverei in Ägypten erinnert. Auch „Fest der ungesäuerten Brote" genannt.	**Matzen (Pessach-Fest)** Ungesäuertes Brot (Mehrzahl: Mazzot). Wird an Pessach, dem „Fest der ungesäuerten Brote", gegessen.	**Schabbat-Brote** Am Schabbat werden symbolisch zwei geflochtene Brote mit einer Samtdecke zugedeckt. In der Feier wird das Brot geschnitten und gemeinsam gegessen.
Schabbat Schalom (Schabbat-Gruß) hebr. „Ruhe". Ruhetag, an dem nicht gearbeitet werden darf. Wird als „Prinzessin Schabbat" im Gottesdienst begrüßt.	**Weinkelch (Schabbat)** Am Schabbat wird ein Weinkelch so eingeschenkt, dass er überläuft. So zeigt man, wie reichlich das Geschenk des Schabbat ist.	**Besamim-Büchse (Schabbat)** Gewürzdose, die am Schabbat auf dem Tisch steht und einen guten Duft verbreitet.

Hawdala-Kerze (Schabbat) hebr. „Unterscheidung“. Geflochtene Kerze, die zum Abschied des Schabbats angezündet wird.	**Koscher** hebr. „tauglich“. Bei - Nahrungsmitteln oder Gegenständen für das religiöse Leben Bezeichnung für etwas, das man verwenden darf.	**„Milchig“-Teller** „Milchiges“ (Chalawi) darf nicht mit „Fleischigem“ (Bessari) zusammen gegessen werden.
Beschneidung und Namensgebung Brit Mila: hebräischer Name für die Beschneidung. Brit bedeutet „Bund“. Mit der Beschneidung ist auch die Namensgebung verbunden.	**Davids Schild** Eines der wichtigsten Symbole im Judentum. Es erinnert an König David und symbolisiert seinen Schild. Das Zeichen wird auch Davidstern genannt.	**Chaj-Lebenssymbol** Durch Schmuckstücke weitverbreitetes jüdisches Symbol. Es sind die Buchstaben Ch und J. Zusammen meint es Chaj – „Leben“.
Bar und Bat Mitzwa Hebr. „Sohn/Tochter des Gebotes“. Mit zwölf Jahren werden Mädchen, mit 13 Jahren werden Jungs durch eine Zeremonie in der Synagoge zu mündigen Mitgliedern der Gemeinde.	**Tora-Rolle** hebr. „Weisung“. Wichtigste Schrift im Judentum. Sie besteht aus den fünf Büchern Mose. Das Pergament der Tora-Rolle muss von koscheren Tieren sein.	**Kippa** hebr. „Käppchen“. Wird von Männern zu allen religiösen Handlungen getragen. In einer Synagoge ist dies auch Pflicht für Nichtjuden.
Tallit hebr. „Hülle“. Gebetsschal mit Streifen und Quasten (Zizit).	**Tefillin** hebr. von Tefilla „Gebet“: Gebetsriemen mit Kapseln, die besonders das Schma Israel enthalten und beim Morgengebet um die Stirn und den linken Arm gewickelt werden.	**Schma Israel** hebr. „Höre Israel“. Das wichtigste Gebet im Judentum (5. Mose 6, 4–9). Es ist auch eine Gebetsanweisung.
Hochzeit Auch Kidduschin genannt. Wird in Israel nur von einem Rabbiner vollzogen. Wird unter einer Chupa gefeiert. Es gibt einen Ehevertrag.	**Mikwe** hebr. „Ansammlung von Wasser“. Reinigungsbad, dem sich traditionell Männer und Frauen vor dem Schabbat oder der Hochzeit unterziehen.	**Chuppa** Baldachin, unter dem eine Hochzeit in der Synagoge oder im Freien stattfindet.

Beerdigung

Im Judentum gibt es nur Erd- und keine Feuerbestattung. Ein naher Verwandter spricht das Kaddisch-Gebet. Der Tote wird in seinem Tallit beerdigt.

Friedhofsbrunnen und Leichenhalle

Am Eingang eines jüdischen Friedhofs steht eine Halle, in der Leichen gewaschen werden. Der Brunnen ist für die Reinheit der Besucher (Reinigungszeremonie).

Grabstein mit Steinen

Statt Blumenschmuck legt man Steine auf den Grabstein. Jüdische Gräber werden nicht abgeräumt. Der Tote soll bis in die Ewigkeit seine Ruhe haben.

Priester-Grab

Die segnenden Hände auf einem Grab zeigen: Hier liegt ein Nachfahre der Priester im alten Israel. Die Handstellung ist auch der Gruß der Vulkanier (Raumschiff Enterprise)

Kippa-Behälter

Am Eingang der Synagoge stehen Behälter. Jeder männliche Besucher, ob Jude oder nicht, soll ein Käppchen aufziehen.

Mesusa

hebr. „Pfosten". Am rechten Türpfosten angebrachte Kapseln, in der sich besonders das „Schma Israel" auf einem Pergamentstreifen befindet.

Bima

Griechisch: „Stufe". Vorlesepult, meist abgegrenzter Bereich in einer Synagoge, auf dem die Tora zum Vorlesen aufgerollt wird.

Tora-Schrein

Der Schrein wird erst am Schabbat geöffnet und eine Rolle wird herausgeholt. Am Tag der Gesetzesfreude (Simchat Tora) wird mit allen Rollen in der Synagoge getanzt.

Tora-Rollen im Schrein

In jeder Synagoge werden die Tora-Rollen im Tora-Schrein aufbewahrt. Sie tragen eine Krone und werden am Schabbat herausgetragen.

Jad

hebr. „Hand". Zeiger in Form einer Hand für das Lesen der Tora.

Synagoge

Griech. „Versammlung". Haus, in dem alle Versammlungen einer jüdischen Gemeinde stattfinden.

Alte Synagoge

Die älteste Synagoge Deutschlands steht in Worms. Viele Synagogen wurden im 19. Jh. gebaut, aber 1938 zerstört.

Siddur

hebr. „Ordnung". Ein Gebetbuch, das im Gottesdienst verwendet wird.

Talmud

hebr. „Studium", „Lehre". Enthält die rabbinischen Auslegungen und Erklärungen der Tora.

Menora

hebr. „Leuchter". Leuchter mit sieben Armen. Symbol des Judentums und des Staates Israel.

Schalom

Schofar (Widderhorn)

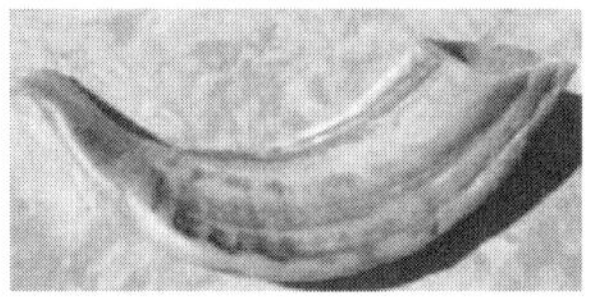

Sukka (Laubhütte)

Lulaw (Feststrauß zu Sukkot)

Chanukka-Leuchter

Haman-Taschen (Purimfest)

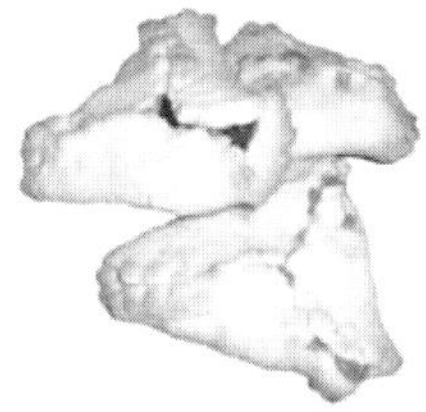

Dreidel

Purim-Ratsche

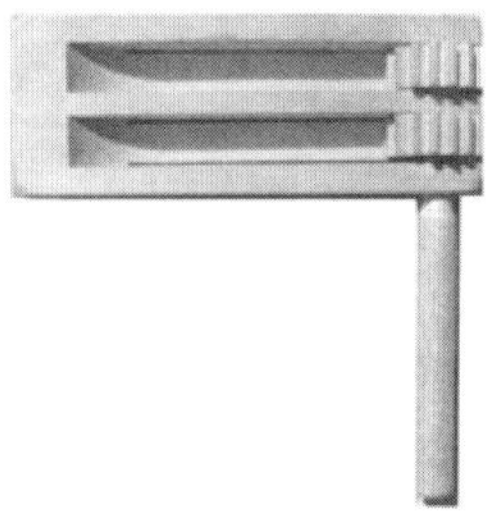

Pessach-Haggadah

Pessach-Teller

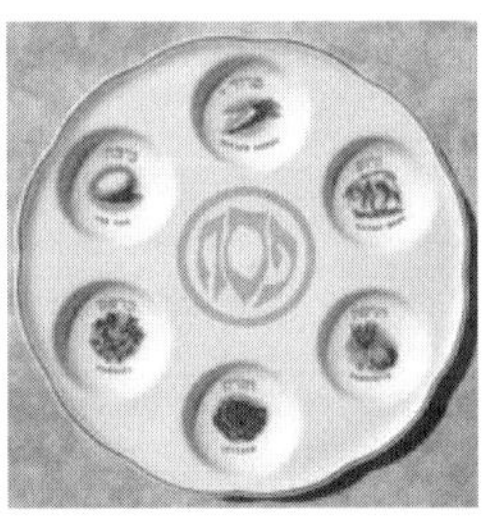

Matzen (Pessach-Fest)

Schabbat-Brote

Schabbat Schalom (Schabbat-Gruß)

Weinkelch (Schabbat)

Besamim-Büchse (Schabbat)

Hawdala-Kerze (Schabbat) 	**Koscher** 	**„Milchig“-Teller** 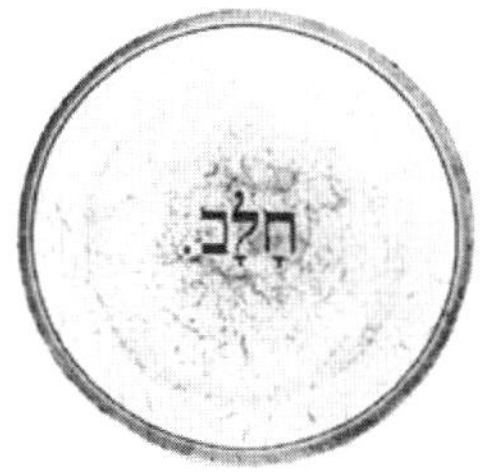
Beschneidung und Namensgebung 	**Davids Schild** 	**Chaj-Lebenssymbol** 
Bar und Bat Mitzwa 	**Tora-Rolle** 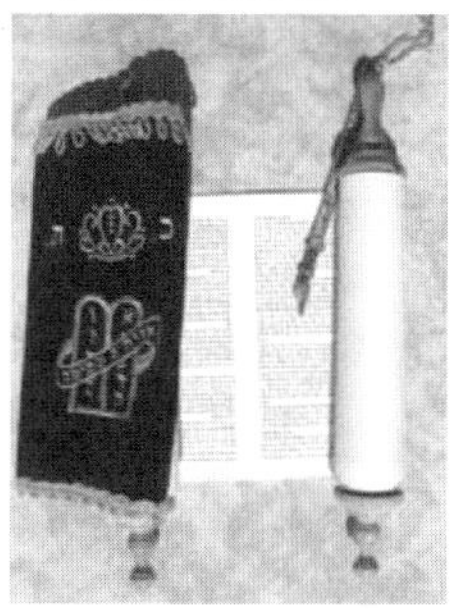	**Kippa** 
Tallit 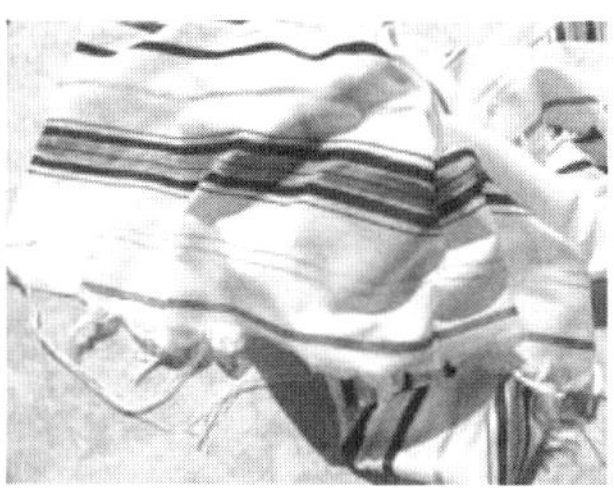	**Tefillin** 	**Schma Israel** 
Hochzeit 	**Mikwe** 	**Chupa** 

Beerdigung 	**Friedhofsbrunnen und Leichenhalle** 	**Grabstein mit Steinen** 
Priester-Grab – Segnende Hände 	**Kippa-Behälter** 	**Mesusa** 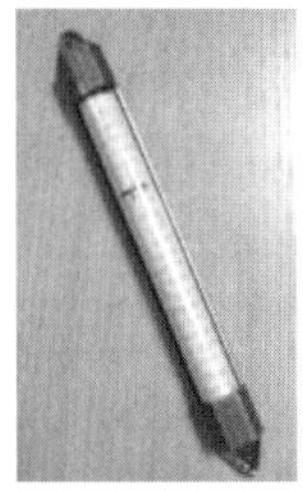
Bima 	**Tora-Schrein** 	**Tora-Rollen** 
Jad 	**Synagoge** 	**Alte Synagoge** 
Siddur 	**Talmud** 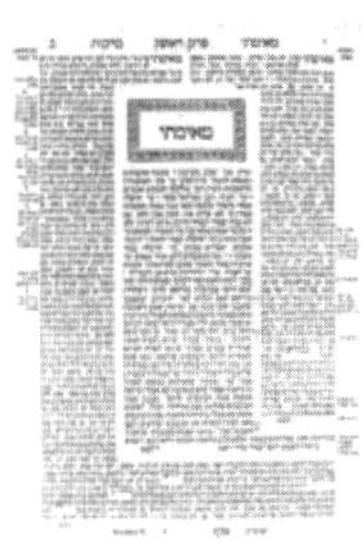	**Menora** 

Entdeckungen: Jüdische Geschichte – Biografien

Kurze Geschichte des Judentums – Bildkarten	Die Text- und Bildkarten bieten einen kurzen Überblick über die Epochen der jüdischen Geschichte. Sie können mit den Karten zum jüdischen Leben (S. 75–80) kombiniert werden.	✡	83 – 87
Nomaden und Stämme	Überblick über die vorstaatliche Zeit der Hebräer bis etwa 1050 vor Chr. Der Bogen zum Judentum heute wird über die Person Abrahams geschlagen.	✡✡	88
Königtum in Israel	Die Beschreibung der Zeit zwischen 1000 v. bis 587/586 v. Chr. umfasst den Bau des ersten Tempels, die Propheten bis zur Zerstörung Israels durch die Babylonier.	✡✡	89
Fremdherrschaft und Entstehung des Judentums	Die Zeit zwischen der Babylonischen Gefangenschaft bis zur Herrschaft der Römer zeigt, wie man sich besonders gegen fremdreligiöse Einflüsse zu wehren hatte. In dieser Zeit liegen auch die Wurzeln des Judentums, so wie wir es heute verstehen. **Biografie:** Juda Makkabi (S. 109).	✡✡	90
Römer in Israel	Hier wird die Zeit von 63 v. Chr. bis etwa 70 n. Chr. dargestellt. Wichtig hierbei ist die Einordnung von Rabbi Jeschua (Biografie: Jesus S. 110) in die religiösen Bewegungen des Judentums der Zeit.	✡✡	91
Krieg und Zerstreuung	Der Jüdische Krieg und der Aufstand des Bar Kochba führten zur Zerstreuung des Judentums, auch wenn es zuvor schon überall im Römischen Reich Juden in den großen Städten gab. **Biografie:** Flavius Josephus (S. 111).	✡✡	92
Das Rabbinische Judentum	In der „Diaspora“ entstanden Synagogen und das klassische jüdische Schrifttum. Die Rabbinen lösten die Priester im Tempel ab und führten zu einer tiefgreifenden Veränderung im Judentum.	✡✡	93
Sepharden und Aschkenasen	Ab dem 8. Jahrhundert entstanden die zwei großen Traditionen, die sich in Sprache und Tradition heute noch unterscheiden.	✡✡	94
Die Blüte des Judentums im Mittelalter	Unter Europas Juden im Mittelalter fanden sich berühmte Gelehrte und Übersetzer, Kaufleute, Ärzte, Naturwissenschaftler und Diplomaten. Hier sollte besonders auf das spanische Judentum eingegangen werden. **Biografien:** Raschi (S. 112) und Maimonides (S. 113).	✡✡	95
Die Kabbala – Jüdische Mystik	Im Mittelalter entstand die Kabbala – die jüdische Mystik, die immer wieder in Mode kommt (Siehe „Madonnas Geheimnis, S. 29).	✡✡	96
Anfeindung und Verfolgung im Mittelalter	Der Bogen wird gespannt vom neutestamentlichen Antijudaismus zu den Anfeindungen gegen Juden im Mittelalter. Anhand von Bildern und einer Quelle werden die Hintergründe erschlossen.	✡✡	97 – 98
Luther und die Juden	Martin Luthers Haltung entwickelte sich, wie die beiden Sprechblasen zeigen. Dass sich Juden nicht von ihm überzeugen ließen, ärgerte den Reformator und führte zu Äußerungen, die später von den Nazis aufgenommen wurden.	✡✡	99
Hofjudentum – Chassidismus – Aufklärung	Die Zeit des 17. bis 18. Jahrhunderts brachte nur bedingt Verbesserungen für das Judentum. Es entwickelten sich unterschiedliche Traditionen und Phänomene, die sich zum Teil bis heute auswirken. **Biografien**: Jud Süß Oppenheimer; Baal Schem Tov, Moses Mendelssohn.	✡✡	100
Emanzipation und Assimilation	Das 19. Jahrhundert stand unter dem Zeichen der Emanzipation, in dem die Gesetze gegen Juden in Europa verschwanden, aber auch unter dem Zeichen der Assimilation, da sich viele Juden an die „neue Zeit“ anpassten. **Biografien:** Heinrich Harry Heine; Walther Rathenau.	✡✡	101
Dichter und Denker im 19. und 20. Jahrhundert	Die neuen Entfaltungsmöglichkeiten brachten es mit sich, dass es viele wichtige jüdische Gelehrte und Dichter gab. **Biografien:** Heinrich Harry Heine; Siegmund Freud; Martin Buber. Ergänzend: Albert Einstein; Franz Kafka.	✡✡	102

Antisemitismus	Der Antisemitismus entwickelte sich aus dem Antijudaismus, hat aber im 19. Jh. eine unheilvolle Verbindung mit dem Nationalismus und Biologismus vollzogen. Verschiedene Formen werden hier unterstrichen.	✡✡	103
National-sozialismus	Hier werden die Ereignisse der Machtübername und die Gesetze gegen Juden dargestellt.	✡✡	104
Schoa – die große Katastophe	Übergriffe gegen Juden, Reichspogromnacht und das Lagersystem werden hier dargestellt. Die Gefühle, die „Bilder des Schreckens" auslösen und die Namen für das Geschehen sollen hinterfragt werden. **Biografien:** Anne Frank, Marcel Reich-Ranicki.	✡✡	105
Holocaust – was jede(r) wissen muss	Das zusätzliche Arbeitsblatt fasst die wichtigsten Informationen zu Schoa/Holocaust zusammen.	✡✡	106
Jüdischer Widerstand	Anhand eines Partisanenliedes und des Aufstandes im Warschauer Ghetto 1943 soll ein Einblick in den jüdischen Widerstand im Dritten Reich gegeben werden.	✡✡	107
Gerechte unter den Völkern	In Jad wa Schem, der Gedenkstätte für die Ermordeten des NZ Regimes, werden auch die „Gerechten" geehrt, die sich für Juden in dieser Zeit eingesetzt haben.	✡✡	108
Israel bis zur Staatsgründung	Seit dem 19. Jh. gibt es mehrere jüdische Einwanderungswellen ins Land Israel, verursacht durch den Antisemitismus, aber auch durch Pogrome in Osteuropa. Theodor Herzl und der Zionismus liefern ein theoretisches Fundament für die Einwanderung nach Israel. **Biografien:** Theodor Herzl, David Ben Gurion, Stephen Spielberg.	✡✡	109

Jüdische Persönlichkeiten

Anhand einzelner Biografien soll der Blick in die Geschichte des Judentums konkretisiert werden. Dies kann auch in Form des offenen Unterrichts erfolgen. Vorschläge hierzu: S. 110

„Haus des Mazzenbäckers": Steinernes Zeugnis der jüdischen Geschichte in Deutschland an einem Haus in Neustadt/Weinstraße

Zeittafel zur Geschichte Israels

3000–1500 v. Chr.	Zeit der Nomaden, Abraham
1600–1200 v. Chr.	Sesshaftwerden der Stämme
Um 1200 v. Chr.	Mose
Um 1000 v. Chr.	David
Um 960 v. Chr.	Salomo
933 v. Chr.	Teilung des Reiches Israel
587/586 v. Chr.	Eroberung Israels, Zerstörung des Tempels durch Nebukadnezar; Gefangenschaft in Babylon
Ab 538 v. Chr.	Rückkehr nach Israel unter den Persern
515 v. Chr.	Wiedereinweihung des Tempels
Ab 333 v. Chr.	Fremdherrschaft durch griechische Herrscher
167–164 v. Chr.	Aufstand der Makkabäer, Judah Makkabi
Ab 63 v. Chr.	Vorherrschaft der Römer durch Pompeius
66–72 n. Chr.	Römischer Krieg, Zerstörung des Tempels
132–135	Bar-Kochba-Aufstand
321	Juden in Köln nachgewiesen
1040–1105	Raschi (Rabbi Schlomo ben Jizchaki)
1096	Beginn des Ersten Kreuzzuges
1182	Vertreibung der Juden aus Frankreich
1135–1204	Maimonides, Arzt und Philosoph in Spanien/Ägypten
1290	Vertreibung der Juden aus England
Ab 1348	Pestepidemie mit Judenverfolgung in Europa
1492	Vertreibung der Juden aus Spanien
1657	Juden dürfen wieder nach England
1700–1760	Baal Schem Tov, Begründer des Chassidismus
1729–1786	Moses Mendelssohn
1783	Emanzipation der Juden in den USA
Seit 1882	Beginn der Einwanderungswellen (Alijot) nach Israel
1895	Verurteilung von Alfred Dreyfus in Frankreich
1897	Erster Zionistenkongress in Basel. Theodor Herzl
1919	Verfolgung in der Ukraine
1921	Beginn des britischen Mandats in Palästina
1933	Beginn der Verfolgung in Deutschland
1935	Rassengesetze
1939–1945	Zweiter Weltkrieg und millionenfache Morde an Juden
1948	Gründung des Staates Israel

Kurze Geschichte des Judentums

Nomaden (bis 1300 v. Chr.)

Die Vorfahren des Volkes Israel lebten als Kleinviehnomaden. Abraham ist für Juden heute noch der Urvater des Glaubens. In Ägypten wurden Hebräer wie Sklaven gehalten. Mose galt als deren Befreier.

Zeit der Stämme (um 1200 v. Chr.)

Israelitische Stämme eroberten nach der Bibel unter der Führung Josuas um 1200 v. Chr. das Land, das damals Kanaan hieß.

Erste Könige Israels (um 1000 v. Chr.)

Saul, David und Salomo waren die ersten Könige Israels (um 1000 v. Chr.). Jerusalem wurde die Hauptstadt. Salomo ließ dort den ersten großen Tempel bauen.

Zwei Reiche und Propheten (9.–6.Jh v. Chr.)

Nach dem Tod König Salomos um 950 v. Chr. zerfiel das Reich in den Nordteil „Israel" und den Südteil Juda. Propheten mahnten gegen die Verehrung fremder Götter.

Babylonische Gefangenschaft (586–515 v. Chr.)

Die Babylonier zerstörten Jerusalem und entführten die Oberschicht nach Babylon. Die Gefangenschaft führte zur Selbstbesinnung. Seit dieser Zeit nennt man die Israeliten Juden.

Israel unter den Römern (ab 63 v. Chr.)

Die Römer beherrschten das Land und unterdrückten die Bevölkerung. Viele leisteten Widerstand oder warteten auf den „Messias", der das Volk erlösen soll.

Jüdisch-römischer Krieg (66–72 n. Chr.)

Die Römer zerstörten im jüdisch-römischen Krieg den Jerusalemer Tempel (70 n. Chr.). An seine Stelle treten als jüdische Gotteshäuser Synagogen.

Zerstreuung der Juden (135–1000)

Jüdische Kaufleute brachten das Judentum auch nach Europa. Im 4. Jh. entstanden vermutlich die ersten Gemeinden in Deutschland.

Rabbinisches Judentum (ab 200)

Nach der Vertreibung der Juden aus Jerusalem (135) wurde der Talmud als wichtiger Kommentar zur Tora (200–1000) verfasst. Rabbinen ersetzen die Priester des Tempels als Autoritäten.

Sepharden und Askenasen (ab 800)

In Spanien entstand das „sephardische", in Mitteleuropa entstand das „aschkenasische" Judentum. Beide entwickelten eigene Traditionen und eigene Sprachformen. In Deutschland entstand das „Jiddisch".

Berühmte Gelehrte im Mittelalter

Im Mittelalter gab es berühmte jüdische Gelehrte. Mediziner wie Maimonides waren hoch geachtet. Raschi verfasste Kommentare zur Tora. Juden waren auch Übersetzer antiker Texte, die so überliefert wurden.

Juden als Diplomaten und Händler im Mittelalter

Besonders unter der arabischen Herrschaft in Spanien waren Juden angesehene Diplomaten. Als Kaufleute waren sie im Mittelalter Träger des Fernhandels und versorgten Europa mit Gütern aus dem Osten.

Anfeindungen im Mittelalter

Juden erlebten schlimme Anfeindungen. Sie wurden als „Christusmörder“ bezeichnet und für die Pest verantwortlich gemacht. Als Geldverleiher warf man ihnen Wucher vor.

Einschränkungen im Mittelalter

Juden durften kaum noch Berufe ausüben (nur Geldverleih und Handel). Sie mussten besondere Kleider tragen. Dazu zählten ein Judenhut und ein gelber Fleck. Waffen durften nicht getragen werden.

Luther und die Juden

Luther lehrte zunächst, dass Jesus ein Jude war und dass Juden deswegen dem Christentum nahe stehen. Seine Einstellung änderte sich aber. Am Ende seines Lebens verfasste er schlimme Hetzschriften.

Hofjudentum (17. Jh.)

Wenige reiche Juden schafften es, durch ihre internationalen Beziehungen „Hofjuden“, d.h. Beratern von Fürsten zu werden. Sie waren aber vom Wohlwollen der Fürsten abhängig, da Juden immer noch rechtlos waren.

Aufklärung (18. Jh.)

In der Aufklärung strebte man danach, dass alle Menschen gleichberechtigt sind – so auch Juden. Moses Mendelssohn war einer der wichtigen Denker der Zeit. Er litt noch unter den Gesetzen gegen Juden.

Chassidismus (18. Jh.)

In Osteuropa entstand die Bewegung des Chassidismus, die einen neuen Frömmigkeitsstil im Judentum prägte. Als Gründer gilt Baal Schem Tov. Chassidim fallen durch ihre besondere Kleidung und Schläfenlocken auf.

Emanzipation

1783 in den USA und 1791 in Frankreich wurden Juden gleichberechtigte Bürger. In Deutschland dauerte es bis 1871. Nun durfte man seinen Beruf frei wählen und seinen Glauben frei leben (z.B. Synagogen bauen).

Gelehrte und Dichter (19.–20. Jh.)

Juden stiegen in Politik und Kultur weit auf, andere erlebten trotz der Anpassung Anfeindungen. Berühmte jüdische Dichter waren Heinrich Heine oder Franz Kafka, berühmte Wissenschaftler waren Sigmund Freud und Albert Einstein.

Zionismus (ab 1897)

Der Antisemitismus brachte Menschen wie Theodor Herzl dazu, die Frage nach einem „Judenstaat“ zu stellen. So kauften „Zionisten“ in Israel Land auf und siedelten nach Israel über. Städte wie Tel Aviv und Haifa wurden gegründet.

Antisemitismus (19. und 20. Jh.)

Trotz Gleichberechtigung der Juden kam es zu unterschiedlichen Formen der Feindschaft gegen sie. Dieser Antisemitismus begründete seine Einstellung religiös, politisch und rassisch-völkisch.

Nationalsozialismus (1933–1945)

Der Nationalsozialismus nahm die Gleichberechtigung der Juden durch Rassengesetze zurück. Jüdische Geschäfte wurden boykottiert. Dazu versuchte er, schon Kinder antisemitisch zu erziehen.

Schoa (1939–1945)

Unter Adolf Hitler wurden große Teile der europäischen Juden vertrieben oder getötet. Bereits am 9.11.1938 wurden die Synagogen zerstört. Knapp sechs Millionen Juden starben wenig später in den Vernichtungslagern.

Widerstand gegen die Vernichtung (1939–1945)

Es gab auch Widerstand gegen die Vernichtung jüdischen Lebens. Viele Juden waren „Partisanen“. Bekannt wurde der Aufstand im jüdischen Ghetto 1943 in Warschau.

Gerechte unter den Völkern (1939–1945)

Es gab auch solche, die Juden geholfen haben. Sie werden heute in Jerusalem als „Gerechte unter den Völkern“ geehrt. Einer der bekanntesten ist der Fabrikant Oskar Schindler.

Gründung des Staates Israel (1948)

Nach dem Zweiten Weltkrieg stimmte die Weltgemeinschaft dem Plan zu, einen eigenen Staat für Juden ins Leben zu rufen. In Israel wurde dieser Staat 1948 durch David Ben Gurion ausgerufen.

Bildkarten zur Jüdischen Geschichte

- Die Bildkarten sollen ausgeschnitten, gemischt und in der Folge der Jahreszahlen geordnet werden. Man kann die Kurztexte der „Kurzen Geschichte des Volks Israel“ dazuordnen.

- Die Bildkarten kann man auch als Memory-Spiel verwenden.

Nomaden (2500–1300 v. Chr.)

Zeit der Stämme (um 1200 v. Chr.)

Erste Könige Israels (um 1000 v. Chr.)

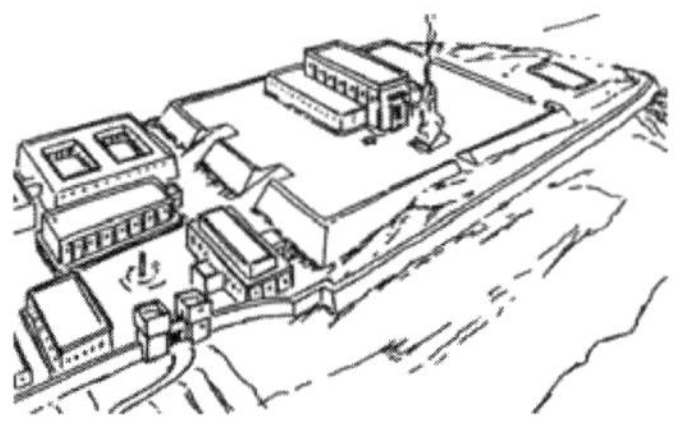

Zwei Reiche und die Propheten (9.–6. Jh v. Chr.)

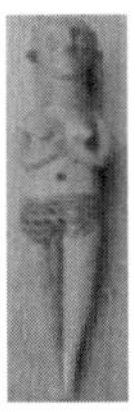

Babylonische Gefangenschaft (587–515 v. Chr.)

Israel unter den Römern (ab 63 v. Chr.)

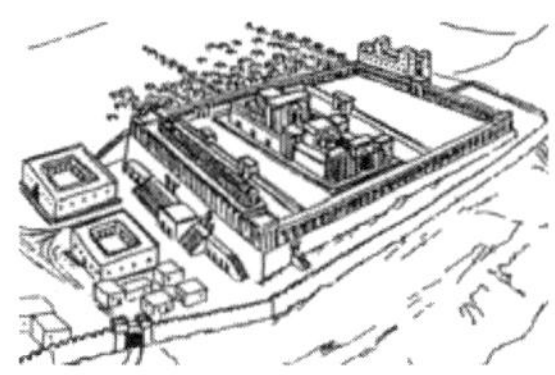

Jüdisch-römischer Krieg (66–72 n. Chr.)

Zerstreuung der Juden (135–1000)

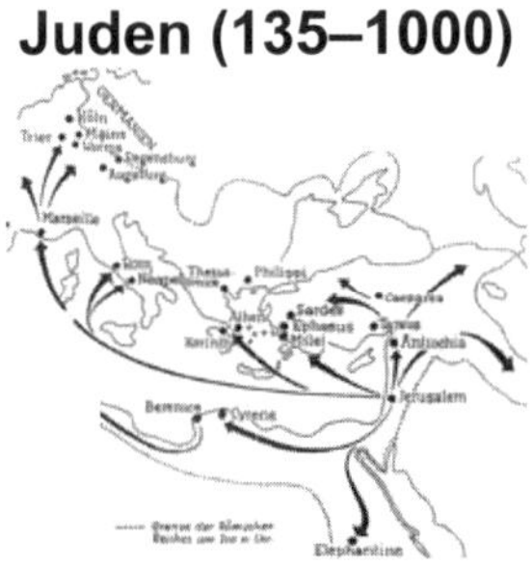

Rabbinisches Judentum (ab 200)

Sepharden und Askenasen (ab 800)

Berühmte Gelehrte des Mittelalters

Juden als Diplomaten und Händler

Anfeindungen im Mittelalter 	**Einschränkungen im Mittelalter** 	**Luther und die Juden (1518–1545)** 
Hofjudentum (17.–18. Jh.) 	**Aufklärung (18. Jh.)** 	**Chassidismus (18. Jh.)** 
Emanzipation (19. Jh.) 	**Gelehrte und Dichter (19.–20. Jh.)** 	**Zionismus (ab 1897)** 
Antisemitismus (19. Jh.) 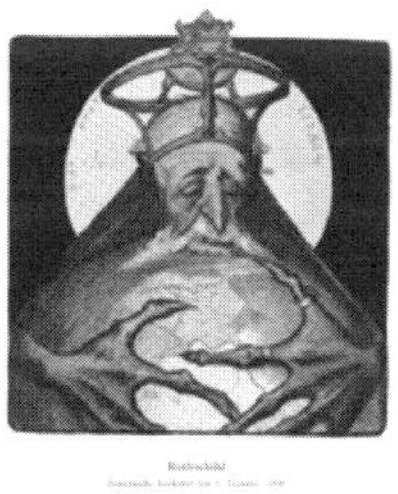	**Nationalsozialismus (1933–1945)** 	**Schoa (1939–1945)** 
Widerstand gegen die Vernichtung (1939–1945) 	**Gerechte unter den Völkern (1939–1945)** 	**Gründung des Staates Israel (1948)** 

Nomaden und Stämme

(2000 bis 1050 vor Christus)

✡ Zug nach Kanaan und die Erzählung von Mose

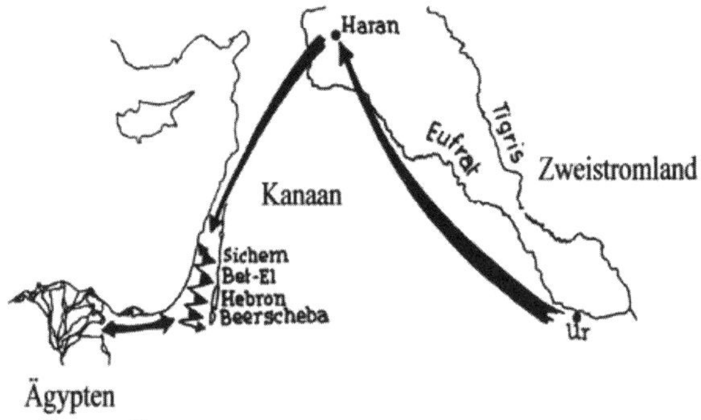

Die Vorfahren der Israeliten, die „Hebräer“, kamen aus dem Zweistromland. Die Bibel berichtet: Abrahams Vater wanderte von Ur in Chaldäa (heute: Irak) nach Haran (1. Mose 12). Von dort aus brachen **Abraham** und seine Frau Sara in das Land Kanaan auf. Ihre Sippe waren umherziehende Nomaden, die später bis nach Ägypten kamen.

Abraham gilt im späteren Judentum, aber auch im Islam, als Vorkämpfer für die Verehrung des einen Gottes. Weniger um seines Glaubens willen wie im Christentum, sondern wegen seiner Gesetzestreue ist er vielen Juden bis heute ein Vorbild.

Wandinschriften in Ägypten zeigen, dass Pharao Sethos II. den Hebräern während einer Hungersnot gestattet hat, sich im Osten Ägyptens aufzuhalten. Pharao Ramses II. hat sie zum Bau seiner Festungsstätte herangezogen. Die Erzählung von **Mose** beschreibt, dass die Israeliten in Ägypten Sklaven waren und befreit wurden. Nach Jahren in der Wüste sollen sie wieder das Land Kanaan erreicht haben.

☞ Was zeigen die Wandbilder der Ägypter?

✡ Landnahme und Stämme

Einige Stämme der Hebräer siedelten wohl schon im Grenzland oder im Land Kanaan. Sie waren als Nomaden den Stadtbewohnern unterlegen. Um 1200 gab es eine Veränderung im Land. Stämme der Hebräer haben die Herrschaft übernommen. Die Stammesgebiete werden später nach den Namen der Brüder und Söhne des Josef benannt.

☞ In Bibeln gibt es Karten, die die Namen der Stämme und Brüder des Josef zeigen (1. Mose 35, 23-29). Übertrage die Karte in großem Maßstab auf ein Din-A4-Blatt, und schreibe die Namen in die Karte.

Die Stämme waren ein loser **Bund**. Man hatte einen gemeinsamen Glauben und war miteinander verwandt, aber man wollte keine Oberherrschaft. „Gott alleine ist König“, heißt es in der Bibel. Deshalb hat man nur ab und zu Heerführer gehabt („Richter“). Das wichtigste Heiligtum war damals die **Bundeslade,** ein Kasten aus Zedernholz und Gold, in dem die Tafeln mit den Zehn Geboten gelegen haben sollen. Man zeigte durch die Bundeslade: Gott lässt sich nicht in einem Haus festhalten. Gott ist einer, der nicht an einem Ort bleibt, sondern mit seinem Volk unterwegs ist.

☞ Was können Probleme eines solchen Bundes sein?

Königtum in Israel

(1000 bis 587 vor Christus)

✡ Königtum

Unter dem Druck von Feinden (Philister) wählte man Saul als ersten König. Sein Nachfolger **David** gilt im Judentum als der erste große König. Schon als Kind soll David mutig gewesen sein (David und Goliat). Er machte Jerusalem zur Hauptstadt und unterwarf viele Nachbarvölker. Wichtig war, dass es nun keine Feinde mehr im Land gab und die Stämme vereinigt waren. Davids Sohn **Salomo** übernahm nach dem Tode Davids die Herrschaft. Er errichtete den ersten Tempel in Jerusalem. Die Bundeslade kam dort hinein.
Am Hof Salomos gab es auch Schreiber. Seit dieser Zeit wurden wohl erstmals Geschichten des Volkes niedergeschrieben. Es entstehen in den nächsten Jahrhunderten die Bücher der Hebräischen Bibel. Die Zeit Davids und Salomos gilt als eine Zeit des Wohlstandes und der Größe Israels. Die Hoffnung auf den **Messias** drückt sich bis heute darin aus.

Der Jerusalemer Tempel verdrängte die vielen lokalen Heiligtümer in Israel. Nach seiner ersten Zerstörung (587/586 v. Chr.) wurde er wieder aufgebaut. Als 70 n. Chr. die Römer dann den zweiten Tempel zerstörten, traten die Wortgottesdienste in den Synagogen an die Stelle der Tieropfer am Tempel. Viele orthodoxe Juden hoffen heute darauf, dass am Ende der Zeit ein „dritter Tempel" endgültig errichtet wird. Manche sammeln schon Geld dafür.

Nach dem Tod Salomos wurde das Reich geteilt. Der Süden mit der Hauptstadt Jerusalem wurde Juda, der Norden mit der Hauptstadt Sichem wurde weiterhin Israel genannt. Die beiden Reiche waren immer unter Einfluss der Großmächte Ägypten und der Herrscher im Zweistromland (Assyrien/Babylonien). Immer wieder versuchten sich die Israeliten vergeblich in den nächsten 400 Jahren von dem Joch zu lösen.

✡ Propheten

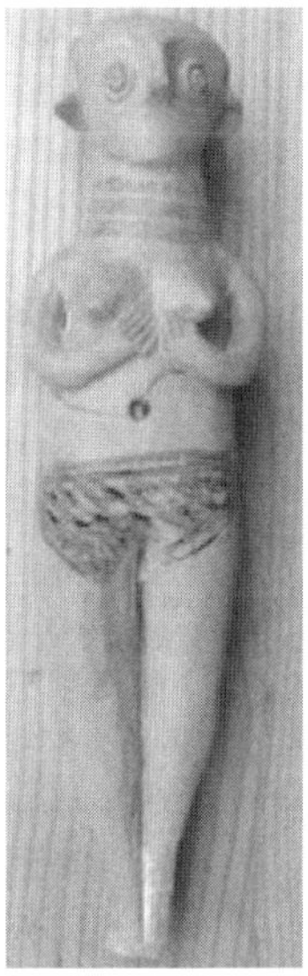

Viele Menschen **verehrten fremde Götter.**

- **Baal** war der Gott des Regens und der guten Ernte. Ohne eine gute Ernte konnte man seine Abgaben nicht bezahlen und wurde unfrei.
- **Astarte** war die Göttin, die bei Kinderlosigkeit helfen sollte. Frauen, die keine Kinder bekommen konnten, waren gesellschaftlich ausgeschlossen. So steckte man sich kleine Figuren (Foto) in das Gewand oder unter das Bett.

Außerdem gab es eine große **Ungerechtigkeit** im Land. Freie Viehzüchter und Bauern wurden von den Mächtigen im Land unterdrückt und ausgebeutet. Viele verloren ihr Land, ihren Besitz und ihre Freiheit.
Der Abfall von Gott und diese Ungerechtigkeit führten dazu, dass Propheten auftraten. Sie traten gegen die Ungerechtigkeit und Götzenverehrung auf.
Propheten machten auch Zeichenhandlungen. Jeremia soll nackt mit einem Ochsenjoch auf der Schulter durch die Straßen gezogen sein, um den Leuten zu zeigen, was passieren würde, wenn sie sich nicht änderten.

☞ Die Hebräische Bibel bezeichnet die Bücher, die über diese Zeit berichten, als „Propheten". Wie werden die Samuel- und Königsbücher in christlichen Bibelausgaben eingeordnet?

Fremdherrschaft und Entstehung des Judentums

(587 bis 164 v. Chr.)

✡ Zerstörung Jerusalems und Babylonische Gefangenschaft

Das Ende des Königreiches Juda kam 587 oder 586 vor Christus (Jahr nicht eindeutig). Die Babylonier unter König **Nebukadnezar** (Siegel) waren die Herrscher über das Zweistromland. Dorthin ließ Nebukadnezar einflussreiche Leute (Gelehrte, Priester, Handwerker) aus den von ihm eroberten Ländern verschleppen. So geschah es auch in Juda. In den Psalmen steht ein Klagelied, das an diese Zeit erinnert: *„An den Wassern zu Babel saßen wir und weinten, wenn wir an Zion gedachten" (Ps 137).*
Das **Babylonische Exil** hat das **Judentum**, wie man ab jetzt die Judäer nannte, verändert:

- Die großen biblischen Geschichtswerke, aber auch einige Prophetenbücher entstehen. Vor dem Hintergrund der babylonischen Schöpfungslehre formulieren jüdische Priester den **ersten Schöpfungsbericht**.
- Seit dieser Zeit leben Juden nicht nur in Israel/Palästina, sondern auch in der Zerstreuung (**Diaspora**) – später oft auch freiwillig. In dieser Zeit entstanden auch **Synagogen** als Zentren der jüdischen Gemeinden, in denen Gottesdienste ohne Opfer stattfanden.
- Der **strenge Eingottglaube** und die bildlose Gottesverehrung setzen sich endgültig durch.

☞ Die Geschichte vom Turmbau zu Babel setzt sich ebenfalls mit Babylon auseinander. Lies die Geschichte in 1. Mose 11, 1– 9 und fasse zusammen, worum es hierin geht.

✡ Perser

Etwa 50 Jahre nach der Verbannung erst konnten die Israeliten in ihr Land zurückkehren. Inzwischen hatten die Perser unter dem Großkönig **Kyros** die Herrschaft im Zweistromland übernommen. Der König erlaubte den Israeliten die Rückkehr, und gleich machte man sich daran, die Stadt Jerusalem und das Land wieder aufzubauen. 515 vor der christlichen Zeitrechnung wurde der Tempel wieder eingeweiht. Über diese Zeit handeln die biblischen Bücher Esra, Nehemia und Esther.

☞ Lies das Buch Esra (besonders Esra 1) und stelle zusammen, was alles beim Wiederaufbau zu organisieren war.

✡ Griechen

333 v. Chr. schlug der griechische König Alexander die Perser und unterwarf auch die Region. Alexander eroberte ein riesiges Weltreich, in dem griechisch gesprochen wurde. So übersetzte man auch die Tora ins Griechische. Diese Ausgabe wurde *Septuaginta* (griech: Siebzig) genannt, weil 70 Gelehrte daran gearbeitet haben sollen.
Israel unterstand später den griechischen Herrschern von Syrien. Um 170 vor Christus entweihten die Syrer den Tempel in Jerusalem, stellten ihre Götterbilder in ihm auf und plünderten die Tempelschätze. Juden durften viele Riten wie die Beschneidung nicht mehr ausüben. Dieser Herrschaft machte ***Judah Makkabi (Makkabäus)*** 167 vor Christus ein Ende. Fast 100 Jahre war Israel danach wieder selbstständig, bis die Römer kamen.

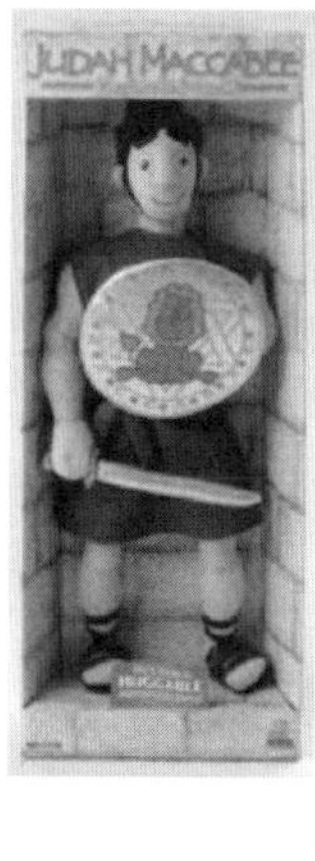

☞ Die „Makkabäerbücher" sind nur in manchen Bibelausgaben enthalten. Sieh dir in 1. Makk 1–9 den Bericht über den Aufstand des Judas Makkabäus an.

☞ Das Foto zeigt die Figur von Judah Makkabi als Spielfigur für Kinder. Welche Rolle nimmt er wohl heute noch ein?

Römer in Israel

(63 vor bis 70 nach Christus)

63 vor Christus übernahmen die Römer unter ihrem Feldherrn Pompejus das Land. Es gab zwar noch Könige, die meistens Herodes hießen. Aber sie hatten keine wirkliche Macht mehr. Die Herren waren die römischen Statthalter, die allein über Leben und Tod bestimmten.

Die Römer und die Könige beuteten das Volk aus. Es herrschte der **Römische Friede**: Man unterdrückt ein Volk so sehr, dass es nur noch den Wunsch nach Frieden und nicht mehr nach Freiheit hat.

Der Tempel wurde in dieser Zeit neu gebaut. Am Tempel in Jerusalem bauten die Römer die Burg Antonia, von der aus sie in den Tempelbezirk einsehen konnten.

☞ Mache einen Pfeil vom Begriff zum beschriebenen Ort

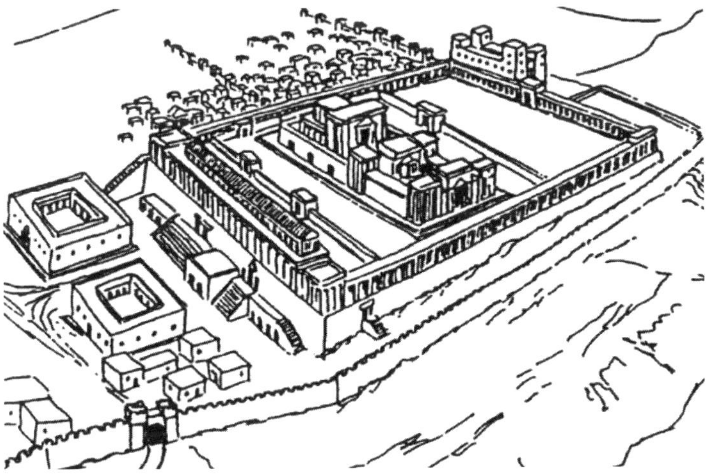

Burg Antonia

Tempelvorhof

Tempelzentrum (Allerheiligstes)

✡ Strömungen in Israel

Im Volk wuchs der Wunsch nach einem Retter, dem **Messias („Gesalbter").** Er soll Israel in die Selbstständigkeit zurückführen. Es gab unterschiedliche Strömungen im Volk:

- ❒ Die ***Zeloten*** glaubten, radikaler Widerstand gegen die Besatzer sei der richtige Weg. Einige hatten den Namen *Sikarier*, Dolchträger, weil sie die Römer überfielen.
- ❒ Die ***Essener*** zogen sich lieber zurück und lebten ihren Glauben in einer abgeschiedenen Gemeinschaft. Bekannt wurden sie durch die Schriftrollen am Toten Meer.
- ❒ Die ***Sadduzäer*** gehörten zur Oberschicht im Land und hatten eine eher vermittelnde Position und arbeiteten mit den römischen Besatzern zusammen.
- ❒ Die ***Pharisäer*** richteten sich allein nach der Tora und mieden den Umgang mit den Römern und denen, die als Soldaten, Steuer- oder Zolleintreiber für sie arbeiteten.
- ❒ ***Anhänger des Jeschua (Jesus)*** glaubten, dass Gott sein Reich in Frieden aufrichten wird. Jeschua legte die Tora radikal aus (Bergpredigt Mt 5–7). Durch den römischen Statthalter Pontius Pilatus wurde er zu Pessach des Jahres 30 oder 33 hingerichtet. Seine Anhänger sahen ihn nach dem Tod als Messias und glaubten an seine Auferstehung von den Toten. Sie nannten sich „Christen" (nach dem griechischen Wort für Messias).

☞ Schreibe ein kurzes Gespräch zwischen den Gruppen.

Krieg und Zerstreuung

(Erstes bis fünftes Jahrhundert)

✡ Jüdischer Krieg

Ab dem Jahr 66 n. Christus gab es Krieg. Zunächst waren die Juden erfolgreich, doch dann wurden sie durch die Römer unterworfen. Im Jahre 70 eroberten die Römer Jerusalem und zerstörten den Tempel. Auf einem Triumphbogen in Rom, dem Titusbogen, sind heute noch die Tempelgegenstände zu sehen, die nach Rom gebracht wurden (Bild unten). Zeuge des Geschehens war **Flavius Josephus (37–100),** der auf jüdischer Seite Befehlshaber der Truppen im Norden war und später die Geschichte des jüdischen Krieges aufschrieb.

Am längsten leisteten jüdische Kämpfer in der Festung **Masada** am Toten Meer Widerstand gegen die Römer. Ihr Eifer war so groß, dass sie nach dreijähriger Belagerung den Freitod der Aufgabe vorzogen. Masada steht seitdem als Symbol für den Selbstbehauptungswillen des jüdischen Volkes. Heute werden dort Rekruten der israelischen Armee vereidigt und geloben: „Masada soll nie wieder fallen."

Als 131–135 unter dem Anführer **Bar Kochba** wieder ein Aufstand gegen die Römer ausbrach, verbannten diese die Juden aus Jerusalem. So wurde dem Judentum sein Zentrum genommen.

☞ Was kannst du auf dem Bild entdecken?

✡ Jüdische Diaspora

Nach 135 war Jerusalem als zentraler Ort für die Juden gesperrt. Viele Juden waren schon über die Welt verstreut. Nun hatten sie kein religiöses Zentrum mehr. Sie richteten sich in der Diaspora (Zerstreuung) ein. Damit ist gemeint: Man lebt als Minderheit in der Fremde. Es entstanden Synagogen rund um das Mittelmeer und in den Provinzen. In den römischen Städten Trier, Köln, Mainz, Worms, Regensburg, Augsburg und Speyer wurden in Deutschland die ersten jüdischen Gemeinden gegründet. 321 sind z.B. Juden in Köln nachgewiesen.

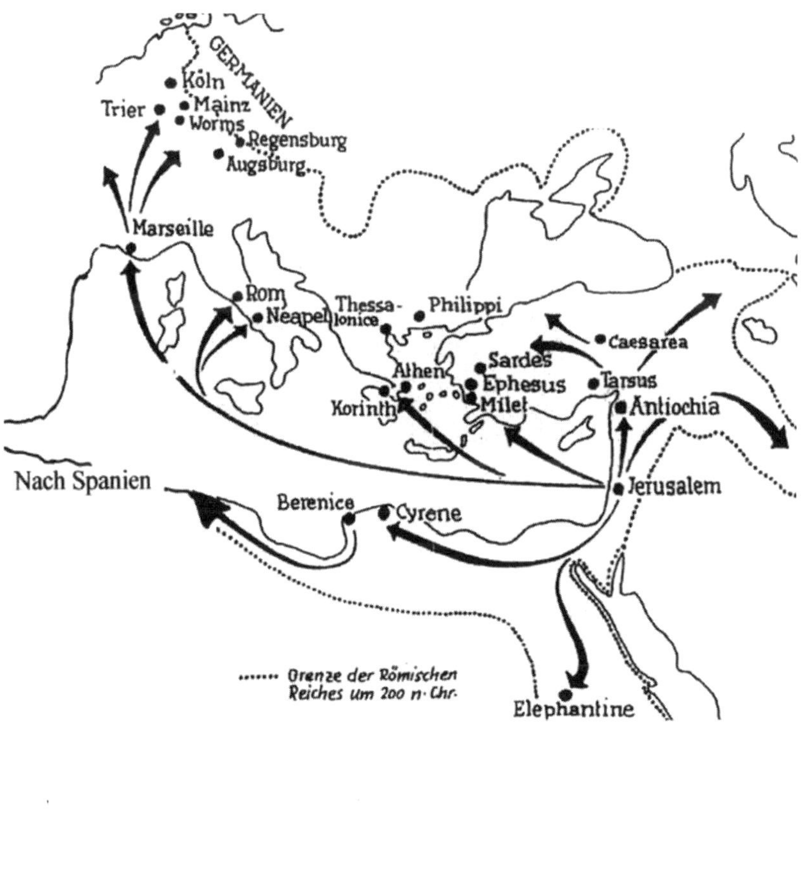

Das Rabbinische Judentum

Nach den verlorenen Kriegen gegen die Römer und der Zerstörung Jerusalems und des Tempels stand das Judentum vor riesigen Problemen. Die Zerstreuung hatte zur Folge, dass ein Judentum in der **Diaspora** entstand. Das geschah bereits während des Babylonischen Exils im 6. Jh. v. Chr, als die Oberschicht deportiert wurde. Nun siedelten die meisten Juden außerhalb von Israel.

✡ Synagogen entstehen

Neben und später anstelle des Jerusalemer Tempels trat als neue Institution die Synagoge. Sie war Gottesdienstraum, Schule und Gemeindezentrum zugleich. Die gesellschaftlich führende Rolle der Priesterschaft wurde abgelöst durch die Rabbinen (Bild: Rabbi Akiva, 2. Jh.). Sie verhalfen nach 70 der pharisäischen Gesetzesauslegung zur allgemeinen Durchsetzung und schufen damit nach langer Zeit fast so etwas wie ein „Mainstream-Judentum“. Dabei ersetzten Gebet und gute Werke nach der Zerstörung des Jerusalemer Heiligtums den Tempelkult.

✡ Das klassische jüdische Schrifttum

Neben der schriftlich festgehaltenen Tora, den fünf Büchern Mose, trat gleichwertig die mündliche Tora. Diese rabbinischen Auslegungen wurden schließlich auch schriftlich festgehalten:

- um 200 in der Mischna,
- um 600–800 dann im Talmud.

So entstand das klassische jüdische Schrifttum, das für fromme Juden bis heute verbindlich ist. Das Judentum, das aus den nationalen Katastrophen um die Zeitenwende hervorgegangen ist, ruht also auf drei Säulen: den Rabbinen, der Synagoge und dem Talmud.

✡ Zurücktreten der Endzeiterwartung

Die Neuformierung des Judentums hatte auch zur Folge, dass sich der Traum von einer politischen Selbstverwaltung der Juden für lange Zeit zerschlagen hatte. Israel, das „Gelobte Land“, war verloren an fremde Mächte. Hoffnungen auf eine Rückkehr nach „Zion“ wurden zu einer Hoffung auf die Zukunft und weniger politisch verstanden. Apokalyptische und messianische Bewegungen, wie etwa die Zeloten oder die Essener, traten zurück. Kaum jemand glaubte mehr daran, dass das Reich Gottes unmittelbar bevorstand. Zu oft waren die Erwartungen enttäuscht worden.

☞ Was ist neu am entstehenden Rabbinischen Judentum gegenüber dem Judentum in der Zeit Jesu? Was bleibt trotz der genannten Katastrophen beim Alten?

Sepharden und Aschkenasen

✡ Sepharden und Aschkenasen

Seit 630 breitete sich der Islam von Arabien her nach Vorderasien, Afrika bis nach Spanien aus. In islamischen Ländern durften Juden ihre Religion ausüben. Sie mussten, wie die Christen, nur eine Zusatzsteuer zahlen. Die Welt war damals gespalten in einen islamischen und einen christlichen Einflussbereich.

✡ **Zur muslimischen Welt** gehörten die **Sepharden.** Im arabischen Spanien entwickelte sich eine blühende jüdische Kultur. Es gab dort viele Gelehrte und Künstler. **Maimonides** war einer der bedeutendsten Gelehrten dieser Zeit. Damals entstanden auch die Anfänge der **Kabbala**, einer jüdischen Geheimlehre.
1492 eroberten die Christen die letzte Festung der Muslime in Spanien. Die Juden wurden vor die Wahl gestellt, zum Christentum überzutreten oder auszuwandern. Viele wanderten nach Nordafrika, Griechenland oder Israel aus. Die dort herrschenden muslimischen Herrscher waren froh, dass Juden mit ihrem Wissen für sie arbeiteten und ihnen Steuern einbrachten.

✡ **Zur christlichen Welt** gehörten die **Aschkenasim.** Aschkenas meint Deutschland. Die Aschkenasim lebten in den alten Städten am Rhein, aber auch in England und Frankreich. Um 1300 wurden alle Juden aus England und Frankreich vertrieben. Viele gingen nach Deutschland, wo Juden unter dem Schutz des Kaisers standen. Das aschekenasische Judentum breitete sich immer weiter nach Osten über Polen nach Russland aus. Es wuchsen dort große Gemeinden, und es entstand die jiddische Sprache. Einer der großen Gelehrten des Mittelalters war **Raschi,** der in Worms und später in Frankreich lehrte.

☞ Suche in einem Geschichtsatlas eine Karte, die zeigt, welche Länder um 1500 zur islamischen Welt und welche zur christlichen Welt gehörten. Male dann mit Buntstift die Karte unten an (grün: islamische Welt, gelb: christliche Welt).

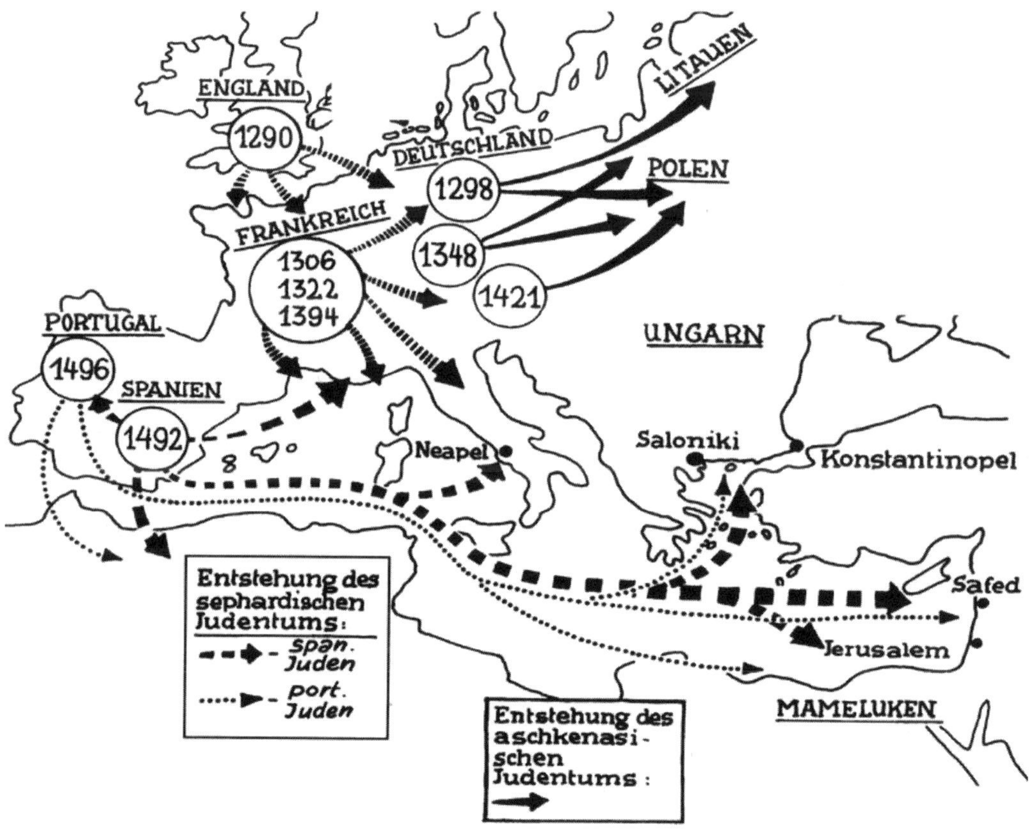

Die Blüte des Judentums im Mittelalter

In der jüdischen Geschichte des Mittelalters gab es auch Zeiten des friedlichen, nachbarschaftlichen Miteinanders. Juden waren Gelehrte und geachtete Kaufleute, Mediziner und Diplomaten, sowohl im arabischen Spanien (sephardische Juden) als auch in den christlichen Königreichen Mitteleuropas (aschkenasische Juden).

✡ Juden als Übersetzer und Gelehrte
Im arabischen Kulturraum, aber auch an den europäischen Höfen galt es als eine Kunst, antike Texte aus dem Griechischen ins Arabische oder ins Lateinische zu übersetzen. Juden spielten dabei mit ihren guten Sprachkenntnissen eine wichtige Rolle. Viele Texte von Platon und Aristoteles wären im Abendland ohne die Vermittlung jüdischer Gelehrter unbekannt geblieben. Jüdische Gelehrte brachten auch Kommentare der Heiligen Schriften heraus. Der bekannteste war Raschi, der in Worms und in Frankreich (Troyes) gelehrt hat.

✡ Juden als Händler und Kaufleute
Unter dem Schutz von Königen und Fürsten belebten die Juden den Fernhandel. Ihre Kontakte zu Glaubensbrüdern in Ost und West kamen ihnen dabei zugute. Sie führten aus dem Orient viele Luxusgüter wie Gewürze, Weihrauch und wertvolle Stoffe nach Europa ein.

✡ Juden als Ärzte und Naturwissenschaftler
Viele jüdische Ärzte genossen im Mittelalter einen hervorragenden Ruf. Der bekannteste war Moses Maimonides, der aus Spanien kam und später Leibarzt des Sultans in Ägypten war. Jüdische Mediziner waren oft besser ausgebildet als ihre christlichen Konkurrenten. Das dazu notwendige medizinische Wissen hatten sie aus arabischen Lehrbüchern. Auch in Geografie, Astronomie und Mathematik waren sie führend.

✡ Juden als Diplomaten
Gebildete und wohlhabende sephardische Familien waren Diplomaten und höfische Berater der Araber in Spanien. Ihr breites Wissen machte sie zu einem Teil der Elite, die für die Herrscher in Granada, Cordoba oder Sevilla unverzichtbar war.

Die Blüte jüdischen Lebens im islamischen Spanien endete, als im 12. Jh. die christlichen Königtümer in Aragon, Kastilien, Leon und Portugal mit der Rückeroberung des Südens beginnen („Reconquista"). Die Almoraviden, eine rigoristische islamische Sekte, lösten den Schutz von Nicht-Muslimen auf, was zu einem Niedergang des früheren weltoffenen Klimas mit seinem Religions- und Völkergemisch führte. Zahlreiche Juden (und natürlich Christen) verließen jetzt den islamischen Teil der Halbinsel und traten die Flucht in den christlichen Norden an.

☞ Erkundigt euch im Internet und in Lexika über die folgenden Persönlichkeiten: Salomo Ibn Gabriol, Moses Maimonides, Jehuda Halevi und Abraham Ibn Esra.

☞ „Zu schön, um wahr zu sein?" – In letzter Zeit häufen sich Zweifel, ob das „Goldene Zeitalter" in Spanien tatsächlich so ideal gewesen ist. Bringt so viel wie möglich über den Rechtsstatus von Juden und Christen im mittelalterlichen Islam in Erfahrung.

Die Kabbala – jüdische Mystik

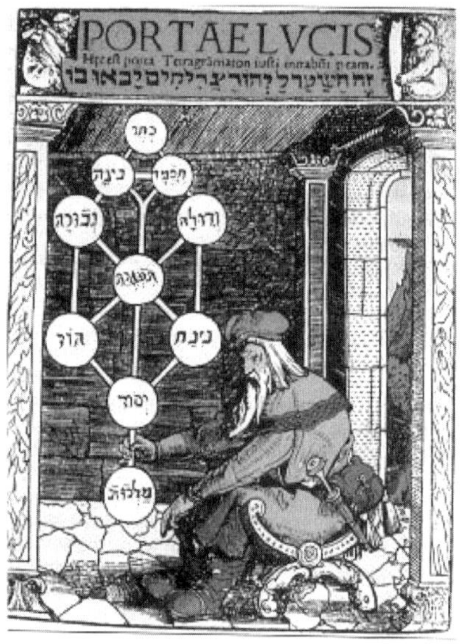

Die „Kabbala“ heißt wörtlich übersetzt „**Empfang**“. Es ist eine Richtung im Judentum, die etwa im 12. Jh. in Südfrankreich und Spanien entstanden ist und als **jüdische Mystik** bezeichnet wird.

Entwickelt wurde eine Geheimlehre, die viele esoterische Züge in sich trägt. Wie in anderen Religionen, so geht es auch in der jüdischen Mystik um das „Verschmelzen“, das **Eins-Werden mit Gott**. Ansätze zu einem solchen Denken finden sich bereits in der rabbinischen Literatur.

☞ Recherchiert unter dem Stichwort „Mystik“ nach weiteren mystischen Strömungen in anderen Religionen.

Inhalt der früheren jüdischen Mystik sind etwa die **Schöpfungswerke Gottes**, die man als unabgeschlossen ansieht. Der Mensch soll helfend und verändernd in die Schöpfung eingreifen können.
Ein anderes beliebtes Thema ist der **Himmel.** Man versucht sich die **göttliche Thronsphäre** (z.B. Hes 1, 5 der Thronwagen Gottes) mit ihren sieben Himmelshallen auszumalen, samt den darin wohnenden Engelwesen.

Im Mittelalter gelangt dieses mystische Denken dann zur vollen Blüte und bringt mit dem **„Sohar“** (um 1275) sein populärstes Werk hervor. Nach der Vertreibung der Juden aus Spanien fand dieses Buch, das mit dem Namen des Moses di Leon in Verbindung gebracht wird, weite Verbreitung im ganzen Mittelmeerraum. Im 16. Jh. entstand unter der Führung Isaak Lurias ein neues Zentrum der Kabbala im obergaliläischen Safed (heute: „Zefat“).

Die zehn Sefirot

1. Kether (Krone)
2. Chochmah (Weisheit)
3. Binah (Einsicht, Verstand)
4. Chesed (Liebe, Gnade)
5. Gewurah (Stärke, Macht)
6. Tifäräth (Verherrlichung, Ruhm)
7. Nezach (Dauer, Beständigkeit)
8. Hod (Pracht, Glanz, Majestät)
9. Jesod (Gründung, Grund)
10. Malchuth (Königreich, Herrschaft)

Die mittelalterlichen Mystiker unterscheiden zwischen der jeder Erkenntnis **unzugänglichen Seite Gottes**, die man als „En-Sof“ („das Unendliche“) bezeichnete, und seiner der Schöpfung zugewandten, aktiven Seite, die in zehn „Sefirot“ („Sphären“) zerfällt. Durch **Zahlenmystik** („Gematria“) und **Buchstabenspekulationen** („Atbasch“) versucht man, den geistlichen Sinn der Tora zu erschließen. Im Volksglauben hat sich besonders auch die „praktische Kabbala“ fest eingenistet, in der **Askese, Magie und Zauber** (oft mithilfe von Gottes- und Engelsnamen) einen festen Platz haben.

Große Breitenwirkung entfaltete die jüdische Mystik noch einmal im 18. Jh. in Form des „**Chassidismus**“. Diese besonders in Osteuropa populäre Strömung betont, im Unterschied zum klassischen Judentum, das sehr auf das Lernen und den Verstand Wert legt, das emotionale und enthusiastische Moment in der Frömmigkeit, was sich in einer Vorliebe zu Tanz, Musik und Gesang äußert. Bekannt sind auch die von den „Chassidim“ (d.h. „Fromme“) mündlich überlieferten Erzählungen von ihren Meistern („Zaddikim“ = Gerechte), zu denen sie ein inniges Lehrer-Schüler-Verhältnis hatten. Der bekannteste Lehrer des Chassidismus ist **Baal Schem Tov.**

☞ Mystische und esoterische Strömungen sind auch heute in Mode. Was weißt du darüber?

Anfeindung und Verfolgung im Mittelalter

Die christlichen Gemeinden entstanden in Konkurrenz zu den jüdischen. Beide nannten sich „das wahre Israel“. Im Neuen Testament finden sich judenfeindliche Passagen.

☞ Lies hierzu Tit 1, 10 f; Apg 7, 52; 18, 6 und Joh 8, 30.

Im 4. Jahrhundert wurde das Christentum im Römischen Reich Staatsreligion. Nach der Völkerwanderung wurden die Königreiche in Europa christlich. Der erste Kreuzzug (1096) führte zu einem großen Blutbad unter den Juden der großen Städte am Rhein (Köln, Mainz, Worms). Bis etwa Ende des 12. Jahrhunderts war die Verfolgung die Ausnahme, nicht die Regel. Danach kam es immer wieder zu Verfolgungen. Nach 1250 gab es überhaupt kein Jahrzehnt mehr ohne Gewalt. Judenverfolgungen, Ausgrenzungen, Anfeindungen und Vorwürfe gegen Juden wurden zur Regel:

Ausgrenzung

- ✡ Juden mussten als besonderes Zeichen einen **spitzen Hut** tragen.
- ✡ In manchen Gegenden war der **„gelbe Fleck“** Pflicht.
- ✡ Ihnen wurde das Tragen von **Waffen verboten** (Kennzeichen des freien Mannes).
- ✡ **„Judengassen“** entstanden, weil man in der jüdischen Gemeinschaft zusammenleben und die Synagoge in der Nähe haben wollte. Allerdings konnten die Gassen auch zur Ausgrenzung dienen.

☞ Was kann die Folge sein, dass man Menschen auf diese Weise kennzeichnet?

Anfeindungen

- ✡ An Kirchen wie dem Wormser Dom oder dem Straßburger Münster stellte man die **„Synagoge“ mit verbundenen Augen** dar. Das Bild sollte zeigen: Juden sind blind – sie erkennen die Wahrheit nicht.
- ✡ Eine weitere Anfeindung gegen Juden war die Darstellung der **„Judensau“**. Juden wurden an den Zitzen eines Schweins säugend dargestellt. Das Spottbild zeigt, dass man bewusst und übertrieben provozieren wollte, da für Juden das Schwein ein unreines Tier ist.

☞ Sowohl alte Darstellungen von Juden mit Judenhut, der „Judensau“ und der Synagoge mit verbundenen Augen finden sich heute noch in oder an Kirchen (beispielsweise in Worms, Straßburg, Wittenberg und Regensburg). Diskutiert miteinander, ob man solche Bilder nicht entfernen sollte.

Vorwürfe

- ✡ Juden waren aufgrund ihrer Reinheitsvorschriften von Seuchen häufig weniger betroffen. Wenn die **Pest** ausbrach, dann wurde Juden vorgeworfen, sie hätten **Brunnen vergiftet**.
- ✡ Juden wurde unterstellt, sie würden in ihrem Gottesdienst rituell **Kinder ermorden**.
- ✡ Juden sollen aus den Kirchen Hostien (geweihtes Abendmahlsbrot) gestohlen haben, um es zu durchbohren (**Hostienschändung**). Weil die Christen glaubten, dass eine Hostie der Leib Christi sei, meinten sie, Juden würden ihn töten wollen.
- ✡ „**Christusmörder**" war als Schimpfwort für Juden weitverbreitet. Es wurde ihnen unterstellt, sie hätten direkt mit dem Tod Jesu zu tun.
- ✡ Juden wurden viele **Berufe untersagt,** und sie durften **kein Land mehr besitzen**. Sie durften kein Handwerk ausüben oder Landwirtschaft betreiben. Allein der Handel und das Geldgeschäft (Bankwesen, Verleih von Geld mit Zinsen) blieben ihnen. Auch sollten sie vereinzelt für Herrscher Steuern eintreiben. Das brachte ihnen den Ruf des **Wucherns** ein, d.h. sie hätten nur Geld im Sinn und seien **habgierig**.

Papst Innozenz IV. schrieb in einer Bulle an die Bischöfe in Deutschland:

Wir haben die jammervolle Klage der Juden Deutschlands vernommen, dass einzelne geistliche und weltliche Fürsten (...), um ungerechterweise ihre Güter zu plündern, gottlose Anschläge gegen sie ersinnen und mannigfache und verschiedene Anlässe erdichten, ohne vernünftig zu bedenken, dass gewissermaßen aus ihrem Archiv die Zeugnisse des christlichen Glaubens hervorgegangen sind. Obwohl die Heilige Schrift unter anderen Gesetzesvorschriften sagt: „Du sollst nicht töten", und ihnen verbietet, am Passah-Fest etwas Gestorbenes zu berühren, erheben jene die falsche Beschuldigung, dass die Juden gerade an diesem Feste das Herz eines gemordeten Kindes unter sich verteilen, und manche glauben, dass das Gesetz es so befehle, während so etwas offenkundig dem Gesetz zuwider ist, und wenn irgendwo ein Leichnam gefunden wird, legt man böswillig ihnen den Mord zur Last. Durch solche und andere zahlreiche Erdichtungen wütet man gegen sie und ohne Anklage, ohne Geständnis, ohne Überführung, entgegen den ihnen vom apostolischen Stuhl gnädig gewährten Privilegien, beraubt man sie wider Gott und Gerechtigkeit aller ihrer Güter, bedrückt sie mit Hunger, Gefängnis und so vielen Martern und Qualen, sucht sie heim mit den verschiedenartigsten Strafen, verurteilt möglichst viele zu dem schimpflichsten Tode, sodass diese Juden unter der Herrschaft der vorgenannten Fürsten, Machthaber und Adeligen vielleicht ein noch schrecklicheres Los haben als ihre Väter unter Pharao in Ägypten und gezwungen werden, im Elend die Orte zu verlassen, die sie und ihre Vorfahren seit Menschengedenken bewohnt haben. In Furcht vor völliger Vertreibung haben sie die Fürsorge des apostolischen Stuhles in Anspruch genommen. Da wir nicht wollen, dass die genannten Juden mit Unrecht verfolgt werden, deren Bekehrung der Herr erbarmungsvoll erwartet, da nach dem Zeugnis des Propheten die Überreste derselben selig werden sollen, bestimmen wir, dass ihr euch ihnen gegenüber gnädig und gütig zeigt, dass ihr, wenn ihr findet, dass von den genannten Prälaten, Adeligen und Machthabern hinsichtlich des Erwähnten etwas grundlos gegen die Juden unternommen wird, den gesetzmäßigen Zustand wiederherstellt und nicht duldet, dass dieselben fernerhin wegen dieser und ähnlicher Anklagen zu Unrecht belästigt werden; und diejenigen, welche sie auf diese Weise belästigen, durch kirchliche Strafen ohne Berufung zuzulassen, in Schranken haltet.

Papst Innozenz IV., Bulle vom 5. Juli 1247 an die Erzbischöfe und Bischöfe in Deutschland.

☞ Was erfährt man über den Hintergrund der Judenverfolgungen im Mittelalter aus diesem Schreiben des Papstes? Was „rät" er aus welchen Gründen?

Luther und die Juden

Die Stellung Martin Luthers zu den Juden änderte sich in seinem Leben dramatisch. In der Schrift **„Dass Jesus Christus ein geborener Jude sei“** (1523) fand der **frühe Luther** freundliche Worte über die Juden:

Juden sollen gerecht behandelt werden.
Der Messias stammt aus ihrem Geschlecht.
Stoßt sie nicht aus.
Gewährt ihnen den Zugang zu den Handwerken.
Vielleicht offnen sie sich der Botschaft von Jesus und lassen von ihrem Unglauben ab und erkennen, dass Jesus der von den Propheten verheißene Messias ist.

Er hoffte, dass die Juden sich für die christliche Botschaft öffneten und von ihrem „Unglauben“ und ihrer „Halsstarrigkeit“ abließen. Große Hoffnungen setzte Luther auf seine gerade erschienene Übersetzung des Neuen Testaments, wo die Juden nun endlich nachlesen konnten, dass Jesus der von den Propheten verheißene Messias ist.
Als Luthers Werben keinen Erfolg hatte, schlug sein Ton in Anklage und Verleumdung um. In **„Wider die Sabbather“** (1538) führte er die Verstockung der Juden gegenüber Jesus als Grund an, warum dieses Volk schon seit 1500 Jahren im Exil leben und noch immer auf seinen „Messias“ warten muss. Dass die Juden Jesus als einen am Kreuz gescheiterten Juden ansahen, verbitterte ihn zutiefst. Das Prinzip, nichts mit Gewalt zu zwingen, sondern mit dem Wort zu überzeugen, gab er kurz vor seinem Tod in der Schrift **„Von den Juden und ihren Lügen“** (1545) auf. Diese Schriften wurden später immer wieder für die Begründung von Ausgrenzung und Judenfeindlichkeit herangezogen. Die Erkenntnisse des frühen Luther wurden dabei nicht beachtet.

„Über andere habt ihr auch noch die Juden im Lande, die da großen Schaden tun. Nun wollen wir christlich mit ihnen handeln und bieten ihnen erstlich den christlichen Glauben an, dass sie den Messias wollen annehmen, der doch ihr Vetter ist und von ihrem Fleisch und Blut geboren ...
Wo nicht, so wollen wir sie nicht leiden, ... sondern sie wegtreiben. Wo sie sich aber bekehren, ihren Wucher lassen und Christum annehmen, so wollen wir sie gerne als unsere Brüder halten. Anders wird nichts draus, ... sie sind unsere öffentlichen Feinde, hören nicht auf, unseren Herrn Christum zu lästern, heißen die Jungfrau Maria eine Hure, Christum ein Hurenkind. Uns heißen sie Wechselbälge oder Mahlkälber, und wenn sie uns könnten alle töten, so täten sie es gerne.“

☞ Vergleiche die Aussagen des frühen Luther mit Luthers letzter Predigt (1545).
☞ Wo überwindet Luther mittelalterliche Anfeindungen, wo greift er alte Vorurteile auf?

Hofjuden, Chassidismus und Aufklärung
(17. und 18. Jahrhundert)

Hofjudentum

Im 17. und 18. Jahrhundert gab es immer noch die Gesetze gegen Juden. Sie trafen besonders ärmere Menschen, die jederzeit aus einer Stadt oder einem Land ausgewiesen werden konnten. Reiche Juden hingegen konnten sogar hohe Ämter erreichen. Man nannte sie „Hofjuden".
Der immer aufwendigere Lebensstil der Fürsten führte dazu, dass sie selbstständige jüdische Kaufleute anstellten, die ihnen Geldmittel, aber auch Luxusgüter beschafften. Besonders die Erfahrung mit dem Bankwesen und die internationalen Kontakte brachten dem „Hofjuden" einen großen Einfluss. Allerdings waren sie vollkommen vom Wohlwollen der Fürsten abhängig.
Dies zeigt das Schicksal des Hofjuden **Josef Süß Oppenheimer**, der für den Württembergischen Hof arbeitete. Aus fadenscheinigen Gründen wurde er hingerichtet.

☞ Später wurde der Fall von den Nationalsozialisten in dem Film „Jud Süß" für ihre Zwecke missbraucht. Erkundigt euch darüber.

Chassidim

Im 17. Jahrhundert durften Juden sich in bisher verbotenen Ländern wie England wieder ansiedeln, und in Osteuropa hatten Juden die Möglichkeit, Land zu erwerben und freie Bauern zu sein. Viele „Stedls", kleine jüdische Städte und Dörfer, entstanden. Allerdings gab es in Osteuropa bis ins 20. Jahrhundert hinein immer noch schlimme Verfolgungen.
Im Osten Europas entstand in dieser Zeit der Chassidismus, eine Frömmigkeitsbewegung, als deren Gründer **Baal Schem Tov** gilt. Männer zogen sich schwarze Kleidung an, trugen immer einen Hut und ließen sich Locken an den Schläfen wachsen. Man nannte sie „Chassidim", was so viel wie „Fromme" heißt. Sie richteten ihr ganzes Leben auf ihre Religion aus.

☞ Martin Buber hat später die Erzählungen der Chassidim gesammelt. Sucht im Internet (www.buber.de) nach den Erzählungen.

Aufklärung und Emanzipationsbewegung

Um 1700 wurden immer mehr Menschen auf das Problem der Juden aufmerksam. Der Dichter Gotthold Ephraim Lessing schrieb das Theaterstück *Nathan der Weise*. In dem Stück versucht er, den Juden Nathan als besonderen Menschen darzustellen und Vorurteile gegen Juden infrage zu stellen.
Ein guter Freund Lessings war **Moses Mendelssohn,** der wichtigste jüdische Vertreter der Aufklärung. Er war Philosoph und übersetzte die Hebräische Bibel ins Deutsche. *Mendelssohn* wollte seinen deutschen Mitbürgern zeigen, wie reich die jüdische Tradition ist. Aber auch er wurde angefeindet. So verweigerte ihm der König von Preußen, Friedrich II., die Aufnahme in die Akademie der Wissenschaften.
Mendelssohn gilt für viele als die Figur, die als Vorbild für Nathan diente.

☞ Erkundigt euch über das Stück „Nathan der Weise". Worum geht es da?

Emanzipation und Assimilation

19. und Anfang des 20. Jahrhunderts

Die Ideen der Aufklärung, insbesondere die Forderung nach religiöser Toleranz ermöglichten im 18. und 19. Jahrhundert eine Entwicklung, die als „Judenemanzipation" in die Geschichte eingegangen ist. Doch war der Auszug der Juden aus dem Ghetto in die bürgerliche Gesellschaft ein steiniger Weg mit vielen Rückschlägen.

In den **Vereinigten Staaten** (1783) und dann in **Frankreich** (1791) wurden Juden von Beschränkungen befreit und als Staatsbürger gleichgestellt. Von Frankreich aus breiteten sich die neuen Freiheiten in die **linksrheinischen Gebiete Deutschlands** aus, allerdings in einer stark eingeschränkten Form („decret infame" Napoleons 1806).
In **Österreich** erließ der aufgeklärte Monarch Joseph II. Toleranzedikte, die die Rechtsstellung der jüdischen Bürger verbesserten.
Im **Deutschen Reich,** wo mit der gescheiterten Revolution von 1848 die Gleichstellung

der Juden erst einmal ins Stocken geriet, dauerte es bis **1871**, bis diese in allen gesellschaftlichen Belangen hergestellt war:

- ✡ So erlangten Juden volle Bürgerrechte, durften wählen und gewählt werden.
- ✡ Man durfte nun Berufe frei wählen.
- ✡ Man musste nicht mehr in besonderen Wohnvierteln wohnen.
- ✡ Man konnte seinen Glauben frei ausleben.
- ✡ Große Synagogen als Zentren der Gemeinde durften gebaut werden (die alte Postkarte zeigt die Synagoge in Landau/Pfalz, die 1938 zerstört wurde).
- ✡ Es gab einen jüdischen Religionsunterricht, der neben dem katholischen und evangelischen angeboten wurde.

Der Staat akzeptierte nun die jüdische Religion als eine unter vielen.
Juden nutzten die ihnen gebotene Chance und arbeiteten sich in führende Positionen in Wirtschaft, Kultur und Politik empor.
Einer der wirtschaftlich und politisch Erfolgreichsten wurde **Walther Rathenau** (1867–1922). Diese Erfolge weckten nicht selten den Neid derer, die in den gesellschaftlichen Umbrüchen jener Zeit zu kurz gekommen waren. So entwickelte sich in dieser Zeit der **Antisemitismus.**

Ein weiteres Problem war, dass die Eingliederung der Juden in die bürgerliche Gesellschaft auch den Erwartungsdruck auf sie erhöhte. Sie sollten sich kulturell und religiös angleichen (= „assimilieren"). Manche erlagen diesem Druck zur „**Assimilation**" wie der deutsch-jüdische Dichter **Heinrich Heine**, der in seiner Taufe (1825) eine Eintrittskarte zur europäischen Kultur sah.
Wer an den jüdischen Riten festhielt, wurde häufig angefeindet.
Trotz der Anpassung an die Gesellschaft gab es immer noch Vorbehalte gegen Juden. In Frankreich war es Ende des 19. Jh. die „**Affaire Dreyfus**", die den Schein der Normalität entlarvte. Der Offizier Alfred Dreyfus wurde beschuldigt, für die Deutschen spioniert zu haben. Man begründete: „Juden haben kein Vaterland und sind dadurch verdächtig." Ein hohes Maß an Feindschaft zeigte sich in der Presse und in der Bevölkerung. Dies brachte den Journalisten Theodor Herzl zur Einsicht: „Juden brauchen einen eigenen Staat."

☞ Erkläre kurz, was hier mit „Emanzipation" und „Assimilation" gemeint ist.

☞ Sammle weitere Informationen zur „Affaire Dreyfus". Wie reagierte man auf jüdischer Seite auf den Fall?

Dichter und Denker
im 19. und 20. Jahrhundert

Die neuen Entfaltungsmöglichkeiten brachten es mit sich, dass Juden zu berühmten Dichtern und Denkern wurden, die die deutsche Geschichte und Kultur prägten.

Berühmte **Dichter und Literaten:**

Einer der berühmtesten deutschen Dichter im 19. Jahrhundert war **Heinrich Heine** (1797–1856). Er schuf 1843/44 das Gedicht „Nachtgedanken“: *„Denk ich an Deutschland in der Nacht, dann bin ich um den Schlaf gebracht, ich kann nicht mehr die Augen schließen, und meine heißen Tränen fließen.“* Obwohl er sich anzupassen versuchte und sogar getauft wurde, blieb er sein Leben lang nicht von Anfeindungen verschont. Am Ende seines Lebens kehrte er zu seinen jüdischen Wurzeln zurück.

Franz Kafka (1883–1924) lebte am Übergang der Jahrhunderte und schuf Romane wie „Der Prozess“ oder „Das Schloss“. Auch er war zu Anfang Spötter gegenüber der Religion und kehrte im Laufe seines Lebens immer mehr zur jüdischen Religion zurück.

Berühmte **jüdische Gelehrte:**

Albert Einstein (1879–1955) gilt als der größte Physiker des 20. Jahrhunderts. Seine Relativitätstheorie veränderte die Sicht der Welt. Darüber hinaus setzte er sich für Völkerverständigung und den Weltfrieden ein.

Sigmund Freud (1856–1939) gilt als der Entdecker des Unterbewusstseins im Menschen. Er sah, dass der Mensch durch dieses Unterbewusstsein beherrscht wird. Durch Traumdeutung und Hypnose entwickelte er das Verfahren der Psychoanalyse und kam so auch seelischen Krankheiten auf die Spur. Er stellte zwar allgemeine religionskritische Fragen, aber er verleugnete seine jüdische Herkunft nie.

Martin Buber (1878–1965) ist einer der wichtigsten Philosophen des 20. Jahrhunderts. Er sagte: „Das Ich wird nur durch das Du zum Ich.“ Buber machte damit deutlich, dass Menschen immer auch ein Gegenüber brauchen, um sich selbst zu entwickeln. Sein Lieblingsort war der jüdische Friedhof in Worms, wo er immer auch an seine Wurzeln erinnert wurde.

Hannah Arendt (1906–1975) ist eine der wichtigsten deutschen Schriftstellerinnen und politischen Philosophinnen des 20. Jahrhunderts. Sie wanderte nach ihrer Verhaftung 1933 aus Deutschland aus und erhielt 1951 die amerikanische Staatsbürgerschaft. Sie veröffentlichte viele Schriften zur „politischen Theorie“ und forderte in der Demokratie freie Formen der Diskussion, um jedem totalitären Denken zu wehren.

☞ Alle diese Dichter und Denker waren am Ende ihres Lebens mit ihrem Heimatland nicht mehr sehr verbunden. Erkundige dich über die Hintergründe.

☞ Suche weitere jüdische Künstler der Zeit.

Antisemitismus
im 19. und 20. Jahrhundert

In der Zeit, als das Judentum im 19. Jahrhundert durch den Staat anerkannt und die Gesetze gegen Juden aufgehoben wurden, entwickelte sich der Antisemitismus. Der Begriff setzt sich zusammen aus „anti“ (= gegen) und dem Namen Sem. Sem war einer der Söhne Noahs und gilt als Stammvater der Juden und Araber.
Im 19. Jahrhundert hatten die meisten großen Nationen Europas Kolonien in Afrika und Asien. Dort traf man auf unterschiedliche Menschen. So entwickelte sich die Idee, Menschen in unterschiedliche Menschenrassen einzuteilen. Besonders in England, Frankreich und Deutschland begeisterte man sich dafür. Es wurden Bücher darüber geschrieben, darunter auch solche, die über den Wert und Unwert der unterschiedlichen Rassen nachdachten. Daraus entwickelten sich die Formen des Antisemitismus:

a) Der religiöse Antisemitismus (Antijudaismus)

Im 19. Jahrhundert wurde auch Jesus „rassisch“ eingefärbt. Er wurde als Europäer und nicht als Jude dargestellt. Sein angeblicher Widerspruch gegen die Pharisäer wurde als „Antijudaismus“ eingestuft. Man gab dem „jüdischen“ Gott einen eigenen Namen (Jahwe) und charakterisierte ihn als den zornigen, schrecklichen Gott. Wie schon lange zuvor wurde den Juden abgesprochen, das auserwählte Volk zu sein.

b) Der politische Antisemitismus

Im 19. Jahrhundert gab es mehrere Bewegungen, die Gleichberechtigung forderten (Arbeiter, Frauen, Juden). Obwohl sie wenig miteinander zu tun hatten, wurde für manche jede demokratische Bewegung als „Judokratie“ abgetan. Ob Sozialismus, Kommunismus oder Kapitalismus – alles, was man nicht wollte, wurde als „jüdisch“ bezeichnet. Es entstand sogar eine Antisemitenpartei.

☞ Das Bild zeigt eine der Formen des politischen Antisemitismus. Rothschild ist der Name einer reichen jüdischen Familie. Welcher Vorwurf versteckt sich hinter dieser Karikatur aus einer französischen Zeitung?

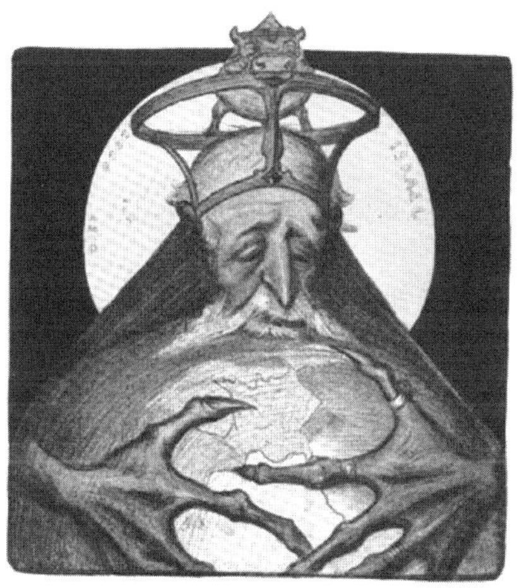

Rothschild
Französische Karikatur von C. Léandre, 1898

c) Der rassische und völkische Antisemitismus

Durch die neuen Erkenntnisse der Evolutionslehre wurde ein biologistisches Denken ausgelöst. Die Lehre besagte: Es gibt verschiedene Rassen in der Tierwelt, die sich in der Evolution aufgrund von natürlicher Auslese durchsetzen. Dabei gibt es neben den Rassen auch „Parasiten“. Diese Einteilung wurde auf menschliche Rassen übertragen, und so wurden die Juden als „Parasiten" oder schwarze Menschen als „Untermenschen“ bezeichnet. *„Parasitenmenschen müssen mit den modernsten Mitteln der Desinfektion beseitigt werden“*, so ruft E. Döhring 1880 zum Kampf gegen den „jüdischen Bazillus“ auf.
Einher ging der Gedanke vieler Europäer, zu einem ausgewählten Herrenvolk zu gehören. In Deutschland, England und anderswo fühlte man sich auserwählt, die Weltherrschaft zu übernehmen und „minderwertige“ Völker zu unterjochen. Dies galt für die Kolonien in Afrika und Asien, aber auch für Völker im Osten Europas (Slawen).

☞ Worin unterscheiden sich die Formen des Antisemitismus?

☞ Welche Formen sind besonders gefährlich? Begründet eure Meinung.

Nationalsozialismus
(1933–1945)

Die große Wirtschaftskrise der 1920er Jahre führte viele Menschen dazu, radikal zu denken.1933 kamen in Deutschland die *Nationalsozialisten* an die Macht. Sie hatten von Anfang an die jüdischen Mitbürger im Visier. Gleich zu Beginn der Schreckensherrschaft blockierten Anhänger der Partei in braunen Uniformen die Geschäfte von Menschen, die dem jüdischen Glauben angehörten. Sie schmierten an Schaufensterscheiben: „Kauft nicht bei Juden."

Das „Blutschutzgesetz" besagte:

- ✡ Eheschließung oder Geschlechtsverkehr zwischen Juden und Nichtjuden sind untersagt. Bereits geschlossene Ehen können aufgelöst werden. Verstöße dagegen werden als „Rassenschande" bezeichnet.
- ✡ Juden dürfen keine Dienstmädchen anstellen.
- ✡ Jüdische Kinder dürfen nicht mehr auf öffentliche Schulen gehen.

Das „Reichsbürgergesetz" legte fest:

- ✡ Deutscher Staatsbürger ist nur jemand mit arischer Abstammung. Juden verloren damit ihr Wahlrecht.
- ✡ Juden durften nicht mehr in öffentlichen Ämtern arbeiten. Jüdische Beamte und Lehrer wurden entlassen. Auch jüdischen Ärzten und Rechtsanwälten wurde die Zulassung entzogen (1938).

Nürnberger Rassengesetze

Durch besondere Gesetze vom 15.9.1935 wurde beim Reichsparteitag der NSDAP in Nürnberg die antisemitische Haltung auf eine juristische Grundlage gestellt:

☞ Lies in der Spalte die Regelungen der Gesetze. Was konnten Juden demnach nur noch tun?

Antisemitische Erziehung

Um bereits Kinder antisemitisch zu erziehen, wurden Kinder- und Bilderbücher verbreitet. „Trau keinem Fuchs auf grüner Heid und keinem Jud bei seinem Eid", hieß eines der bekanntesten.
In ihnen werden in farbigen Bildern Vorurteile geschürt und Juden verunglimpft.

☞ Hier wird ein „arischer" Mensch einem jüdischen gegenübergestellt.
Wozu dient wohl ein solches Bild?

Schoa – Die große Katastrophe

Das Leben der Juden verschlechterte sich immer mehr.
Am 9. November 1938 war die **Reichspogromnacht**, in der viele Synagogen zerstört und Juden getötet wurden. Wenig später mussten Juden, wie im Mittelalter, auf ihren Kleidern ein besonderes Zeichen tragen – den Judenstern. Er wurde 1939 im besetzten Polen und 1941 im Deutschen Reich eingeführt.
1939 brach der Zweite Weltkrieg aus, und die deutsche Armee eroberte Polen. Dort schufen die Nationalsozialisten riesige **Vernichtungslager**, wie sie es nannten.
In Deutschland wurden zuvor Juden in Sammellager gebracht. In Polen und in den eroberten Gebieten von Russland sammelte man Juden zunächst in **Ghettos**. In Warschau war das größte dieser Stadtviertel, die man mit einer Mauer umschloss. Viele Menschen verhungerten, weil die *Ghettos* nur mit wenigen Nahrungsmitteln versorgt wurden.

Systematisch wurden dann die Menschen aus den Sammellagern und Ghettos in die Vernichtungslager gebracht. Am Eingang des Lagers Auschwitz war ein Schild angebracht, auf dem zynisch stand: „Arbeit macht frei." Auf der Bahnrampe wurden die Menschen eingeteilt, wer gleich umgebracht und wer noch am Leben bleiben sollte. Viele wurden sofort in Gaskammern gebracht und starben qualvoll. Wer nicht gleich umgebracht wurde, starb an Entkräftung, an Krankheiten, an Unterernährung, wurde zu Tode gequält oder für medizinische Experimente benutzt. Die Leichen der Menschen verbrannte man in Öfen. Allein sechs Millionen Juden sind damals ums Leben gekommen. Ihre Asche liegt rund um die Vernichtungslager.
Worte und Bilder können nicht einfangen, was damals passiert ist.

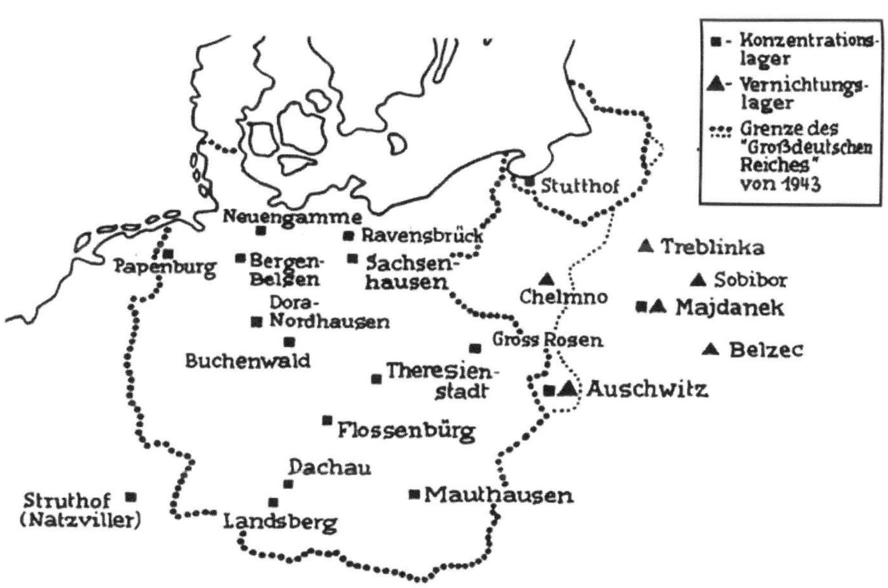

Die über 1000 Jahre gewachsene Kultur Europas war mit einem Schlag ohne eine wichtige Wurzel. Man hatte sie fast vollständig vernichtet. Die wenigen Überlebenden waren zumeist gezeichnet für ihr Leben.

Was jede(r) vom Holocaust wissen muss

Vier Namen sind besonders für die Massenvernichtung von Menschen im Dritten Reich verbreitet:

- ❒ **Holocaust:** griech. holókaustos = „völlig verbrannt“
- ❒ **Schoa:** hebr. שׁוֹא = „Zerstörung“, „große
- ❒ **Genozid:** lat. Völkermord
- ❒ **Endlösung:** nazistisches Vokabular

☞ Was verbindet sich jeweils mit dem Namen?

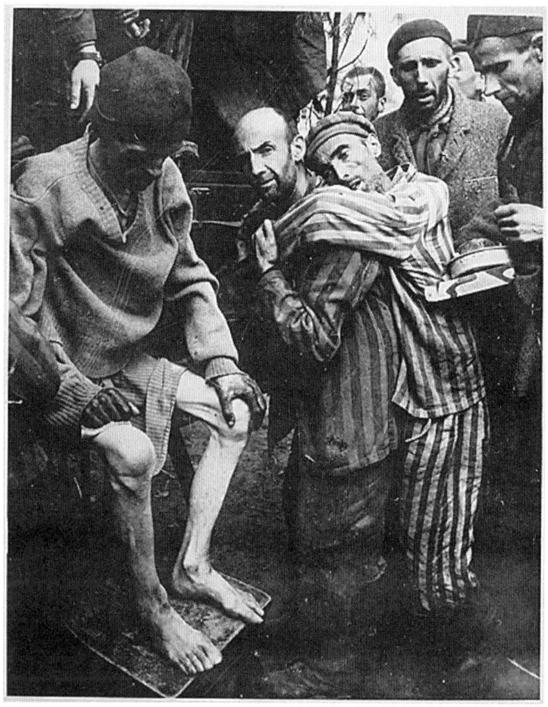

Es begann mit der Entrechtung der jüdischen Minderheit in Deutschland (1933 gab es etwa 500.000 Juden in Deutschland) sowie anderer Minderheiten (Sinti und Roma, Behinderte) durch die Nürnberger Gesetze 1935 bis zur Reichspogromnacht vom 9.11.1938, in der jüdische Einrichtungen zerstört und Juden ermordet wurden.
Zur Ausgrenzung der jüdischen Bevölkerung gehörte die Einführung der Kennzeichnungspflicht (1938, verschärft ab 1941 – Judenabzeichen). Die Entrechtung der Juden im Deutschen Reich begann mit der Verschärfung der „Arisierungs-Politik“ seit 1938 und dem Entzug des jüdischen Vermögens zur endgültigen „Ausschaltung der Juden aus dem deutschen Wirtschaftsleben“.

Juden sollten durch die Enteignung zunächst aus Deutschland vertrieben werden (1938: Einrichtung einer „Jüdischen Zentralstelle für Auswanderung“ in Wien, 1939 Gründung einer „Reichszentrale für jüdische Auswanderung“).

Mit Beginn des Zweiten Weltkriegs (1.9.1939) begann die systematische und organisierte Konzentrierung (Ghettoisierung) und Deportierung der europäischen Juden. Damit verbunden war auch die Idee der „Vernichtung durch Arbeit“ in „Arbeitslagern“. Auf der Wannseekonferenz vom 20.1.1942 wurde der organisierte Völkermord endgültig beschlossen und der Begriff „Endlösung der Judenfrage“ geschaffen.
Begonnen hatte der Völkermord im besetzten Polen (September 1939) und den Massenexekutionen durch mobile Einsatzgruppen unmittelbar nach dem deutschen Angriff auf die Sowjetunion (1941). Ab dem Spätjahr dieses Jahres wurden die Morde in die „Vernichtungslager“ in Polen verlagert, wo sie fabrikmäßig betrieben wurden.

Wann und warum es zur organisierten Judenermordung kam, darüber bestanden in der Holocaustforschung lange Zeit Kontroversen. Inzwischen gilt ein enger Zusammenhang zwischen Kriegsführung, Besatzungspolitik, „Umvolkungsplänen“ und Ernährungspolitik im Verlauf des Zweiten Weltkriegs als wahrscheinlich.
Insgesamt fielen dem Holocaust etwa 6 Millionen europäische Juden zum Opfer. Vor allem in Polen und im Baltikum wurde die jüdische Bevölkerung nahezu vollständig vernichtet.

☞ Bring die Geschichte der Judenverfolgung im Dritten Reich in tabellarische Form und arbeite dabei verschiedene Phasen heraus.

☞ Es gibt immer wieder Menschen, die den Holocaust leugnen. Wer tut das und aus welchem Interesse?

Jüdischer Widerstand – Sog Nit Keyn Mol

Das bekannteste Beispiel jüdischen Widerstands war der **Aufstand im Warschauer Ghetto** von 1943, der von den Deutschen nach knapp vier Wochen blutig niedergeschlagen wurde.
Hirsch Glick, ein junger Dichter aus Litauen, schrieb dieses Partisanen-Lied 1943 im Wilnaer Ghetto. Es wurde zur Hymne des jüdischen Widerstands und der Partisanen. Hirsch Glick fiel kurz darauf mit 23 Jahren im Kampf gegen die deutschen Truppen.

Sage niemals

1. Sage niemals, daß du den letzten Weg gehst,
Wenn auch bleierner Himmel den blauen Tag verdeckt.
Kommen wird noch unsere erträumte Stunde,
Dröhnen wird unser Schritt: Wir sind da!
2. Von dem grünen Palmenland bis zum fernen Land des Schnees
Kommen wir mit unserer Pein, mit unserem Weh,
Und wo ein Tropfen von unserem Blut geflossen ist,
Wird unser Heldentum sprießen, unser Mut.
3. Es wird die Morgensonne uns das Heute Vergolden
Und das Gestern wird verschwinden mit dem Feind.
Und wenn die Sonne und das Frührot ihre Pflicht versäumen,
Soll das Lied die Parole sein von Geschlecht zu Geschlecht.
4. Das Lied ist geschrieben mit Blut und nicht mit Blei,
Es ist kein Lied eines Volkes in der Freiheit,
Es hat ein Volk zwischen einstürzenden Wänden
Dieses Lied gesungen mit Pistolen in den Händen.
5. Sage niemals, daß du den letzten Weg gehst,
Wenn auch bleierner Himmel den blauen Tag verdeckt.
Kommen wird noch unsere erträumte Stunde,
Dröhnen wird unser Schritt: Wir sind da!

Sog nit kejnmol

1. Sog nit kejnmol, as du gejsst dem leztn Weg,
Chotsch Himlen blajene farschteln bloje Teg.
Kumen wet noch unser ojssgebenkte Scho,
Ss'wet a Pojkton unser Trot: mir senen do!
2. Fun grinem Palmenland bis wajtn Land fun Schnej,
Mir kumen on mit unser Pajn, mit unser Wej,
Un wu gefaln is a Schpriz fun unser Blut,
Schprozn wet dort unser G'wure, unser Mut.
3. Ss'wet di Morgensun bagildn uns dem Hajnt,
Un der Nechtn wet farschwindn mitn Fajnd.
Nor ojb farsamen wet di Sun un der Kajor,
Wi a Parol sol sajn doss Lid fun Dor zu Dor.
4. Doss Lid geschribn is mit Blut un nit mit Blaj,
Ss'is kejn Lid fun a Fojgl ojf der Fraj,
Doss hot a Folk zwischn falndike Went,
Doss Lid gesungen mit Naganess in de Hent.
5. Sog nit kejnmol, as du gejsst dem leztn Weg,
Chotsch Himlen blajene farschteln bloje Teg.
Kumen wet noch unser ojssgebenkte Scho,
Ss'wet a Pojkton unser Troi: mir senen do!

http://www.jg-regensburg.de/partisan.html.: mp3 download
aus: Benjamin Ortmeyer (Hg.) Jiddische Lieder gegen die Nazis

☞ Überlegt, wie ein Radio-Feature anlässlich eines Gedenktages für den jüdischen Widerstand aussehen könnte. Ihr könnt es mit mp3 oder Kassette auch aufnehmen.

☞ Hat der Aufstand im Warschauer Ghetto trotz der militärischen Niederlage „etwas gebracht"? Begründet eure Meinung.

☞ Der jüdische Rabbiner **Leo Baeck** schrieb in seinem Buch „Das Wesen des Christentums" bereits 1905 über den „Selbsterhaltungswillen" des jüdischen Volkes. Wie kann deiner Meinung nach ein „Selbsterhaltungswille" aussehen?

Gerechte unter den Völkern

Viele haben mitgemacht oder zugeschaut bei der Judenverfolgung im Dritten Reich.
Aber es hat auch die stillen Helden gegeben, die in finsteren Zeiten ihr Leben einsetzten, um andere Menschen vor den Fängen der Nazis zu retten.
Seit 1963 gibt es in Israel eine Kommission, die solchen Menschen den Titel eines „Gerechten unter den Völkern“ verleiht. Bis heute ist diese Ehrung 21.310 Personen aus aller Welt zuteil geworden, teilweise noch nach ihrem Tod.
In Jerusalem gibt es einen „Garten der Gerechten“, wo man früher jedem Geehrten einen Baum gepflanzt hat. Unter den Bäumen ist ein kleines Schild angebracht, auf dem der Name des „Gerechten“ steht.

Mittlerweile sind es so viele geworden, dass man die Pflanzungen ausgesetzt hat. Aber noch immer wird gefahndet nach solchen Vorbildern der Humanität und der Nächstenliebe. Manche von ihnen sind populär, viele aber sind völlig unbekannt geblieben.

- ❒ Am bekanntesten dürfte **Oskar Schindler** sein, den Steven Spielberg in seinem Spielfilm „Schindlers Liste“ porträtiert hat. Der Unternehmer setzte sein ganzes Vermögen ein, um Nazi-Beamte zu bestechen und so das Leben der jüdischen Zwangsarbeiter in seiner Emailfabrik zu retten.

- ❒ Ältere Menschen kennen vielleicht noch den mutigen Regime-Kritiker in der ehemaligen DDR, **Robert Havemann**, der im Jahr 2006 seine Auszeichnung erhielt, weil er Mitglied der antifaschistischen Widerstandsgruppe „Europäische Union“ war. Diese hatte Juden vor der Deportation bewahrt und sich für ausländische Zwangsarbeiter eingesetzt.

- ❒ Wesentlich weniger bekannt ist bei uns der schwedische Diplomat **Raoul Wallenberg**, der als Gesandter seiner Regierung und mit Unterstützung des US-*War Refugee Board* in Ungarn Tausenden von Juden das Leben rettete oder wenigstens ihr Leid linderte. Er starb nach dem Krieg unter mysteriösen Umständen in Russland, wohin er vom dortigen Geheimdienst verschleppt worden war.

☞ Wer unter www.wikipedia.org den Titel „Gerechte unter den Völkern“ in die Suchmaske einträgt, bekommt eine aktuelle Liste der geehrten Personen. Sucht nach bekannten Personen und verfasst weitere Kurzbiografien.

☞ Wie müsste eine Ehrung für „Gerechte“ aussehen? Besprecht dies miteinander.

Israel bis zur Staatsgründung

Seit dem 19. Jahrhundert begann eine systematische Einwanderung (genannt **Aliya: „Hinaufgehen"**) nach Israel. Viele Juden wollten aus Europa wegen des aufkeimenden Antisemitismus, Nationalismus und der Verfolgungen in Russland (**Pogrome**) weg. Die meisten zog es nach Amerika. Dort entstanden große Zentren des jüdischen Lebens, beispielsweise in New York oder in der argentinischen Hauptstadt Buenos Aires. Andere gingen nach Palästina. Dieses Land war bis zum Ersten Weltkrieg unter der Herrschaft der Türken, des Osmanischen Reiches. Reiche Juden in Europa und Amerika kauften Land. Allerdings war das fruchtbare Land in den Händen arabischer Großgrundbesitzer und Bauern. Für die ersten Siedler konnte daher nur unbrauchbares Land gekauft werden. Es war entweder sandiger oder steiniger Boden, der kaum beackert werden konnte, oder Sumpfgebiete, die sie erst einmal trockenlegen mussten. So starben viele der ersten Einwanderer an Malaria. Aber die jüdische Bevölkerung in Israel, das man damals Palästina nannte, wuchs. Haifa und Tel Aviv waren frühe Zentren der jüdischen Besiedlung.

Immer stärker wuchs die Bewegung, die einen eigenen Staat für Juden suchte. Die Mitglieder dieser Bewegung nannten sich **„Zionisten"**, benannt nach dem Berg Zion vor Jerusalem. Im Jahre 1897 wurde in Basel der erste Zionistenkongress veranstaltet. **Theodor Herzl**, Kopf der Zionistenbewegung, forderte einen „Judenstaat".
1920 wurde das Territorium „Palästina" unter die Oberhoheit der Engländer gestellt. Sie wollten die jüdische Einwanderung bremsen, weil sie befürchteten, dass es zum Streit mit der arabischen Bevölkerung kommen könnte. Dennoch kamen in der Zeit zwischen 1933 und 1945 etwa 130.000 Juden ins Land, darunter etwa 55.000 deutsche Juden.
Nach 1945 blockierten die Engländer mit aller Macht die Einwanderung von Juden. Makaber war das Schicksal des Schiffes **Exodus.** Das Schiff mit vielen Flüchtlingen, die den Konzentrationslagern entkommen waren, musste vor der Küste Israels umkehren. Die Flüchtlinge wurden zurück nach Europa gebracht – ein Teil von ihnen sogar in die Lager geschickt, in denen sie zuvor gelitten hatten.
Nun kam das Problem, wohin die Juden gehen sollten, vor die Vereinten Nationen. Man beschloss die **Teilung des Landes** und stimmte 1947 dafür, dass ein Staat Israel entstehen sollte, der dann 1948 gegründet wurde. Seit 2000 Jahren gab es damit erstmals wieder einen jüdischen Staat. Sein erster Ministerpräsident hieß **David Ben Gurion**.

Foto: Ben Gurion, erster Ministerpräsident des Staates Israel, verliest am 14.5.1948 die Unabhängigkeitserklärung. Im Hintergrund: Bild von Theodor Herzl.

☞ Sucht in einem Geschichtsatlas oder im Lexikon, wie das Land damals aufgeteilt wurde. Vergleiche diese Aufteilung mit einer Karte des Staates Israel heute. Was hat sich verändert?

Entdeckungen: Jüdische Biografien

Zum Arbeiten mit Biografien:
Prinzipiell sollten zu den Basisinformationen noch eigene Recherchen in Lexika (Buch oder online) erfolgen. Es sollte recherchiert werden, ob es besondere Tage gibt, an denen man der Menschen gedenkt. Folgende Möglichkeiten der Darstellung gibt es:

- ✡ **Steckbrief:**
  Die dargebotenen Bausteine haben den Charakter eines Steckbriefes. Lernende können selbst einen solchen Steckbrief entwerfen, bei dem ein Bild oben angehängt wird.
- ✡ **Personalbögen** bieten eher stichwortartig die Möglichkeit, Episoden und Wichtiges aus dem Leben zusammenzufassen.
- ✡ **Lebenskurve:** Das Auf und Ab des Lebens einer Person kann auch in Form einer Lebenskurve gestaltet werden. Hierzu braucht man mindestens ein Din-A3-Blatt quer.
- ✡ **Lebensweg:** Mithilfe von Straßenschildern, Steinen, Blumen und weiteren Symbolen kann der Lebensweg auch symboldidaktisch ausgestaltet werden.
- ✡ **Foto-Reportage:** Aufwendiger ist diese Methode. Wenn es eine Person ist, über die es viel Bildmaterial im Internet gibt, kann man auch eine Fotoreportage oder ein Foto-Textbuch machen (wichtige Lebensstationen, Lebensthemen, Zitate mit passenden Bildern verbinden).
- ✡ **Piktogramme:** Die Lebensstationen können mit einfachen Zeichnungen (Piktogrammen) ergänzt werden, die Ereignisse im Leben der Person spiegeln.
- ✡ **Brett- und Gesellschaftsspiele:** Die Erkenntnisse können in Form von Ereigniskarten, Wissensspielformulierungen (à la „Wer wird Millionär" mit vier möglichen Antworten) formuliert werden.

Mögliches Schema zur Analyse der Biografien:

Wann und wo hat die Person gelebt? (Biografische Eckdaten)	
Was hat die Person getan?	
Wo wird der Bezug zum Judentum deutlich?	

Judith

Viele starke Frauen sind in der Hebräischen Bibel zu finden. Da gibt es Mirjam, Debora, Rut und Ester. Eine Frau aber ragt besonders heraus. Dabei ist es unerheblich, ob es eine Legendengestalt ist oder nicht. Judith gilt als Prototyp der starken Frau im Judentum.

Wir kennen sie aus einem Buch, das zu den Spätschriften der Hebräischen Bibel gehört und wohl erst 150 v. Chr. verfasst wurde. Judith ist ein weisheitlicher Roman, in dem vieles nicht historisch sein kann. Es wird auf Nebukadnezar Bezug genommen – eigentlich König von Babylon, der 587/586 v. Chr. das Land Israel eroberte und Jerusalem zerstörte. Hier ist er der König von Assyrien. Im Buch Judith scheitert diese Eroberung.

Die erzählte Geschichte kurz zusammengefasst: Der König Nebukadnezar schickt seinen Oberbefehlshaber Holofernes mit einem großen Heer gegen die Länder im Westen. Die Länder sollen bestraft werden, weil sie die Gefolgschaft gegenüber den Assyrern verweigert haben.

Nachdem Holofernes Syrien verwüstet hatte, beteten die Priester zu Gott und riefen zur Buße auf. Das Heer der Assyrer stand vor der kleinen Bergfestung Betulia, die Widerstand leistete. Als Holofernes die Wasserleitungen kappte, sank der Mut der Verteidiger. Stadtoberster Usija wollte nach fünf Tagen die Festung übergeben. Davon hörte die Witwe Judith, die das mangelnde Gottvertrauen der Verteidiger beklagte. Sie schmückte sich und ging mit einer Magd ins Lager der Assyrer. Aufgrund ihrer Schönheit wurde sie zu Holofernes geführt, den sie beeindrucken konnte. So hatte sie freien Zutritt zum Lager. Bei einem Fest zu ihren Ehren machte sie Holofernes betrunken. Als sie mit ihm alleine war, schlug sie ihm mit einem Schwert den Kopf ab und brachte diesen nach Betulia. Die Belagerten machten daraufhin einen Ausfall, und die Assyrer flohen, als sie erfuhren, dass ihr Feldherr tot war. Am Ende sang Judith ein Loblied ihrer Dankbarkeit gegenüber Gott.

Auch wenn Judith vermutlich keine historische Gestalt ist, hat ihre romanhaft dargestellte Biografie eine große Wirkung auf die Kunst und die Literatur gehabt. Sie gilt als beeindruckende Frauengestalt des Judentums und als „Heldin“.

In der Geschichte der abendländischen Kunst ist „Judith und Holofernes“ eines der am häufigsten vorkommenden Bildmotive. Schon früh wurde das Motiv in Bibeln abgedruckt (oben eine Bibel aus dem Jahr 1483). Auch im Schauspiel wurde das Motiv umgesetzt (Friedrich Hebbel). Schließlich nahm die Sängerin der Popgruppe „Wir sind Helden“ den Namen Judith Holofernes (eigentlich: Judith Holfelder von der Tann) an, um an diese Heldin der jüdischen Geschichte zu erinnern.

Jehuda Makkabi (Judas Makkabäus)

Nach dem Untergang des Südreiches Juda im Jahre 587/586 v. Chr. lag das Geschick der Juden in Palästina lange Zeit in der Hand fremder Völker: Babylonier, Perser und Griechen. Dass sie im 2. Jh. v. Chr. wieder für kurze Zeit politisch eigenständig wurden, verdankten sie vor allem einem aus dem Geschlecht der Makkabäer stammenden Priester namens Judas (hebr. Jehuda).

Bereits sein Vater Matthatias hatte eine Revolte der Juden gegen die Fremdherrschaft der Seleukiden angezettelt. Diese von Syrien aus regierenden Besatzer versuchten, ihre hellenistische, d.h. griechisch geprägte Lebensart den unterworfenen Völkern aufzuzwingen. Vor allem die Verehrung fremder Götter im Jerusalemer Heiligtum stieß auf vehementen Widerstand der toratreuen Juden, die eine Art Guerillakrieg gegen die verhassten Feinde führten.

Nach dem Tod seines Vaters gelangen Judas bei Bet Horon und Emmaus überraschende Siege gegen die seleukidischen Truppen. Nach seiner Eroberung Jerusalems reinigte er den Tempel vom hellenistischen Kult und weihte ihn neu ein, woran bis heute im Chanukka-Fest erinnert wird. Es gelang ihm freilich nie, die fremden Soldaten ganz aus der Hauptstadt zu vertreiben. Als der Seleukidenkönig Demetrios 160 v. Chr. mit einer gewaltigen Streitmacht heranrückte, um die ständigen Unruhen zu beenden, hatten die Juden nichts mehr entgegenzusetzen. Judas fiel in der Schlacht von Elasar (nördlich von Jerusalem). Die mit Judas verbündeten Römer griffen nicht in den Kampf ein.

Obwohl Judas geschlagen wurde, war sein Befreiungsversuch langfristig erfolgreich. Er selbst blieb ohne männliche Nachkommen, aber sein Bruder Jonathan sowie die Söhne seines älteren Bruders Simon setzten seinen Kampf fort und Jonathan erlangte schließlich sogar die Königswürde. Das Geschlecht der Makkabäer, die auch Hasmonäer genannt werden, regierte über Israel, bis die Römer 63 v. Chr. dem letzten jüdischen Staat in der Antike ein Ende bereiteten.

Seit dem 19. Jh. tragen unzählige jüdische Sportclubs auf der ganzen Welt den Namen Makkabi bzw. (Maccabi). Sie wollen, ganz im Geiste des Zionismus, etwas zur körperlichen Ertüchtigung der Jugend beitragen.

Nach dem Holocaust sind die Makkabäer zum Symbol des jüdischen Selbsterhaltungswillens geworden. Nie wieder sollten sich Juden wie die Lämmer zur Schlachtbank führen lassen, sondern für ihren Glauben und ihr Leben kämpfen.

Jeschua Ha-Nozri (Jesus aus Nazareth)

Jesus war Jude aus einer alten Familie. Das setzen die Ahnenreihen in den Evangelien übereinstimmend voraus. Jüdisch war auch das soziale Umfeld, in dem er aufwuchs: Glaubt man den meisten Forschern, dann ist Jesus nicht in Betlehem, sondern in Nazareth geboren worden. Jedenfalls wuchs er in dieser galiläischen Kleinstadt als Jude unter Juden auf. Wie es die Tora vorschreibt, ließen ihn seine Eltern bis zum achten Tag beschneiden (Lk 2). Nach Ablauf von 40 Tagen brachten sie ihn dann nach Jerusalem zum Tempel. Als Erstgeborener seiner Mutter Mirjam (Maria) musste er nämlich erst gegen ein Opfer „ausgelöst" werden.

Zum Bild des jungen Jesus gehört, dass er als Zwölfjähriger mit jüdischen Toragelehrten diskutiert hat. Als Wanderprediger sagt er später, er sei „nur zu den verlorenen Schafen Israels gesandt" (Mt 15, 24). Als er den Zwölferkreis der Jünger ins Leben rief, schuf er damit eine symbolische Repräsentanz des Zwölf-Stämme-Volkes Israel, um dessen Erneuerung es ihm ging. Sein Verhältnis zu den Jüngern war das eines „Rabbis" (das heißt „Mein Lehrer") zu seinen Schülern, die, wie damals üblich, mit ihrem Lehrmeister lebten.

Dass er an hohen Feiertagen öfters nach Jerusalem zum Tempel pilgerte, zeigt seine Achtung für diese wichtige religiöse Institution des damaligen Judentums. Sein aufsehenerregendes Auftreten im Tempel kurz vor seinem Tode ist nicht als Angriff auf den Opferkult zu verstehen. Auch viele Juden dieser Zeit übten Kritik an Dingen, die im Tempel geschahen, und sehnten sich nach dem „neuen, endzeitlichen Tempel".

Zentrale Glaubens- und Lebensinhalte Jesu sind gut jüdisch: Seine „Bibel" waren die Heiligen Schriften der Juden, unser Altes Testament. Die Geltung ihrer Weisungen (Tora) stellte er nie grundsätzlich in Frage, wenngleich er sie neu akzentuierte. Wenn er davon öffentlich oder im Kreise seiner Jünger sprach, konnte das kontroverse Diskussionen hervorrufen. Aber das Judentum seiner Zeit war von einer unerschöpflichen Vielfalt. Da fielen die Thesen des Rabbis aus Nazareth kaum aus dem Rahmen des Üblichen. Viele Streitgespräche mit den Pharisäern wurden ihm von den Evangelisten erst nach seinem Tod in den Mund gelegt. Er selbst war stets mit ihnen einig, dass die Tora je und je neu durchbuchstabiert werden musste („mündliche Tora"). Wie sie vertrat er auch die Vorstellung von einer allgemeinen Totenauferstehung am Ende der Tage.

Wie viele Juden betete Jesus dreimal täglich das Schma Israel („Höre Israel"), das auf die ausschließliche Verehrung des einen Gottes Israels abhebt. Auch das Vaterunser ist ein durch und durch jüdisches Gebet, wie ein Vergleich mit dem Kaddisch zeigt. Als er mit den Worten eines hebräischen Psalms (Psalm 22) am Kreuz verschied, hinterließ er eine Anhängerschar, die trotz seines schmachvollen Endes an dem Glauben festhielt, dass in der Person Jesu Gott den Menschen auf ganz neue Weise nahe gekommen war. Am Kreuz endet die Biografie des Juden Jesus von Nazareth. Hier beginnt zugleich die lange Geschichte des Streites zwischen Juden und Christen um seine Bedeutung.

Flavius Josephus

Flavius Josephus, jüdischer Feldherr und Geschichtsschreiber, lebte von 37–100 n. Chr. Er stammte aus einer alten jüdischen Priesterfamilie. In der Zeit nach Jesu Tod war viel Unruhe im Land. Unterschiedliche Gruppierungen stellten sich gegen die Besatzungsmacht Rom. Besonders die Zeloten, die „Eiferer", und die Sikarier, die „Dolchträger", verübten immer wieder Anschläge.

Dann kam das Jahr 66. Der Widerstand formierte sich zu einem Krieg. Die judäischen Truppen siegten. Doch dies konnten die Römer nicht dulden. Kaiser Nero schickte seinen erfahrenen Feldherren Vespasian nach Israel. Er siegte zuvor über die germanischen Stämme. Die Römer führten einen erbarmungslosen Feldzug.

Flavius Josephus war in diesem Krieg Befehlshaber der jüdischen Truppen im Norden Israels, in Galiläa. Der jüdische Feldherr Josephus entkam zwar, doch wollten sich seine Weggefährten selbst umbringen. Sie wussten: Wer den Römern in die Hände fällt, wird gekreuzigt oder versklavt.

Flavius Josephus wollte nicht sinnlos sterben und ließ sich im Jahre 67 von den Römern gefangen nehmen und wurde Berater der römischen Truppen bei der Einnahme Jerusalems. Er versuchte zu vermitteln, doch musste er im Jahre 70 mitansehen, wie der Tempel in Jerusalem verbrannte. Dann wurde Josephus von Titus, der nach der Wahl Vespasians den Feldzug fortführte, nach Rom gebracht. Dort erhielt Josephus die römischen Bürgerrechte und erhielt den Beinamen Flavius. Der Kaiser überließ ihm eine Villa und eine jährliche Geldzahlung, von der er leben konnte.

In Rom schrieb er in den Jahren 75–79 die Geschichte der Kriege seines Volkes und des großen Aufstandes auf („Der Jüdische Krieg"). Sie hatten den Zweck, sich selbst, besonders aber den Römern, zu erklären, wie es zu jener schrecklichen Katastrophe kommen konnte. Er fand am Ende nur zwei Möglichkeiten: Wer gegen die Römer nach Unabhängigkeit strebt, der stirbt. Wer sich unterwirft, der lebt. Dann fragte er sich, wie es mit dem Volk Israels weitergehen würde. Es gab keinen Staat mehr, und das geistige Zentrum, der Tempel, war zerstört.

Bis zum Jahr 94 verfasste er 20 Bücher unter dem Titel „Jüdische Altertümer". Sie sollten den Römern den Glauben und die Kultur der Juden näherbringen. So erzählt er darin auch das Alte Testament nach und endet im Jahre 66.

Später berufen sich Kirchengeschichtsschreiber auf Josephus, da er einer der wenigen war, die auch die frühe Jesusbewegung bezeugten. Nach der Erfindung des Buchdrucks waren die Werke des Flavius Josephus die meistverkauften Bücher nach der Bibel.

Schlomo Ben Jizchaki (Raschi)

Schlomo Ben Jizchaki (1040–1105), genannt Raschi, war ein jüdischer Gelehrter, Herausgeber und Kommentator des Talmud. Raschi wuchs in Frankreich, in Troyes, auf. Er stammte aus einer Familie, die Weinberge besaß. 1055 zog er nach Mainz und Worms, um zu studieren. Dort lernte er an den Jeschiwot, den Hochschulen, in denen die Tora und der Talmud beigebracht wurden. Der Vorteil dieser Schulen war das Gespräch. Nur wenn man Tora und Talmud gemeinsam bespricht, kommt Licht in dunkle Stellen. Raschi schrieb damals schon seine Erkenntnisse auf und wurde in den Studienjahren in Worms „Rabbi", „mein Lehrer", genannt. In Worms und Mainz trifft Raschi auch auf Lehrer, die überlieferte Gebote auf den Prüfstand stellten. Sie schafften die Polygamie, die Möglichkeit, mehrere Frauen zu heiraten, ab und legten ein Einspruchsrecht für Minderheiten in den Gemeinden fest. Raschi erlebt den Umbruch, bei dem der alte jüdische Glaube modernisiert wurde.

Um 1064/65 kehrte Raschi nach Troyes zurück, wo er als Winzer und Weinhändler arbeitete. Mit den Gelehrten an den Jeschiwot hielt Raschi weiterhin Briefkontakt. Wenig später gründete er um 1070 in Troyes ebenfalls eine Jeschiwa, die er mit den Gewinnen aus seinem Weinhandel finanzierte. Er lud Gelehrte und Schüler zu sich ein und begründete eine Methode, kurze und verständliche Kommentare zu schreiben. Dies machte ihn zu einem der berühmtesten jüdischen Gelehrten aller Zeiten. Selbst christliche Mönche besuchten seine Jeschiwa, und die Talmudschulen im Rheinland übernahmen seine Lehre.

In dieser Schule entstanden umfangreiche Kommentare zu den biblischen Büchern und zum Talmud. Diese Kommentare werden heute unter „Raschi-Kommentare" zusammengefasst. Sie werden heute noch wegen ihrer gründlichen und wortgetreuen Auslegung der Heiligen Schrift hoch geschätzt. Sie sind in fast jeder Talmudausgabe abgedruckt. In einem Anbau der alten Synagoge in Worms wird der Lehrstuhl Raschis gezeigt, der allerdings wohl erst aus dem 16. Jahrhundert stammt. Dort erinnert auch eine Figur an den Gelehrten (Foto).

Raschi erlebt noch eine Epoche des friedlichen, fruchtbaren Zusammenlebens von Juden und Christen. Der Bischof von Worms lud Juden in seine Stadt ein, um sie zu beleben, und König Heinrich IV. erhielt, als er vor aufständischen Fürsten fliehen musste, Hilfe von den Wormser Juden. Heinrich dankte es ihnen mit einem Zollprivileg.

Der erste Kreuzzug setzte aber dem friedlichen Leben der europäischen Juden jener Zeit ein schnelles Ende. Im Jahre 1096 hatte die Kreuzzugspredigt des Papstes zur Folge, dass ein Kreuzfahrerheer in Richtung Palästina aufbrach. Es handelte sich dabei um arme Gesellschaftsschichten, einfache Menschen wie etwa Bauern, deshalb wird vom Volkskreuzzug gesprochen. Der Kreuzzug forderte schon fern von Palästina die ersten Opfer: Juden und Muslime wurden als „Feinde des Christentums" gebrandmarkt. In den Städten am Rhein wurden etwa 12.000 Juden ermordet.

Raschi selbst blieb verschont und erfuhr im heimischen Troyes von den Massakern der Kreuzfahrer und dem Selbstmord der Juden. Als der christliche Mob sie vor die Wahl stellte, die Taufe zu akzeptieren oder zu sterben, wählten viele Juden den Tod. Viele seiner Mitstudenten kamen so ums Leben.

Mosche ben Maimon (Maimonides)

Der „Rambam", wie man ihn später nannte (abgekürzt für: Rabbi Mosche ben Maimon) war der bedeutendste jüdische Gelehrte des Mittelalters. Seine Geburt im Jahr 1138 fällt in „das Goldene Zeitalter", als Juden im muslimischen Spanien nicht nur frei ihre Religion ausüben, sondern auch gesellschaftlich bis in allerhöchste Kreise aufsteigen konnten. Seine andalusische Heimatstadt Cordoba war der Sitz einer wichtigen Talmud-Schule und sein Vater ein angesehener Rechtsgelehrter. So wuchs der junge Moses in einer Atmosphäre der Achtung vor dem jüdischen Gesetz und seiner rabbinischen Auslegung auf. Neben seiner geistlichen Bildung erhielt Maimonides auch eine solide weltliche Bildung in Philosophie, Astronomie, Mathematik und den Naturwissenschaften, die damals in der arabischen Welt eine hohe Blüte erlebten.

Die weltoffene Atmosphäre des muslimischen Spaniens endete schlagartig mit der Invasion der Almohaden, einer fanatischen islamischen Gruppierung, die alles Fremde ablehnte und die Juden vor die Alternative „Bekehrung oder Auswanderung" stellte. Nachdem die Familie des Rambam einige ruhelose Jahre in Spanien verbracht hatte, entschloss sie sich zur Flucht, die sie nach Ägypten führte (1165).

Maimonides wurde Arzt und erwarb sich einen so guten Ruf, dass ihn der Sultan zu seinem Leibarzt machte. Er litt unter einer enormen Arbeitsbelastung, die ihm kaum Zeit zum religiösen Studium ließ. Trotzdem schuf er in dieser Zeit einige Werke, die bis heute zu den Klassikern der jüdischen Literatur gehören.

In seinem 1180 erschienenen Buch „Mischne Tora" (= „Wiederholung des Gesetzes") fasste Maimonides in übersichtlicher Form den Talmud zusammen, der so umfangreich und komplex war, dass nur wenige ihn gänzlich durchdrangen. Er wollte weniger die rabbinischen Diskussionen nachzeichnen und argumentieren, als verbindlich festhalten, was in Sachen Religionsgesetz galt. Das zweite große Werk (1190 veröffentlicht) war der „Führer der Unschlüssigen" (hebr. „More Nevuchim"), der versucht, zwischen Judentum und aristotelischer Philosophie, zwischen Offenbarungsglaube und Vernunft, zu vermitteln. Hier betont der Rambam die Einheit Gottes, die es nicht zulässt, ihm positive Eigenschaften zuzuschreiben. Nur mittels der Verneinung (via negativa) lässt sich überhaupt etwas über Gott sagen. Wichtig wurde auch sein bereits 1168 abgeschlossener Mischnakommentar, der eine Zusammenfassung der 13 Glaubensgrundsätze des Judentums enthält, die bis heute Bedeutung hat.

Maimonides starb 1204 in Fustat (heute: Kairo), wo er neben seiner Tätigkeit als Arzt noch das Amt eines Vorstehers der dortigen jüdischen Gemeinde ausübte. Er wurde in Tiberias am See Genezareth inmitten rabbinischer Gelehrter beigesetzt und genießt unter Juden bis heute Anerkennung als geistliche Autorität.

Josef Süß Oppenheimer

Joseph Ben Issachar Süßkind Oppenheimer (kurz Josef Süß Oppenheimer) wurde 1698 in Heidelberg geboren. Er wuchs in einer jüdischen Kaufmannsfamilie in Heidelberg auf. Früh reiste er dabei ins Ausland (Wien, Prag, Amsterdam). Juden konnten zu dieser Zeit noch keine anderen Berufe als die im Bereich Handel oder Finanzwesen annehmen. Daher war Oppenheimer schon bald in der Pfalz als Geldverleiher und Geldeintreiber aktiv. Besonders seine Kredite an verschuldete Adlige brachten ihm den gesellschaftlichen Aufstieg, sodass er bald für die pfälzischen und Kölner Kurfürsten und ab 1732 für den Württembergischen Hof arbeitete. Als 1733 Karl Alexander Herzog von Württemberg wurde, ernannte der ihn zu seinem Finanzberater, der für eine volle Hof- und Kriegskasse sorgen sollte.

Es gab aber viele Probleme, die mit der Herrschaft Karl Alexanders (1733–1737) zusammenhingen. Württembergs Bevölkerung war vornehmlich protestantisch. Der neue Herzog trat zum katholischen Glauben über. Dazu kam, dass der zweite wichtige Mann im Land, der Finanz- und Wirtschaftsmann, ein Jude war. Oppenheimer gründete die erste Bank in Württemberg und veranstaltete Lotterien, um dem hohen Finanzbedarf seines Fürsten gerecht zu werden. Auch die Beamten besteuerte er. Er selbst gründete Manufakturen, die Tabak und Seide verarbeiteten und Porzellan herstellten. Gegen hohe Gebühren verkaufte er Handelsrechte für Salz, Leder und Wein an jüdische Händler und handelte selbst mit Edelmetallen und Edelsteinen.

Das Problem der unterschiedlichen Glaubensrichtungen, der Reformen und Steueränderungen führte zu großen Spannungen im Land. Oppenheimer gelang es zwar, die Staatskasse zu sanieren, aber sein Wohlstand und seine Geldpolitik erregten auch den Hass der Bürger und Beamten im Staat. Dann starb 1737 Herzog Karl Alexander durch einen Schlaganfall. Am selben Tag wurde Josef Oppenheimer wegen Hochverrat, Amtshandel, Bestechlichkeit, Korruption und „Schändung der protestantischen Religion und fleischlichen Umgangs mit Christinnen“ verhaftet. Ohne Beweise und Gerichtsverfahren wurde er zum Tode verurteilt. Man stellte ihn in einem Käfig zur Schau und versprach, ihn zu begnadigen, wenn er zum Christentum übertreten würde. Er lehnte ab und wurde öffentlich vor 12.000 Zuschauern hingerichtet. Vor seinem Tod sprach er das „Schma Israel“. Seine Leiche blieb sechs Jahre lang in dem Käfig zur Abschreckung zu sehen.

Josef Süß Oppenheimer gilt als Beispiel für das sogenannte Hofjudentum. Er war einer der ersten Juden, die es in Europa zu großer politischer Macht gebracht hatten. Aber die Abhängigkeit von den Fürsten und die immer noch bestehenden Vorurteile waren Probleme, die zu seinem Tode geführt haben.

Im 20. Jahrhundert entstanden unter dem Namen „Jud Süß“ ein Roman von Lion Feuchtwanger und Filme, die die Geschichte unterschiedlich interpretierten: Zum einen bauten sie das Bild eines frühen Unternehmers auf, der es aus dem Ghetto an die Spitze der Macht schaffte, zum anderen stellte man Josef Oppenheimer als raffgierigen Juden dar, dem man viele Schandtaten zutraute.

Baal Schem Tov

Israel ben Elieser, genannt Baal Schem Tov (kurz:BeSchT), wird auch „Meister des guten Namens“ genannt. Er wuchs in einem „Stetl“ in Okop (Ukraine) auf. Er gilt als Gründer und geistiger Vater der „Chassidischen Bewegung“.

Im Osten besiedelten Juden seit Jahrhunderten das Land und schafften sich eine neue Welt: das jüdische „Stetl“. Seit dem 16. Jahrhundert siedelten Juden auch in Podolien, das an der Grenze des großpolnischen Reiches lag (heute Gebiet der Ukraine). Juden lebten dort als Bauern, Handwerker, Händler, umgeben von polnischen, russischen oder ukrainischen Nachbarn. Die Juden waren eigenständig und sprachen eine eigene Sprache.

Die polnische Obrigkeit nutzte die lesekundigen jüdischen Pächter, um Steuern einzutreiben. So richtete sich bei Missernten der Zorn der Bauern gegen sie. Bauern- und Kosakenaufstände gegen den polnischen Adel gehen einher mit grausamen Übergriffen, „Pogromen“, gegen die Juden. Juden wurden zum Sündenbock und zur Zielscheibe des Hasses. Dennoch wagten die Juden immer wieder einen Neuanfang.

Über Baal Schem Tov weiß man wenig. Vermutlich studierte er die Kabbala, die jüdische Geheimlehre, und war das Oberhaupt des „Bet Midrasch“, des Lehrhauses in der kleinen Stadt Miedzyboz.

Baal Schem Tov lehrt, dass es keine Unterschiede zwischen den Juden gibt. Man soll zusammen beten und Gott loben. Er nahm sich der Sorgen seiner Mitmenschen an, die an Geister und Dämonen glaubten. So ließ er kleine Amulette herstellen, auf die er verschlüsselt den Namen Gottes schreiben ließ. Sie halfen den Menschen, sich an Gott zu wenden, wenn ihnen Böses drohte. Daher kam auch sein Name: „Baal Schem.“ Das meint: Jemand, der den „Schem“, den Namen Gottes, benutzt, um Probleme zu lösen. Und die Probleme waren Krankheiten und die Verfolgung. Schließlich entwickelten sich Wundergeschichten um ihn. Wenn er eine Andacht hielt, so soll er geschwebt haben und Funken und Licht aus seinem Körper entströmt sein.

Baal Schem Tov starb 1760 in Miedzyboz (Podolien, Schlesien). Selbst von den Nichtjuden wurde er geschätzt. Polnische Adlige nannten ihn respektvoll den „Doktor“, ukrainische Bauern sahen in ihm einen jüdischen Heiler.

Im Judentum, besonders unter den „Chassidim“ (Frommen), gilt er bis heute als wichtiger Lehrmeister. Durch die „Erzählungen der Chassidim“ von Martin Buber wurde Baal Schem Tov auch in Deutschland bekannt.

Moses Mendelssohn

Moses wurde 1729 als Sohn des Elementarlehrers und Gemeindeschreibers der jüdischen Gemeinde Mendel Heymann in Dessau geboren. Er gilt als einer der wichtigsten deutschen Philosophen und Aufklärer. Seine Muttersprache war Jiddisch. Deutsch, Latein, Französisch und Englisch eignete er sich im Selbststudium an. Mendelssohn besuchte seit 1735 die Schule. Im Herbst 1743 setzte er in Berlin seine Studien fort. Dort lernte er als „Mosche mi-Dessau“ den Talmud. Bald nannte er sich Moses Mendelssohn und wurde Hauslehrer des Seidenfabrikanten Isaak Bernhard, bei dem er sein Leben lang als Buchhalter, Geschäftsführer und schließlich als Teilhaber des Unternehmens beschäftigt war. Diese finanzielle Grundlage verschaffte ihm Luft, um sich als Philosoph einen Namen zu machen.

Die westeuropäischen Juden lebten zu jener Zeit immer noch unter unwürdigen Verhältnissen. Mittellose Juden wurden aus den Städten verwiesen. Moses war in Berlin nur geduldet, ohne jegliche Rechte, und konnte jederzeit aus der Stadt gewiesen werden.

1753 lernte er Gotthold Ephraim Lessing kennen. Sie wurden Freunde, und Lessing führte ihn in die Riege der Berliner Aufklärer und Philosophen ein. Lessing ermutigte ihn zum Schreiben und ließ seine erste Schrift veröffentlichen. Mendelssohn wurde der erste Jude, den die deutsche Öffentlichkeit als Gelehrten und Philosophen beachtete. Mendelssohn schuf einen Bestseller (Phädon) und übersetzte die hebräische Bibel ins Deutsche. Allerdings druckte man das Werk in hebräischen Buchstaben, weil viele Juden nur diese lesen konnten. Im Gegenzug war es für Moses Mendelssohn klar, dass sich die Juden befreien bzw. „emanzipieren“ mussten. So wurden jüdische Schulen gegründet, an denen Jungen und Mädchen nach modernen, pädagogischen Methoden die Lehren des Judentums, aber auch Deutsch, Französisch, Mathematik und Geschichte lernten. Der Preis dafür war hoch, denn viele Juden passten sich nicht nur kulturell, sondern auch religiös an. So traten die Kinder Mendelssohns, mit Ausnahme seines ältesten Sohnes und einer Tochter, alle zum Christentum über.

Moses Mendelssohn war noch beidem treu: Der Aufklärung und dem gesetzestreuen Judentum. In Auseinandersetzung mit dem Philosophen Johann Caspar Lavater setzte er sich öffentlich für das Judentum ein. Auch als die Schweizer Regierung Juden die Fortpflanzung verbieten, oder als man 1777 die Juden aus Dresden vertreiben wollte. In einer Zeitschrift wollten Literaten wie Lessing und Mendelssohn die aktuelle Literatur diskutieren. Der dichtende König Friedrich II. wurde von Moses Mendelssohn kritisiert, er sollte nicht nur französisch dichten. Das war für die damalige Zeit etwas Unglaubliches. 1771 bekam Moses Mendelssohn zwar eine Einladung an den Hof nach Potsdam, weil ein ausländischer Gast den Philosophen kennenlernen wollte, aber der König empfing ihn nicht. Später verhinderte Friedrich II. die Wahl Mendelssohns in die Berliner Akademie der Wissenschaften, obwohl Preußens klügste Köpfe Mendelssohn einstimmig in ihre Mitte gewählt hatten. Der König wollte aber keinen Juden in seiner Akademie. Die Demütigung traf Mendelssohn sehr.

1779 setzte Lessing seinem Freund durch das Theaterstück „Nathan der Weise“ ein Denkmal. Mendelssohn starb 1786 und wurde in Berlin beigesetzt.

Heinrich (Harry) Heine

Der Dichter Heinrich Heine ist einer der bedeutendsten deutschen Dichter. Sein Verdienst war es besonders, als Journalist der deutschen Alltagssprache in Form von Feuilletons, Essays bis hin zu Reiseberichten eine bisher nie gekannte Eleganz zu verleihen. In einer Zeit des politischen Umbruchs (Studentenunruhen und Revolution 1832–1848) galt er als einer der wichtigsten deutschen Journalisten, der wegen seiner bissigen Polemik gefürchtet war.

Denk' ich an Deutschland in der Nacht,

Dann bin ich um den Schlaf gebracht.

Diese berühmten Worte aus den „Nachtgedanken“ (1843) sind vielfach mit seiner Biografie in Verbindung gebracht worden.

Heine kam am 13.12.1797 als Harry Heine in Düsseldorf zur Welt und starb 1856 in Paris. Er wuchs als Jude auf als Sohn des Tuchhändlers Samson Heine und seiner Frau Betty. Sein Elternhaus gehörte in dieser Zeit bereits zu den assimilierten Juden.

Sein Vater gehörte zu den Juden, die der Haskala (von hebr: Sechel שכל – Verstand), der an der Aufklärung und am Bildungsbürgertum orientierten Richtung, angehörten. Man wollte besonders die Trennung von religiösem und weltlichem Bereich (Säkularisierung), die Gleichstellung der Juden aller Bürger (Emanzipation) und eine Öffnung gegenüber der modernen Welt.

1814 verließ er das Gymnasium ohne Zeugnis und wurde in Frankfurt in einem Bankhaus auf den Beruf des Händlers vorbereitet. Dort sah er die Verhältnisse in der Frankfurter Judengasse, die ihn bedrückten. 1816 ging er nach Hamburg zu seinem geschäftlich sehr erfolgreichen Onkel Salomon Heine, der den Dichter lange finanziell unterstützte. Allerdings brachte Harry Heine wenig Interesse für das Geschäft mit und schrieb lieber. Sein Onkel ermöglichte ihm schließlich das Studium in Bonn, Göttingen und Berlin. Dort lernte er die Literatur der Romantik, aber auch Anfeindungen anderer Studenten gegen Juden kennen. Als er wegen seiner Herkunft beleidigt wurde und ein Duell ausfocht, musste er die Universität Göttingen verlassen. Als er in Berlin die frommen Chassiden kennenlernte, sagte er:

„Ich habe nicht die Kraft, einen Bart zu tragen und mir Judenmauschel nachrufen zu lassen.“

Heine beendete in Göttingen das Jura-Studium und ließ sich 1825 protestantisch taufen, um seine Einstellungschancen zu erhöhen. Er hieß nun Christian Johann Heinrich, kurz Heinrich Heine. Vor seiner Familie verbarg er diesen Schritt. Allerdings hörten die Anfeindungen trotz dieser „Eintrittskarte in die europäische Kultur“, wie er es nannte, nicht auf. Der Dichter August von Platen griff Heine wegen seiner jüdischen Herkunft öffentlich an. Da der erhoffte Erfolg ausblieb, hat Heine den Übertritt zum Christentum später mehrfach bedauert. Aufgrund dieser und anderer Probleme wanderte er später nach Frankreich aus.

Theodor Herzl

Binyammin Ze´ev, genannt Theodor Herzl, wurde 1860 im damals österreichischen Budapest geboren. Er gilt als einer der wichtigsten jüdischen Schriftsteller und Politiker der Zeit. Herzl stammte aus einer jüdischen Familie, die sich stark an der deutschen Kultur und Sprache orientierte. Er studierte ab 1878 in Wien Jura. Wegen Antisemitismus verließ er eine Studentenverbindung.

1889 heiratete er und war als Journalist für die „Neue Freie Presse" (Wien) bis 1894 in Paris tätig. Dort berichtete er über die Affäre Dreyfus und war bei dessen Degradierung anwesend. Der französische Hauptmann Alfred Dreyfus sollte für die Deutschen spioniert haben. Schnell stellte sich die französische Presse gegen ihn, und es ertönte der Ruf: „A mort les Juifs! – Tod den Juden!" So wurde aus einem Prozess ohne Beweise gegen den Hauptmann der Antisemitismus, der unter den Leuten vorherrschte, öffentlich.

Die Ereignisse in Wien und Paris führten Herzl dazu, über die Zukunft der Juden in Europa nachzudenken. 1896 veröffentlichte er die Schrift „Der Judenstaat". Er folgerte aus dem Antisemitismus: „Juden brauchen einen Judenstaat. Sie können nur in einem eigenen Staat überleben." 1897 organisierte Herzl den ersten zionistischen Weltkongress in Basel. Er beginnt mit den Worten: „Wir wollen den Grundstein legen zu dem Haus, das dereinst die jüdische Nation beherbergen wird." Herzl wurde von seinen Kritikern als Spinner oder als „König Zions" verspottet, von seinen Verehrern als „Prophet Israels" gefeiert. Als Staatsmann ohne Volk und Land versuchte er, Politiker von seiner Idee eines jüdischen Staates zu überzeugen. Das Programm von Basel war Grundlage für Verhandlungen über eine „Heimstätte des jüdischen Volkes" mit Kaiser Wilhelm II. und dem türkischen Sultan, der die Oberhoheit über Israel innehatte. Gleichzeitig gründete Herzl in London eine Organisation, die Land in Israel aufkaufte. Die Engländer boten alternativ sogar Land in Ostafrika als Heimstätte an, was von den Zionisten verworfen wurde.

In seinem Roman „Altneuland" entwarf Herzl das Bild des Judenstaates, in dem auch die dort angesiedelten Araber ihren Platz hatten. „Der Judenstaat" und „Altneuland" trugen im Wesentlichen zur Gründung des neuen Staates Israel (1948) bei.

Herzl schrieb: „Bin ich meiner Zeit voraus? Sind die Leiden der Juden noch nicht groß genug? Wir werden sehen. Wenn die jetzige Generation noch zu dumpf ist, wird eine andere, höhere, bessere kommen. Die Juden, die wollen, werden ihren Staat haben, und sie werden ihn verdienen …"

Herzls Traum wurde erst knapp 50 Jahre später Wirklichkeit. 1948 wurde der Staat Israel ausgerufen. Theodor Herzl starb 1904 in Edlach (Niederösterreich). 1949 überführte man seinen Leichnam nach Israel, wo er in Jerusalem auf dem Herzl-Berg begraben liegt.

Walther Rathenau

Walther Rathenau war einer der wichtigsten Politiker und Industriellen der Zeit vor und nach dem Ersten Weltkrieg. Er wurde 1867 als Sohn des AEG-Gründers Emil Rathenau geboren. Nach seinem Studium war er bald einer der bedeutendsten Unternehmer in Berlin. Im Ersten Weltkrieg versuchte er, die Rohstoffversorgung des Reiches aufzubauen. Er leitete in den ersten Jahren die Rohstoffabteilung des Kriegsministeriums, bis er 1915 den AEG-Konzern übernahm.

Nach dem Ersten Weltkrieg machte er sich als Buchautor über Finanzsysteme und als Ratgeber bei wirtschaftspolitischen Fragen einen Namen. Er nahm an den Verhandlungen zum „Versailler Vertrag" teil, die besonders von den Rechten als Verrat an Deutschland eingeschätzt wurden. So wurden er und der ebenfalls ermordete Politiker Matthias Erzberger mit der „Dolchstoßlegende" in Verbindung gebracht. Diese besagte: Es kam nur zur Niederlage, zu diesem schmachvollen Friedensvertrag und zu den Ausgleichszahlungen, weil Politiker Deutschland verraten haben.

Rathenau engagierte sich in dieser Zeit als Außenpolitiker. Er wollte das Deutsche Reich wieder zu einer international anerkannten Größe führen. 1922 wurde er Reichsaußenminister und wollte einen Vertrag mit der Sowjetunion auf den Weg bringen, der auf heftigen Widerstand auch aus dem Ausland stieß.

Walther Rathenau war assimilierter Jude. In seiner Beschäftigung mit dem Judentum verteidigte er das Judentum als zeitgemäß und modern. Daher verfasste er sogar Streitschriften (z.B. Streitschrift vom Glauben, 1917) für das Judentum. Zunächst hatte er, wie viele deutsche Juden, Vorbehalte gegenüber den jiddisch sprechenden Chassidim aus dem Osten Europas. Er sagte: *„Seltsame Vision! Inmitten deutschen Lebens ein abgesondert fremdartiger Menschenstamm, glänzend und auffällig staffiert, von heißblütig beweglichem Gebaren. Auf märkischem Sand eine asiatische Horde." (aus: Walther Rathenau, Höre Israel, 1897)* Später legte er diese Vorbehalte ab.

Ein weiterer Ausspruch Rathenaus wurde nach dem Weltkrieg von radikalen Deutschnationalen aufgegriffen: *„Es gibt ein Komitee von 300 Leuten, die die Welt regieren, und deren Identität nur ihresgleichen bekannt ist.* Dieser Ausspruch diente auch als Beleg für die These, dass es ein „Internationales Finanzjudentum" gäbe, das die Weltherrschaft an sich reißen wolle. Besonders Hitler wies in seinen Reden immer wieder darauf hin.

Am 24. Juni 1922 wurde Rathenau von zwei Offizieren des Ersten Weltkrieges, die der rechtsradikalen „Organisation Consul" angehörten, ermordet. Die Gruppe trug offen ihre antisemitische und gegen den Versailler Vertrag gerichtete Einstellung zur Schau.

Franz Kafka

Franz Kafka gilt als einer der bedeutendsten deutschsprachigen Schriftsteller des 20. Jahrhunderts. Allerdings wären ohne seinen besten Freund Max Brod einige seiner bedeutendsten Werke wie die Romane „Der Prozeß“, „Das Schloß“ und „Amerika“ überhaupt nie veröffentlicht worden.

Kafka selbst verfügte kurz vor seinem Tod, seine ganze literarische Hinterlassenschaft „restlos und ungelesen zu verbrennen“. Dieser von seinem Freund glücklicherweise nicht beherzigte Wunsch war eine letzte Regung seiner Minderwertigkeitskomplexe, die ihn zeitlebens verfolgten. Eine der Ursachen dieser Komplexe war sicher sein übermächtiger Vater, wie ein autobiografischer, nie abgeschickter Brief aus dem Jahr 1919 deutlich zeigt. Schwierig war auch Kafkas Verhältnis zum weiblichen Geschlecht: Dreimal war er verlobt, ohne jedoch sich je dauerhaft binden zu können. „Als entwurzelter, nur auf sich gestellter Westjude“ habe er nicht das Recht zu heiraten, wie Kafka selbst nach der endgültigen Trennung von seiner langjährigen Gefährtin Felice Bauer meinte.

Der am 3. Juli 1883 in Prag geborene Sohn des jüdischen Kaufmanns Hermann Kafka und seiner Gattin Julie, geb. Löwy, war schon früh gesundheitlich angeschlagen. Immer wieder musste er sich wegen einer Lungentuberkulose schonen, war kränkelnd und körperlich angeschlagen. Auch sein beruflicher Werdegang war alles andere als erfreulich: Zwar meisterte der belesene und intelligente Knabe problemlos das Gymnasium, aber als Student zeigte er sich wenig zielstrebig. Er wechselte sein Studienfach öfter, als seinem ehrgeizigen Vater lieb sein konnte: von der Chemie über die Juristerei zur Germanistik und wieder zurück zur Rechtswissenschaft, wo er sich immerhin promovieren konnte. Sein Auskommen verdiente der zurückgezogene Junggeselle, der lange bei seinen Eltern wohnte, als Versicherungsangestellter – eine Tätigkeit, die ihn nie innerlich ausfüllte. So richtig bei der Sache war er immer erst, wenn er (meist in den späten Abendstunden) an seinen Erzählungen und Romanen arbeiten konnte. Wie bei vielen Künstlern wurde sein literarisches Genie erst nach seinem Tod erkannt.

Während sich Kafka in seiner Schulzeit als Atheist, ja als Spötter gegenüber der Religion gab, so entstand doch später ein ernsthaftes Interesse am jüdischen Glauben. Einer seiner ersten Kontakte geht auf eine ostjüdische Schauspieltruppe zurück, die er in Prag oft besuchte. Hier lernte er in popularisierter Form eine mystische Variante von Judentum kennen, die sich in vielen seiner Erzählungen niedergeschlagen hat. Von Bedeutung war sicher auch seine Bekanntschaft mit dem schon erwähnten Max Brod und Hugo Bergmann, mit denen er öfters den jüdischen Studentenverein „Bar Kochba“ besuchte. Noch in fortgeschrittenem Alter bemühte sich Kafka, Hebräisch zu lernen, um die Quellen des jüdischen Glaubens im Original studieren zu können.

Einer seiner letzten Lebensträume war es, mit seiner Freundin Dora Diamant in Tel Aviv ein kleines Restaurant zu eröffnen. Ein Traum, der sich freilich angesichts seiner fortgeschrittenen Krankheit nicht mehr erfüllen ließ. Am 3. Juni 1924 starb Franz Kafka in Berlin, wo er zuletzt äußerst ärmlich gelebt hatte.

Sigmund Freud

Der in Freiberg (Mähren, heute: Tschechische Republik) geborene Sigmund Freud (1856–1939) gilt als einer der bedeutendsten Denker des 20. Jahrhunderts. Seine Theorien zur Traumdeutung etwa sind bis heute von großer Bedeutung für die Psychoanalyse.

Die Kindheit verbrachte der Sohn eines jüdischen Wollhändlers in Wien, wo er 1873 begann, Medizin zu studieren. Sein Interesse galt schon sehr früh den seelischen Erkrankungen und solchen des Nervensystems. So erforschte Freud jahrelang in Selbstversuchen die Wirkung des Kokains auf die menschliche Psyche. Aber auch die Heilkräfte, die aus der Hypnose kommen, interessierten ihn. Je länger desto mehr reifte in ihm die Überzeugung, dass der Mensch ganz wesentlich von ihm unbewussten Kräften gelenkt wird.

Diese Erkenntnis sowie das von Freud entwickelte Modell der drei psychischen Instanzen Ich, Es und Über-Ich beeinflussten nachhaltig unser heutiges Bild vom Menschen. Berühmtheit erlangte er durch die Entwicklung der „Psychoanalyse“, die durch ungezwungene, aber zugleich zielgerichtete Gespräche frühkindliche Traumatisierungen aufzuspüren versucht. Vor allem sexuellen Fehlentwicklungen, wie dem populär gewordenen „Ödipus-Komplex“, räumte er eine große Bedeutung ein.

Obwohl Freud sich als Religionskritiker einen Namen machte, darf nicht übersehen werden, dass er der rationalen ethischen Überlieferung des Judentums großen Respekt bezeugte. Zwar stand er dem praktizierten religiösen Judentum fern, aber er verleugnete nie seine jüdische Herkunft: „Meine Eltern waren Juden, auch ich bin Jude geblieben“ – so in einem Brief von 1925. Eine Konversion zum Christentum, wie sie etliche prominente jüdische Zeitgenossen vollzogen, hielt er für charakterlos.

Freud schrieb einmal später, dass ihn seine Minderheitserfahrung als Jude stark gemacht hätte, die jahrelange Ächtung der Psychoanalyse durchzuhalten.

In theoretischen Schriften setzte er sich engagiert mit dem Antisemitismus auseinander. Seine engsten Freunde sind Juden. In vielen seiner Briefe taucht immer wieder die Nähe und produktive Auseinandersetzung mit der jüdischen Tradition auf.

Im hohen Alter wurde angesichts der drohenden Nazigefahr in Österreich seine Bereitschaft, sein Judesein zu bekennen und zu verteidigen, immer offensichtlicher. Im Juni 1938 konnte er mithilfe einflussreicher internationaler Freunde mit seiner Frau und Tochter Anna über Frankreich ins Londoner Exil fliehen, wo er ein Jahr später an Krebs starb.

Martin Buber

Martin Buber wurde 1878 in Wien geboren und verbrachte einen Großteil seiner Kindheit bei seinem Großvater Salomon Buber in Lwow (Lemberg) in Galizien. Salomon war ein großer jüdischer Gelehrter und sammelte Erzählungen der Chassidim, der frommen Juden im Osten Europas. Obwohl sie zu einer Reformgemeinde gehörten, interessierte Salomon und Martin Buber die Tradition der osteuropäischen Juden. Später gab Martin Buber die „Erzählungen der Chassidim" heraus, die bis heute eine der viel gelesenen Quellen zur jüdischen Tradition sind.

Martin Buber studierte in Wien, Leipzig, Berlin, Zürich. Früh schloss er sich der zionistischen Bewegung an.

Von 1924 bis 1933 lehrte er an der Universität Frankfurt /Main jüdische Religionsphilosophie. Mit Franz Rosenzweig (1886–1929) übersetzte er die Hebräische Bibel. Dabei ging es den beiden Gelehrten vor allem um die sprachlich genaue Übertragung des hebräischen Urtextes unter Wahrung seines vollen Bedeutungsreichtums. Erst 1961 beendete Martin Buber diese Arbeit. Die Übersetzung Bubers/Rosenzweigs gilt als eine der wichtigsten zum Verständnis der Sprache in der Hebräischen Bibel.

Zeit seines Lebens war Buber ein Vermittler zwischen der traditionellen jüdischen Welt im Osten und der westlichen wissenschaftlichen sowie der aufklärerischen Moderne.

Philosophisch legte Martin Buber einen Schwerpunkt in der Frage nach dem Dialog. Sein wichtigstes Buch hat den Titel „Ich und Du".

Es geht darin um das Verhältnis: Mensch – Gott – Mitmensch.

„Das Ich wird erst durch das Du zum Ich", so lautet einer der wichtigsten Sätze dieser Philosophie, die besonders auch die christliche Theologie nach 1945 beeinflusste.

1938 musste Buber aus Deutschland auswandern. Sein Wohnhaus in Heppenheim wurde im selben Jahr verwüstet.

Buber wirkte bis 1951 an der Hebräischen Universität in Jerusalem. Er setzte sich auch für eine Verständigung mit den Arabern ein.

Nach dem Krieg suchte er die Wiederaufnahme des Gesprächs mit deutschen Denkern und Institutionen. 1953 erhielt er dafür den „Friedenspreis des Deutschen Buchhandels".

Am 13.6.1965 starb er in Jerusalem und wurde dort beigesetzt. Bis heute wird jährlich die nach ihm benannte Buber-Rosenzweig-Medaille durch den Koordinierungsrat der Gesellschaften für Christlich-Jüdische Zusammenarbeit an Personen verliehen, die sich besonders für den christlich-jüdischen Dialog einsetzen.

Anne Frank

Anne Frank wurde am 12. Juni 1929 in Frankfurt geboren. Ihre Familie gehörte zu den Reformjuden. Nach 1933 nahm Otto Frank, der Vater von Anne, ein Angebot an, in Amsterdam eine Firma zu übernehmen. Nach dem Ausbruch des Zweiten Weltkriegs marschierten die Nationalsozialisten im Mai 1940 in Holland ein. Wie in Deutschland wurden auch hier Judengesetze eingeführt. Im Juli 1942 sollte ihre Schwester Margot in ein Arbeitslager gebracht werden. Ihr Vater hatte für einen solchen Notfall vorgesorgt und im Hinterhaus seiner Firma in der Prinsengracht 263 ein Versteck eingerichtet (etwa 50 m²). Die Tür zum Hinterhaus wurde mit einem Bücherregal verdeckt. Otto Frank hatte seine Sekräterin Miep Gies zuvor um Hilfe gebeten. Obwohl sie wusste, dass ihr die Todesstrafe drohte, wenn die versteckten Juden entdeckt würden, half sie in den nächsten Jahren mit ihrem Mann Jan Gies und Ottos Mitarbeitern Kugler und Kleimann. Auch Ottos Geschäftspartner Hermann van Pels mit seiner Frau Auguste und dem 16-jährigen Sohn Peter und schließlich Mieps Zahnarzt Fritz Pfeffer suchten Unterschlupf. Sie lebten etwas länger als zwei Jahre im Hinterhaus.

Die angespannte Atmosphäre im Hinterhaus, wo die Versteckten in ständiger Angst und Ungewissheit lebten, führte immer wieder zu Unruhe und Spannungen. Für Anne war es besonders schwierig, weil sie ausgerechnet zu Beginn ihrer Jugend mit ihren Eltern eingesperrt war und sich diszipliniert und angepasst verhalten musste. Um sich die Zeit zu vertreiben und ihre Gefühle besser verarbeiten zu können, schrieb sie ihr Tagebuch. Sie vertraute ihrer „Freundin" ihre Gedanken an. Allerdings ist über ihre Ausübung der jüdischen Religion wenig zu erfahren, außer dass man im Versteck auch einige der Festtage hielt. Aus dem Tagebuch geht auch hervor, dass Anne über die Deportationen und das auf Juden ausgesetzte Kopfgeld Bescheid wusste. Das Versteck wurde verraten. Nationalsozialisten erschienen am 4. August 1944 in der Prinsengracht, nachdem ein Anruf bei der Gestapo eingegangen war. Miep Gies sammelte die auf dem Boden verstreuten Blätter mit Annes Aufzeichnungen und verwahrte sie in einer Schublade, um sie nach dem Krieg an Anne oder ihren Vater zurückzugeben.

Im September 1944 fuhr der letzte Zug nach Auschwitz, wo er drei Tage später ankam. Anne war 15 Jahre alt. Sie musste die demütigende Prozedur mit Ausziehen, Rasur und dem Einbrennen einer Nummer auf ihrem Arm über sich ergehen lassen. Tagsüber musste sie harte Arbeit verrichten und nachts in überfüllten Baracken frieren. Die anderen Häftlinge beschrieben sie als stark oder introvertiert. Ihre Sehnsucht und ihr Lebenswille erwiesen sich als treibende Kraft. Dennoch konnte sie den Krankheiten, die wegen der katastrophalen hygienischen Bedingungen im Lager grassierten, nicht entfliehen. Da die Alliierten immer näherrückten, wurden Anne und Margot nach Bergen-Belsen verlegt, wo eine Typhus-Epidemie ausbrach, bei der die beiden Frauen starben. Einzig Otto Frank überlebte und errichtete am 3. Mai 1957 die Anne Frank Foundation, um das Haus in der Prinsengracht 263 vor dem Verfall zu retten und es der Öffentlichkeit zugänglich zu machen. Dort werden neben dem Tagebuch diverse Ausstellungen präsentiert, die verschiedene Aspekte des Holocaust und moderne Fälle von rassistischer Intoleranz dokumentieren. Das Leben und die Schriften von Anne Frank wurden in zahlreichen Büchern, Filmen und anderen Werken dokumentiert und gewürdigt.

David Ben Gurion

Das renommierte *Time Magazine* kürte ihn zu den 100 wichtigsten Persönlichkeiten des 20. Jahrhunderts, der israelische Schriftsteller Amoz Oz sah in ihm sogar so etwas wie „einen modernen König David". Tatsache ist, dass ohne David Ben Gurion Israel, und damit das Judentum, heute nicht das wäre, was es ist.

Geboren wurde er am 16.10.1886 als David Grün in Plonsk (Polen) als Sohn des Anwaltes und glühenden Zionisten Avigdor Grün. Seine Mutter Scheindel Grün verlor er bereits mit elf Jahren. Mit 17 Jahren schloss er sich der zionistischen Arbeiterbewegung an, mit 20 Jahren wanderte er bereits nach Palästina aus, das damals Teil des osmanischen Großreiches war. Als Landarbeiter und Journalist arbeitete er mit am Aufbau eines jüdischen Gemeinwesens im „Land der Väter". Unter dem Namen „Ben Gurion" führte er bereits damals die jüdische Arbeiterbewegung an.

1915 wurde er von den türkischen Behörden nach Ägypten ausgewiesen, von wo er nach New York ging. Dort lernte er seine spätere Frau Paula Munweis kennen, die ihm ein wichtiger Rückhalt in seiner Arbeit war. Kurz nach Ende des Ersten Weltkrieges 1918 kehrte Ben Gurion mit der jüdischen Legion der englischen Armee nach Palästina zurück. Dort wurde er 1921 Vorsitzender der Gewerkschaftsbewegung Histadrut, er war einer der Gründungsväter der zionistisch-sozialistischen Arbeiterpartei (Mapai), außerdem war er beteiligt am Aufbau der Haggana, des bewaffneten Armes der zionistischen Bewegung. Als die Briten 1939 die Einwanderung von jüdischen Flüchtlingen nach Palästina beschränkten, gab er seine kompromissbereite Linie auf und beteiligte sich an gewaltsamen Aktionen. Ziel seiner Aktivitäten war die Besiedlung und Urbarmachung des Landes sowie die Gründung eines jüdischen Staates.

Am 14.5.1948 verwirklichte sich endlich sein Lebenstraum: Nachdem die UN-Vollversammlung einem Teilungsplan für das Heilige Land zugestimmt hatte, rief Ben Gurion in Tel Aviv den Staat Israel aus. In seinem Tagebuch hielt er seine Gefühle fest, die angesichts der äußeren Bedrohung des neuen Staates durchaus gemischter Natur waren: „Das Land war vor Freude überwältigt. Aber wie am 29. November enthielt ich mich der Freude. Der Staat war gegründet. Unser Schicksal liegt nun in den Händen der Verteidigungskräfte." Diese Verteidigungskräfte führte Ben Gurion als Ministerpräsident und Verteidigungsminister nicht nur im Unabhängigkeitskrieg gegen die arabischen Nachbarstaaten (1948), sondern auch im Suez-Feldzug (1956) gegen Ägypten.

Für Deutschland wurde Ben Gurion wichtig durch seinen Einsatz für die Aussöhnung mit der Bundesrepublik, was 1952 in ein in Israel damals umstrittenes Wiedergutmachungsabkommen mündete. 1953 zog sich Ben Gurion vorübergehend aus der Politik zurück in den Kibbuz Sede Boker, wo er zusammen mit anderen die Negev-Wüste „zum Blühen bringen" wollte. Nach seinem politischen Comeback wurde er noch einmal Ministerpräsident und bekleidete bis ins hohe Alter wichtige Staats- und Parteiämter. 1973 starb Ben Gurion in seinem Kibbuz, wo er auch begraben liegt. Eine Hochschule und der wichtigste Flughafen Israels in Tel Aviv tragen heute seinen Namen.

Hannah Arendt

Eine genaue Einordnung Hannah Arendts fällt schwer. Sie pendelte zwischen Philosophie, Geschichts- und Politikwissenschaft hin und her. Auch lässt sie sich keiner der großen Geistesströmungen zuordnen, was vielleicht der Grund dafür ist, dass ihre wahre Bedeutung so spät entdeckt wurde. Sie gilt heute „als eine der kreativsten und anregendsten Persönlichkeiten des westlichen Kulturkreises" (Kurt Sontheimer).

Hannah Arendt ist 1906 in Hannover geboren, aber dann in Königsberg, der Hauptstadt Ostpreußens (heute russisch), aufgewachsen. Ihre Eltern gehörten zur assimilierten, d.h. an die deutsche Mehrheitskultur angepassten jüdischen Oberschicht. Ihren Vater verlor sie schon mit sieben Jahren. Mit viel Mühe konnte ihre Mutter ihr eine solide Bildung zuteil werden lassen. Nach einem glänzenden Abitur studierte sie in Marburg, Freiburg und Heidelberg Philosophie, Altgriechisch und evangelische Theologie. Dabei beeindruckte sie besonders die Philosophie Martin Heideggers, mit dem sie als Studentin auch eine kurze Affäre hatte. Am Beispiel dieses Denkers bekam Arendt schmerzlich vor Augen geführt, wie anfällig die geistigen Eliten Deutschlands für den heraufziehenden Nationalsozialismus waren. Es war diese Verführbarkeit des Menschen für totalitäre Ideen, an der sie sich Zeit ihres Lebens abarbeitete.

Politisch kritischer war ihr Doktorvater, der Philosoph Karl Jaspers, bei dem sie sich mit gerade einmal 22 Jahren mit einer Arbeit über den Kirchenvater Augustin promovieren konnte. Danach beschäftigte sie sich ausführlich mit dem Leben der jüdischen Außenseiterin Rahel Varnhagen, das ihr deutlich machte, dass sein Glück nur findet, wer trotz Anfeindungen zu sich selbst steht. Diese Standfestigkeit war auch sehr bald vonnöten, denn die frisch verheiratete Hannah Arendt musste schon wenige Monate nach der Machtergreifung Hitlers ins Ausland fliehen. Mit knapper Not kam sie über Umwege nach Paris und 1941 dann nach New York. Hier lebte sie bis zu ihrem Lebensende als hoch geachtete Wissenschaftlerin und Publizistin.

Das erste Buch, das Hannah Arendt in der neuen Heimat schrieb, beschäftigte sich mit den Ursprüngen totaler Herrschaft (1951), die im 20. Jahrhundert in bisher nicht gekannter Form alle menschlichen Werte und Maßstäbe zerstört hatte. Ihr eigenes Schicksal, aber auch gründliches Nachdenken führte sie zu der Überzeugung, dass Freiheit keine Selbstverständlichkeit ist, sondern immer wieder neu erkämpft und durch politische Institutionen abgesichert werden muss. Neben diesem Werk erregten besonders ihre Reportagen Aufsehen, die sie über den Prozess gegen Adolf Eichmann, Hitlers Beauftragten zur „Endlösung der Judenfrage", schrieb. Es war die „Banalität des Bösen", die „Dummheit" und „schiere Gedankenlosigkeit", die sie zutiefst schockierte.

Das geistige Ringen von Hannah Arendt ist nicht ohne ihre jüdischen Wurzeln zu verstehen, die sie nie verleugnete. In ihrer Pariser Zeit engagierte sie sich für den Zionismus, den sie allerdings später als zu nationalistisch kritisierte. Ihr Außenseiter-Status, ihr Paria-Dasein, wie sie es nannte, war aber nicht nur Last, sondern erlaubte ihr eine gewisse Unabhängigkeit im Denken und Urteilen. Sie ging nicht mit der Masse, schwamm nicht mit dem Strom. Das machte sie zu einer moralischen Instanz in Europa wie in den USA, wo sie 1975 einem Herzinfarkt erlag.

Steven Spielberg

Steven Spielberg wurde 1946 in Cincinnati, Ohio, in einem jüdischen Elternhaus geboren. Heute ist er einer der erfolgreichsten Produzenten, Regisseure und Drehbuchautoren und einer der reichsten Menschen weltweit.

Schon früh schenkte ihm sein Vater eine kleine Kamera. Damit gewann er schon mit 13 Jahren seinen ersten Filmwettbewerb. Bereits mit 22 Jahren bekam er, kurz nach seinem Studium, einen Vertrag von „Universal Pictures“. Sein zweiter Kinofilm „Der weiße Hai“ brach 1975 alle bisher aufgestellten Rekorde. Es folgten Kinohits wie „ET“, „Indiana Jones“, „Jurassic Park“ und „Der Soldat James Ryan“.

Mit seiner jüdischen Herkunft setzte er sich zunächst versteckt und dann später in einem aufsehenerregenden Film auseinander.

Seine Eltern, Arnold Spielberg und Leah Poshner, waren Nachfahren von Juden, die aus Russland fliehen mussten, als man die jüdische Minderheit im Lande verfolgte. Im Zeichentrickfilm „Feivel – der Mauswanderer“ wird von Spielberg diese Geschichte seiner Vorfahren verarbeitet. Besonders die Pogrome gegen Juden im 19. und 20. Jahrhundert führten dazu, dass aus den großen jüdischen Siedlungsgebieten in Russland und der Ukraine unzählige Menschen nach Nord- und Südamerika, aber auch nach Israel auswanderten.

Spät entschied sich Spielberg dann auch, das zweite wichtige Kapitel der Verfolgungsgeschichte jüngerer Zeit aufzuarbeiten. Sein Film „Schindlers Liste“ erregte Aufsehen und überzeugte schließlich auch die Filmkritiker: Er erhielt sieben Oscars (u.a. in den Kategorien „bester Film“ und „Regie“).

Der Film greift mehrere Themen auf: Leben der Juden im Osten Europas, Judenverfolgung und Leben im Ghetto, Massenermordung und die Verhältnisse in den Konzentrationslagern, aber auch das Thema „Gerechte unter den Völkern“, die Juden in dieser Zeit vor dem Tode bewahrt hatten. Einer davon war der Industrielle Oskar Schindler, dessen Grab in Jerusalem zu finden ist.

1994 wird auf Spielbergs Initiative die „Shoah-Foundation“ (Survivors of the shoa visual history foundation) gegründet. Diese gemeinnützige Organisation sammelt und archiviert die Aussagen von Überlebenden der Schoa und bereitet sie zu Bildungszwecken auf. Auch in Deutschland wurden Schulen mit dem Medienpaket der Shoah-Foundation versorgt. 1998 wurde er für sein Engagement in Deutschland mit dem „Großen Bundesverdienstorden mit Stern“ ausgezeichnet.

Allerdings setzte sich Spielberg auch mit Themen auseinander, die besonders in Israel auf Kritik stießen. So ist sein Film „München“ (2006) über die Aktivitäten des israelischen Geheimdienstes Mossad nach dem palästinensischen Angriff auf die israelischen Sportler bei den Olympischen Spielen 1972 umstritten.

Marcel Reich-Ranicki

Marcel Reich-Ranicki wurde 1920 in der polnischen Kleinstadt Wloclawek an der Weichsel geboren. Sein Vater sprach polnisch, seine Mutter deutsch. Beide Eltern waren Juden, die an Sabbat und hohen Feiertagen regelmäßig die Synagoge besuchten. Obwohl der Literaturkritiker sich später von der jüdischen Religion distanzierte, setzte er sich gegen Judenfeindschaft und für jüdische Institutionen ein.

Nach dem geschäftlichen Bankrott seines Vaters 1929 zog Marcel Reich zusammen mit seinen Eltern nach Berlin, ins „Land der Kultur“, wie seine Grundschullehrerin damals sagte. Dort waren 1933 die Nazis an die Macht gekommen. 1938 bestand Reich zwar das Abitur, durfte aber als Jude nicht studieren. Noch im selben Jahr wurde seine Familie nach Polen deportiert. Als im September 1939 Deutschland Polen überfiel, verschlimmerte sich die Lage der Reichs. Einmal wurde der junge Marcel von einem Soldaten grundlos zusammengeschlagen. Ende 1940 wurden die über 400.000 Juden Warschaus in ein Ghetto zusammengepfercht. Wegen seiner guten Deutschkenntnisse arbeitete Reich damals für die jüdische Kultusgemeinde („Judenrat“), die mit den deutschen Besatzern Verhandlungen führen musste. Zusammen mit seiner Frau Teofila, die er im Ghetto kennengelernt und 1942 geheiratet hatte, gelang Marcel Reich die Flucht. Sie hielten sich bei einem polnischen Schriftsetzer in einem Vorort Warschaus versteckt, bis die russische Rote Armee 1944 endlich Polen von der Naziherrschaft befreite. Seine Eltern starben nach der gewaltsamen Auflösung des Ghettos in den Gaskammern von Treblinka.

Nach dem Krieg trat Reich der kommunistischen Arbeiterpartei bei, bei der er zunächst Karriere machte als Mitarbeiter der Zensurbehörde und des Auslandsgeheimdienstes. Als er 1948 Chef des polnischen Generalkonsulats in London wurde, legte er sich den Doppelnamen Reich-Ranicki zu, den er noch heute trägt. Zum Zerwürfnis mit der Partei kam es, weil der junge Diplomat sich über die antisemitische Haltung der Partei beschwerte. Er wurde daraufhin ausgeschlossen und vorübergehend inhaftiert, fand dann aber wieder eine Anstellung als Lektor bei einem polnischen Verlag. Seit dieser Zeit widmete er sich ganz der deutschen Literatur – eine Passion, die auf seine Schulzeit zurückgeht.

Von einer Reise 1958 von Warschau nach Deutschland kehrte er nicht mehr in seine alte Heimat zurück. Er fasste im Westen sehr schnell Fuß und publizierte bei so renommierten Zeitungen wie der „Frankfurter Allgemeinen Zeitung“ oder „Die Zeit“. Einer breiten deutschen Öffentlichkeit wurde der Schriftsteller und Literaturkritiker durch das „literarische Quartett“ bekannt. In dieser Kultursendung beeindruckte Reich-Ranicki durch sein unerbittliches Nachhaken, seine Zuspitzungen und seine unverblümte Direktheit, die ihm nicht immer nur Freunde eintrug. Nicht nur im Fernsehen, sondern auch an zahllosen Universitäten vermittelte Reich-Ranicki, der selbst am liebsten Thomas Mann und Goethe mag, deutsche Literatur. Sein gerolltes „R“, sein Lispeln, sein wildes Gestikulieren reizte immer wieder Karikaturisten und Imitatoren, das Original aber bleibt bis heute unerreicht.

Mit seiner Autobiografie „Mein Leben“, 1999 erschienen, gelang dem Kritiker selbst ein Bestseller, der sich als ein bewegtes Stück deutsch-jüdische Zeitgeschichte lesen lässt.

Wege der Orientierung

Beispiele aktueller Themen

Das Rätsel Judentum	Der Tübinger Theologe Hans Küng stellt sich die Frage, was „Judentum" eigentlich sei – Staat, Volk, Sprach- oder Religionsgemeinschaft?	✡	123
Strömungen im Judentum heute	Kurzer Überblick über die wichtigsten Strömungen im Judentum.	✡✡	124 – 125
Sie sind wieder da – Juden in Deutschland	Das Anwachsen der jüdischen Gemeinden in Deutschland führt zu der Frage nach der „Normalität" des Verhältnisses angesichts der Schoa. Dies thematisiert auch die Rede von Charlotte Knobloch vom 9.11.2006.	✡✡	126
„Wir Russen"	Der Text von Lena Gorelik beleuchtet die Zuwanderung russischer Juden nach Deutschland, die auch das Gefüge der jüdischen Gemeinden neu ordnet.	✡	127
Jung und jüdisch	Aussagen von jüdischen Jugendlichen werden hier zusammengetragen. Im Internet können die Jugendlichen selbst weitere Aussagen junger Juden in Deutschland suchen.	✡	128 – 129
Jüdische Ethik – Halacha	Die beiden einführenden Texte zeigen Grundfragen jüdischer Ethik in Auseinandersetzung mit der Halacha. Konkretisiert wird dies an den Beispielen: **Profit um jeden Preis? (Jüdische Wirtschaftsethik), Leben um jeden Preis (Jüdische Medizinethik), Zusammenleben um jeden Preis?** und **Was zählt am Ende?** zeigt schließlich die eschatologische Perspektive der jüdischen Ethik auf.	✡ ✡✡	130 – 135
Die jüdische Frau heute	Die Frau im Judentum hat eine besondere Rolle. In den unterschiedlichen Richtungen wird ihre Rolle je anders verstanden.	✡✡	136
„Alles auf Zucker"	Der Film „Alles auf Zucker" beschreibt auf witzige Weise das jüdische Leben in Deutschland heute. Hier können säkulares und orthodoxes Judentum, jüdische Riten und jüdischer Witz aufgearbeitet werden. Materialien zum Film gibt es bei der Bundeszentrale für politische Bildung (www.bpb.de/publikationen).	✡✡	137
Klezmer – mehr als Folklore	Klezmer-Musik ist spätestens seit den 1980er Jahren ein Trend in der Musikszene, der sich etabliert hat. Dabei ist Klezmer mehr als nur jüdische Folklore.	✡	138
Matisyahu – orthodoxer Beatboxer	Matisyahu ist eine auffällige Gestalt der Popszene. Der Chassid und „Beatboxer" bietet äußerlich und musikalisch Anlass zum Gespräch. Lernende können sich seine Lieder leicht herunterladen, präsentieren und diskutieren.	✡	139
Jüdischer Humor	Jüdische Komiker zählen zu den Besten. Tiefgründig, wehmütig und manchmal auch etwas „schwarz" ist der jüdische Humor.	✡	140

Konflikt um das Land Israel

„Israel" und „Palästina"	Die kurze Geschichte des Staates Israel seit der Staatengründung führt in den Israel-Palästina-Konflikt ein. Der schematische Überblick ergänzt die Informationen zum Konflikt um das Land Israel.	✡✡	141 – 142
Konflikt um das Land Israel	Hier werden die Argumente der beiden Seiten gegenübergestellt. So kann auch eine Diskussion über den Konflikt erfolgen.	✡✡	143
Israel – Echo der Ewigkeit	Der Text von Abraham Heschel zeigt auf, warum nach all den Jahrhunderten das Land Israel immer noch Ort der Sehnsucht und Hoffnung ist. Die Stellung des „Heiligen Landes" kann die Hintergründe des Konfliktes näher beleuchten.	✡✡✡	144
Arabischer Antisemitismus	Über Satellit kommen arabische Fernsehkanäle in die Wohnzimmer deutscher Muslime. Besonders der Fernsehsender der Hisbollah strahlt offen antisemitische Sendungen aus. Der Text gibt einen Einblick in den arabischen Antisemitismus.	✡✡	145

Antisemitismus und Aufarbeitung der Schoa

Immer noch nicht vorbei?	Aktuelle Beispiele veranschaulichen, wie heute noch Judenfeindschaft bei uns vorkommt.	✡	146
Formen der Judenfeindschaft	Der Überblick hilft, sprachlich und historisch die Formen der Judenfeindschaft auf den Punkt zu bringen.	✡✡	147

Ein ganz gewöhnlicher Jude	Der Autor des Ein-Personen-Stücks lässt seine Hauptfigur ein Ablehnungsschreiben formulieren, in einer Schulklasse über sein „Jude-Sein“ zu sprechen. Das Stück gibt es inzwischen auf DVD.	✡✡	148
Einschätzung des Holocaust	Es wird die Diskussion über den Stellenwert bzw. die Einzigartigkeit des Holocaust angeregt. Hierzu helfen die Beobachtungsaufgaben, aber auch die Thesen von Goldhagen, der die Frage nach dem „Tätervolk“ aufwirft.	✡✡✡	149
Jude sein nach Auschwitz?	Eli Wiesel und Michael Wyschogrod formulieren die Frage nach dem „Warum“ des Holocaust auf je ihre eigene Weise. Die provokativen Thesen von Imre Kertész, Theodor Adorno, Ezer Weizmann, Eli Wiesel sind als Diskussionsgrundlage gedacht.	✡✡✡	150 – 151
Cohn-Bendit: Als Jude hier?	Daniel Cohn-Bendit schreibt hier engagiert als Reaktion auf eine Rede von Ezer Weizmann, warum er, trotz der Schoa, als Jude in Deutschland lebt.	✡✡	152
Stolpersteine	„Stolpersteine“ ist eine Aktion, die in vielen Städten läuft. Infos unter www.stolpersteine.com.	✡	153
Erinnerung – Geheimnis der Erlösung?	Die Texte von Richard von Weizsäcker und Charles Lewinski regen an, über das Thema „Vergangenheitsbewältigung“ nachzudenken.	✡✡	154

Dialog

Kirche und Synagoge	In der Geschichte der Theologie gibt es unterschiedliche Deutungen des Verhältnisses zwischen Israel und Kirche. Dem liegt auch eine Entwicklung der Entfremdung zugrunde, die hier dargestellt wird.	✡✡	155
Israel – das erwählte Volk?	Die Quellentexte bieten die Möglichkeit, sich mit der Frage der „Erwählung Israels“ auseinanderzusetzen.	✡✡✡	156
Die Frage nach Gott	Die Frage nach Gott führt zur Frage nach der Ernsthaftigkeit des Monotheismus und der Rolle von Jesus Christus für die Christen.	✡✡	157
Messias-erwartung	Die unterschiedliche Messiaserwartung ist seit dem Urchristentum der wesentliche Streitpunkt zwischen Juden und Christen. Der Text von Hans Reichrath versucht hier eine Klärung.	✡✡✡	158
Tora und Gnade (Paulus)	Um Paulus und seinen Umgang mit dem Begriff „Gesetz“ gibt es immer wieder Auseinandersetzungen. M. Wyschogrod zeigt die Bedenken gegen Paulus auf.	✡✡✡	159
Jesus aus jüdischer Sicht	Von jüdischen Schriftstellern und Theologen wird Jesus als „Bruder“ dargestellt.	✡✡	160
Das Verhältnis neu denken	Die Erklärung der Synode der Evangelischen Kirche im Rheinland gilt vielen als wegweisend für ein neues Verhältnis zwischen Juden und Christen.	✡✡	161
Dabru Emet – Redet Wahrheit	Jüdische Antwort auf die christlichen Erklärungen hinsichtlich des Verhältnisses von Juden und Christen.	✡✡	162
Einen anderen G´tt?	Der Text eines jüdischen Mädchens stellt die Frage nach Gemeinsamkeiten und Besonderheiten im Miteinander zwischen Juden und Christen.	✡	163
Schalom	Schalom ist ein Gruß und eine Vision zugleich. Zum Abschluss soll die Frage nach Frieden und Versöhnung miteinander besprochen werden.	✡	164
Ein gemeinsamer Weg	Viele Gruppen kümmern sich in Deutschland um das Verhältnis zwischen Christen und Juden. Die Schüler sollen über diese Gruppe und deren Grundfragen etwas in Erfahrung bringen und ein gemeinsames Zeichen entwickeln.	✡	165
„Nicht du trägst die Wurzel ...“	Röm 11 ist für den christlich-jüdischen Dialog eine wichtige Passage. Besonders Röm 11, 18 lässt sich auch kreativ umsetzen.	✡	166

Spiel

Reise durch die Welt des Judentums	Anhand eines Spiels, das als Brettspiel oder als einfaches Quizspiel (Regeln wie „Wer wird Millionär“) gespielt werden kann, werden die wichtigsten Informationen zum Judentum in multiple-choice-Fragen wiederholt.	✡	167 – 172

Das Rätsel Judentum

„Das Judentum – eine der ältesten Religionen unseres Globus, die trotz aller unbeschreiblichen Verfolgungen sich bis auf den heutigen Tag lebendig erhalten konnte – ist eine Religion von ganz eigener Kraft, Wärme und Menschlichkeit.
Ja, welch immer noch rätselhafte, eigenartige Erscheinung der Religions- und Weltgeschichte – für andere und sich – ist doch dieses Judentum! …
Was ist dieses Judentum, über das die Juden selber am allermeisten rätseln und das in seiner langen Geschichte ein Teil der assyrischen, babylonischen, persischen, griechischen, römischen und schließlich christlichen Welt gewesen ist und dabei über die ganze Erde zerstreut wurde?

✡ **Ein Staat** und doch keiner! Warum nicht? Weil seit dem Babylonischen Exil (586 v. Chr.) ein Großteil und seit dem 2. Jahrhundert nach Chr. bis heute sogar der weitaus größere Teil der Juden außerhalb des „Heiligen Landes“ lebt …

✡ **Ein Volk** und doch keines! Warum nicht? Weil dieses Volk wie kein anderes eine internationale Größe ist.
Zahllose Juden fühlen sich politisch und kulturell als Amerikaner, Engländer, Franzosen, auch Deutsche und keinesfalls als „Auslandsisraelis“.

✡ **Eine Rasse** und doch keine! Warum nicht? Weil schon seit spätrömischer Zeit Menschen aus allen möglichen Stämmen und Völkern durch Heirat oder Konversion (= Übertritt) Juden geworden sind.
Manche Ostjuden etwa stammen vom Turkvolk der Chasaren und wieder andere von den schwarzen Falaschas in Äthiopien ab. Das heutige Israel ist so ein offensichtlich vielrassiger Staat geworden mit Menschen aller möglichen Haut-, Haar- und Augenfarben.

✡ **Eine Sprachgemeinschaft** und doch keine! Warum nicht? Weil das Judentum weder eine allen gemeinsame Kultur noch eine allen gemeinsame Sprache kennt; viele Juden können kein Hebräisch oder Jiddisch.

✡ **Eine Religionsgemeinschaft** und doch keine! Warum nicht? Weil nicht wenige Juden – auch in Israel – nicht an Gott glauben und behaupten, ihr Judentum hätte mit Religion nichts zu tun; andere sind zwar religiös, lehnen aber die Beachtung der Halacha, des jüdischen Religionsgesetzes, für sich ab …

✡ Das Judentum ist die **rätselhafte Schicksalsgemeinschaft** all derer, die, wo und wie auch immer, ihre Abstammung auf Jakob, Israel genannt, zurückführen, juristisch genauer: die eine jüdische Mutter haben oder zum Judentum konvertiert sind. Ob sie nun dieselbe Sprache, Kultur, Rasse haben oder nicht: Sie haben dasselbe Geschick. Sie bilden eine Schicksalsgemeinschaft, die (ob von den einzelnen Gliedern bejaht, ignoriert oder geleugnet) durch eine über 3000-jährige Geschichte, durch Jahrhunderte des Friedens und Jahrhunderte der Verfolgung, ja der Ausrottung hindurch bis heute eine unerhörte, unvergleichliche, bewundernswerte Durchhaltekraft bewiesen hat. Dieses Durchhalten unter schwersten Bedingungen durch 3000 Jahre: Ist nicht gerade dies das bleibende Rätsel dieser Gemeinschaft?“

Auszug aus: Hans Küng, Das Judentum. © 1991 Piper Verlag GmbH, München. S. 44–46

☞ Besprecht die genannten Begriffe und klärt die unterschiedliche Bedeutung.
☞ Klärt miteinander, was „das Judentum“ für euch am ehesten ist.

Strömungen im Judentum heute

Das Judentum ist mit rund 14 Mio. Gläubigen die kleinste der bekannten Weltreligionen. In historischer und kultureller Hinsicht ist es jedoch von großer Bedeutung.
Es gibt im heutigen Judentum eine Vielfalt von Strömungen, die auf das 18. und 19. Jahrhundert zurückgehen. Damals stand man vor der schwierigen Aufgabe, die jüdische Tradition mit den Herausforderungen des modernen Lebens in Einklang zu bringen. Dabei war besonders die Frage umstritten, ob das Religionsgesetz einen zeitlos gültigen Maßstab darstellt oder ob es, wie andere Normen auch, dem geschichtlichen Wandel unterworfen ist.

Land	Anzahl der jüdischen Bürger
Israel	Einwohner ca. 6,6 Mio, davon ca. 5,4 Mio. Juden
USA	ca. 5,7 Mio., davon in New York rund 2 Mio.
Frankreich	ca. 520.000, davon in Paris ca. 310.000
Kanada	ca. 365.000
Groß-britannien	ca. 275.000
Argen-tinien	ca. 195.000
Deutsch-land	ca. 105.000 davon in Berlin ca. 15.000

Zahlenangaben (2006) nach: www.goruma.de/religionen/judentum.html

Liberales oder Reformjudentum

Im liberalen Judentum versteht man Gottes Offenbarung, d.h. das, was Gott mitteilt, als fortschreitenden Prozess. Sie ist keine für allemal festgelegte Wahrheit. So soll das Glaubenserbe bewahrt und es in Auseinandersetzung mit der jeweiligen Gegenwartskultur weiterentwickelt werden. Das jüdische Gesetz wird daher locker gehandhabt. Jedes Gemeindemitglied muss selbst entscheiden, wie weit seine Beachtung der Tora geht. Die rituellen Vorschriften wie etwa die Speisegebote treten meist zugunsten der ethischen Gebote zurück.
Die liberalen Synagogen heißen „Tempel", um deutlich zu machen, dass der Jerusalemer Tempel endgültig ausgedient hat. Männer und Frauen sitzen im Gottesdienst zusammen. Die Gleichberechtigung der Frau ist stärker umgesetzt als in anderen Strömungen. So können auch Mädchen als „Bat Mitzwa" mit zwölf Jahren ihre Religionsmündigkeit wie Jungen feiern. Frauen zählen als vollgültige Gemeindemitglieder zum „Minjan". In den Reformsynagogen werden Rabbinerinnen ordiniert. Während in traditionellen Synagogen nur gesungen wird, hat in der liberalen Liturgie auch Instrumentalmusik ihren Platz. Modernisiert wurden auch viele Gebete, wo sie dem heutigen Empfinden nicht mehr zu entsprechen schienen. Zahlenmäßig sind die liberalen Juden heute weltweit in der Mehrheit. Während sie in Israel nur eine kleine Minderheit darstellen, sind sie in Nordamerika klar dominierend. Bis zur Shoa waren auch in Deutschland die meisten Gemeinden liberal. Heute hingegen gibt es nur in wenigen Städten wie Frankfurt, München oder Köln wieder liberale Gemeinden.

Konservatives Judentum

Auch die „Konservativen“ öffnen sich der Moderne. Aber einige der von den Liberalen eingeführten Neuerungen wie etwa die Verlegung des Sabbatgottesdienstes auf den Sonntag oder die Einführung von Orgelmusik ging vielen im 19. Jh. zu weit. So entwickelte sich das konservative Judentum als eine Mittelposition. Es geht wie die Liberalen von der Wandelbarkeit jüdischer Tradition aus, in der Praxis der Tora-Beobachtung steht es der Orthodoxie deutlich näher. Man wollte auf keinen Fall die eigenen Prinzipien an den Zeitgeist bzw. die Mehrheitskultur anpassen. Andererseits war man bereit, das traditionelle Rollenverständnis zwischen Mann und Frau zu überdenken. So gibt es in vielen Gemeinden heute Gleichberechtigung, und es werden auch Rabbinerinnen angestellt.
Diese Mittelposition wird als „Masorti“ (hebr.: „traditionell“) bezeichnet. Sie geht zurück auf die „positiv-historische Schule“ von Zacharias Frankel, der in Breslau das „Jüdisch-Theologische Seminar“ leitete. In den USA gelten heute 40 % aller organisierten Juden als konservativ. Das New Yorker „Jewish Theological Seminary“ ist heute die weltweit wichtigste Ausbildungsstätte der Konservativen.

Orthodoxes Judentum

„Orthodox“ bedeutet wörtlich übersetzt eigentlich „rechtgläubig“, doch ist dieser Begriff irreführend. Den orthodoxen Juden geht es weniger um Glaubensinhalte, sondern um ein gottgefälliges Leben nach den Geboten der Tora. Dabei ist jedes Gebot gleich wichtig, egal ob sich sein Sinn dem heutigen Menschen noch erschließt oder nicht. Allein die Tatsache, dass Gott ein Gebot gegeben hat, macht sie für alle Zeiten zum unabänderlichen Maßstab des eigenen Handelns. Die Orthodoxie lässt eine Auslegung der Schrift zu – die „mündliche Tora“ gilt als Wille Gottes. Um diese Tradition über die Generationen hinweg treu weiterzugeben, bemüht man sich um die religiöse Ausbildung der Jugend. Weil Religion für die Orthodoxie im Wesentlichen Männersache ist, sind es fast nur junge Männer, die in den „Jeschivot“ genannten Lehrhäusern studieren.
Auch hier liegen die Wurzeln der Strömung im 19. Jahrhundert, wo sich orthodoxe Juden vom liberal gewordenen Mehrheitsjudentum absonderten. Solche „Austrittsgemeinden“ entstanden etwa in Frankfurt/Main und in Berlin, wo heute noch die Gemeinschaft „Adass Jisroel“ eigenständig existiert.
Orthodoxe Juden fallen im Straßenbild leicht mit ihren schwarzen Hüten und den langen Schläfenlocken auf. Aber sie machen heute nur etwa 15 % des gesamten Spektrums aus. Sie ziehen sich aber nicht aus der modernen Welt zurück, sondern nehmen oft aktiv am öffentlichen Leben teil. Ganz selbstverständlich nehmen sie Wissenschaft und Technik (z.B. Computer und Telefon) in Anspruch. Manchenorts wird auch eine stärkere Beteiligung von Frauen in der Gemeinde diskutiert. Über vorsichtige Anfänge ist man aber bislang noch nicht hinausgekommen.

☞ Worin unterscheiden sich die Richtungen, wo finden sich Gemeinsamkeiten?

☞ Welche Fragen hättest du an die jeweilige Richtung des Judentums?

☞ Im Judentum gibt es keine übergeordnete Institution, die für alle verbindliche Entscheidungen treffen kann. Welche Vorteile hat das, welche Probleme können daraus entstehen?

Sie sind wieder da – Juden in Deutschland heute

Es gibt sie wieder. Bis in die 1980er Jahre schienen die jüdischen Gemeinden in Deutschland auszusterben. Kaum jemand hatte die Verfolgung durch die Nazis in Deutschland überlebt. Nur wenige Juden waren nach 1945 zurückgekehrt. Die meisten Flüchtlinge konnten sich eine Rückkehr ins „Land der Täter“ nicht vorstellen. Sie versuchten meist in Amerika oder Israel einen Neuanfang.
Noch 1990 lebten in Deutschland nicht mehr als 30.000 Menschen jüdischen Glaubens. Dann kam die Wende: Die Länder Osteuropas öffneten ihre Grenzen, und viele Juden bemühten sich um Aufnahme im Westen. So leben heute wieder weit über 100.000 Juden in unserem Land.

Allerdings stellt die Integration der Neuankömmlinge eine große Herausforderung für die Gemeinden dar. Viele von ihnen kamen fast mittellos und ohne solide Deutschkenntnisse zu uns. Auch haben sie von ihrer Religion oft nur geringe Kenntnisse. Ihre Ausübung war in der ehemaligen Sowjetunion nicht gerne gesehen. Andererseits erhielt das jüdische Leben durch den Zuzug aus dem Osten eine spürbare Belebung. Es entstand eine vielfältige jüdische Kultur mit koscheren Läden, Cafés und Theatern. Ein Stück deutsch-jüdischer Normalität kehrt zurück – und das mehr als 60 Jahre nach dem Holocaust.

Charlotte Knobloch, die Präsidentin des Zentralrates der Juden, hielt anlässlich der Eröffnung der neuen Münchner Hauptsynagoge am Donnerstag, 9. November 2006, eine Rede:

„In Deutschland entstehen neue Orte des jüdischen Lebens. Das zeigt, dass wir Juden fest auf ein Morgen in diesem Land vertrauen. Jeder Bauherr baut für die Zukunft. So auch wir. Wer ein Haus errichtet, schenkt künftigen Generationen eine Heimstatt. So auch wir. Und nicht zuletzt gestaltet jeder Bauherr seine Gegenwart. So auch wir. Aus diesem Grund kann ich heute vor Ihnen stehen und mit großem Glücksgefühl sagen: Wir haben gebaut, wir bleiben, denn wir gehören hierher. Die jüdische Gemeinschaft hat eine neue Heimstatt gefunden und ist zurück im Herzen Münchens. Von heute an wird der 9. November nicht nur die Verbindung in die Vergangenheit sein. Von heute an stellt dieses Datum die Brücke in eine gemeinsame Zukunft dar. Heute schlagen wir ein neues Kapitel der Geschichte von Juden und Nichtjuden in dieser Stadt, in diesem Land auf. Wir wollen all das Positive, das wir in den letzten Jahren erfahren durften, zurückgeben.“

1945 schrieb der jüdische Gelehrte **Leo Baeck** in England:
„Für uns Juden aus Deutschland ist eine Geschichtsepoche zu Ende gegangen. Eine solche geht zu Ende, wenn immer eine Hoffnung, ein Glaube, eine Zuversicht endgültig zu Grabe getragen werden muss. Unser Glaube war es, dass deutscher und jüdischer Geist auf deutschem Boden sich treffen und durch ihre Vermählung ein Segen werden können. Dies war eine Illusion – die Epoche der Juden in Deutschland ist ein für allemal vorbei.“

☞ Besprecht miteinander, wie es zu den unterschiedlichen Aussagen kommen kann.

☞ Wie schätzt ihr die gegenwärtige Situation ein?

„Wir Russen“

Lena Gorelik kam 1992 mit ihrer russisch-jüdischen Familie nach Deutschland. Sie lebt heute als Schriftstellerin in München und schildert ihre Eindrücke vom Leben hier.

Achtung bitte, Trommelwirbel, Vorhang auf! Die Russen kommen! Nach Deutschland! Achtung bitte, die Russen kommen, und es sind viele. Die Russen kommen samt Anhang, sie bringen die Cousine der Großtante (dritten Grades, nicht jüdisch) und den Hund mit, außerdem kistenweise Wodka und Schweinefleisch (direkt in die jüdischen Gemeinden), und wenn sie miteinander sprechen, dann schreien sie, die Russen, sie schreien in diesem unverständlichen russischen Kauderwelsch. Sie wollen Geld, aber nicht arbeiten, sie wollen Juden sein, aber wissen nicht, was eine Bat Mitzwa ist. Sie wollen, dass die Deutschen Russisch lernen. Sie wollen, sie wollen, sie wollen. Achtung bitte, die Russen sind nun da ...

Die Russen. Sie sprechen kein Wort Deutsch, leben von Sozialhilfe, verdienen sich manchmal schwarz etwas dazu und leisten sich Urlaube an Spaniens Stränden. Jeden Sommer fahren sie nach Russland und regen sich darüber auf, dass deutsche Beamte kein Russisch sprechen. Am liebsten wäre es ihnen, jüdische Gottesdienste, falls sie welche besuchen, würden ebenfalls in russischer Sprache abgehalten werden. In die Gemeinden kommen sie nur, um mit den Landsleuten den neuesten Tratsch auszutauschen und kostenfrei zu essen. Auf die deutsche Kultur schauen sie herab. Wer lässt sich schon vergleichen mit Puschkin und Tschaikowski? Ja, so sind sie, die Russen.

Oder auch so: Russen, die früher die jüdische Religion nur aus den Geschichten der Großmutter kannten, sich aber hier dafür interessieren und sich aktiv in die Gemeinden einbringen. Sie haben Deutsch gelernt und Arbeit gefunden, mühevoll lernen sie, ihre russisch-jüdische Kultur mit der neuen deutschen zu verbinden. Vor allem die junge Generation, die ja immerhin unsere Zukunft ist, von der so viele sprechen: Diese Leute studieren, sie sind erfolgreich im Beruf; sie leben ihr russisch-deutsch-jüdisches Leben, ohne sich zu fragen, wer sie eigentlich sind. Aber auch Menschen mittleren Alters leben sich ein, integrieren sich, ohne sich zu assimilieren (das ist auch nicht nötig), nehmen am deutsch-jüdischen Leben teil und tragen dazu, manchmal auf ihre russische Weise, konstruktiv bei ...

Dabei sind sie ja noch nicht einmal Russen: In der Ex-Sowjetunion geboren und aufgewachsen, durften sie keine Russen sein. Dort waren sie Juden, hier sind sie erst zu Russen gemacht worden. In einem sowjetischen Pass gab es den „fünften Punkt“: Nach Name, Geburtstag und -ort wurde die Nationalität eingetragen. Bei den Russen, die heute in Deutschland leben, stand dort „Jude“. Man war also Jude, wenn es darum ging, in die Universität (nicht) aufgenommen zu werden, Jude, wenn es darum ging, (nicht) befördert zu werden, Jude als Lebensqualität einschränkender Störfaktor, Jude als Schimpfwort ...

Die Russen kommen als Juden, werden zu Russen, wollen vielleicht nur mal deutsch sein. Die Russen entwurzeln sich selbst, brechen auf in das Abenteuer Deutschland, suchen nach Wegen im neuen Leben. Die Jungen streben vielleicht mehr nach Anpassung, die Älteren basteln oft eher an einem Stückchen alter Heimat im fremden Land. Sie alle erfinden sich neu, als Russen, als Juden, als Fremde in einer neuen Welt. Und wenn schon? So sind sie, die Russen.

☞ Was erfährt man über „die Russen“, ihre Probleme hier in Deutschland, die Probleme damals in Russland? Mit welchen Vorurteilen haben sie hier zu kämpfen?

Jung und jüdisch

In einem Internetforum unter **www.j-comm.de** tauschen sich junge Leute über ihr Leben als Juden hier in Deutschland aus. Es werden dabei Fragen geklärt, die für diese Jugendlichen wichtig sind. Folgende „Postings“ fanden sich dort:

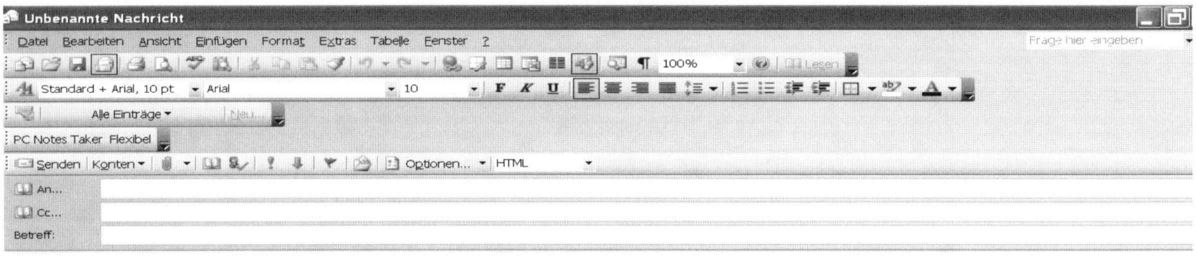

„Was bedeutet es für dich, jüdisch zu sein?“

Ich habe festgestellt, dass es mir sehr viel bedeutet, obwohl ich absolut nicht sehr religiös bin. Letzte Woche war ich das erste Mal in meinem Leben in Israel und habe mir damit einen sehr lang gehegten Traum verwirklicht. Und es war genauso, wie ich es mir vorgestellt habe. Vorher habe ich mich manchmal nach irgendwelchen antisemitischen Aktionen gefragt, wie ich hier leben kann. Diese Frage habe ich mir nach meiner Rückkehr nach Deutschland auch gestellt. Trotz aller Gefahren, die es in Israel gibt, sei es durch die Hamas oder Hisbollah oder sonst irgendetwas, habe ich mich noch nie in meinem Leben so sicher und so wohl gefühlt. Als Teil einer Gemeinschaft. Und ich war stolz, ohne dass es jetzt überheblich klingen soll, ich war wahrhaft stolz, jüdisch zu sein. Und es war ein schönes Gefühl, keine Angst zu haben.

„Hast du schon einmal verheimlicht, dass du Jude bist?“

Schwieriges Thema. In der Firma, in der ich momentan arbeite, hatten wir bis vor Kurzem einen richtigen Nazi. Er hat ständig abwertende Bemerkungen von sich gegeben, z. B. dass das Dritte Reich nicht so schlimm war, und er hat den Holocaust geleugnet. Ein klassischer Fall von Volksverhetzung. Leider muss ich zu meiner Schande gestehen, dass ich dieses Verhalten nicht angezeigt habe. Mittlerweile ist der Herr aber nicht mehr bei uns tätig. Mir steht es zwar nicht auf der Stirn geschrieben, dass ich jüdisch bin, allerdings wissen es die meisten hier. Als die Bemerkungen meines Kollegen sich dann häuften, habe ich ganz offen mit meiner Geschäftsleitung darüber gesprochen. Ich habe gesagt, dass ich das nicht weiter akzeptiere, dass ich durch solche Bemerkungen persönlich beleidigt werde und dass ich für mich die nötigen Konsequenzen ziehen werde, wenn das nicht bald aufhört. Außerdem hatte er immer ein riesiges Taschenmesser bei sich. Diesem Mitarbeiter wurde mittlerweile gekündigt. Dadurch, dass ich offen über meine „jewish identity“ gesprochen habe, hat sich für mich vieles zum Positiven geändert. Ich bekomme an allen unseren Feiertagen sogar Sonderurlaub.

„Sind die jüdischen Gebote veraltet?“

- „Kurze und knappe Antwort – Nein!!! Aber jeder muss für sich entscheiden, wie er mit den Geboten umgeht, auch wenn sie einem veraltet vorkommen!!! Richtig – jeder kann es für sich entscheiden ... es wird immer Anhänger der alten Auslegung geben und welche, die es der Gegenwart anpassen wollen“
  ...
  „Solange die ursprüngliche Auslegung nicht ganz verschwindet, sollte jeder wie er möchte ... in Grenzen natürlich! :-) Jemand, der am Jom Kippur Schweinshaxe isst und dann mit kurzen Hosen und MP3-Player in die Synagoge geht, fällt sicher nicht in den Bereich „Auslegungssache“ ;-)“

- „Es ist ja kein Geheimnis, dass viele Gebote sich auf die Zeit vor mehreren hundert Jahren beziehen, und es damals noch viele Dinge nicht gab, die heute auch mit in die Gebote einbezogen werden. So gab es damals z.B. keine Elektrizität, und Feuer anzünden hieß was anderes, heutzutage wird das Verbot, am Sabbat Feuer anzuzünden, auch auf das elektrische Licht übertragen, obwohl es ja eigentlich nicht dasselbe ist. Auch das Telefonieren geriet unter Verbot, obwohl man ja lange nicht mehr nur geschäftlich telefoniert, man kann ja auch über Religion am Telefon diskutieren, was man ja am Sabbat ausdrücklich tun soll. Auch das Verbot, öffentliche Verkehrsmittel zu nutzen, hindert viele daran, in die Synagoge zu kommen und dort zu beten. Früher war es ja wirklich anstrengende Arbeit, irgendwohin zu fahren. Aber mit dem Bus zu fahren, ist doch wirklich keine Arbeit. Findet ihr nicht auch, dass viele Gesetze und Gebote überdacht werden sollten?“

☞ Suche dir einen der Beiträge aus und antworte unten kurz darauf.

Jüdische Ethik – Halacha

Im Judentum macht man sich viele Gedanken über Gott und die Welt.
Wichtige Fragen sind:

✡ ***Wie kann ich mein Leben gestalten?***
✡ ***Welche Gebote Gottes können und sollen mir bei meiner Lebensgestaltung helfen?***
✡ ***Wie kann ich nach diesen Geboten leben?***
✡ ***Wie kann ich die jüdischen Traditionen und Regeln mit der modernen Welt verbinden?***

Aus diesen Fragen entwickelte sich die **Halacha.**

Halacha (הלכה, von hebr.: halach = „gehen“) meint die Auslegung der Tora über den richtigen Lebenswandel.
Neben der Halacha gibt es die **Haggada** (hebr.: hagged d.h. mitteilen, erzählen). Das sind erzählende Teile der jüdischen Lehre. Im Unterschied zur Haggada ist die **Halacha für alle verbindlich.**

In der Halacha finden sich **zu vielen Lebensfragen Auslegungen der Gebote** der Tora. Sie wurden aus vielen Jahrhunderten zusammengetragen und bilden die Grundlage für eine jüdische Lehre vom richtigen Handeln und Verhalten (Ethik).

Einer alten Erzählung nach enthielt die Bundeslade zwei Bücherregale mit einem Kommentar zu den Zehn Geboten. Dies Bild zeigt, welche große Bedeutung der **Auslegung der Tora** im Judentum zugesprochen wird. Erst die Auslegung für das Leben bringt Klarheit.

Darüber hinaus glauben Juden: Das Judentum gibt es trotz der Katastrophen nur noch, weil es die Gebote seines Gottes gehalten hat. Insofern ist das Festhalten an den Satzungen und Weisungen Gottes für das jüdische Volk besonders wichtig.

Grundsätzlich gilt: Alle Weisungen der Halacha sind wichtig, weil sie von Gott geboten sind. Alle Gebote Gottes stehen in einer Beziehung zueinander. Ihre Bedeutung kann manchmal aber nur schwer verstanden werden. Daher muss jede Generation den Sinn der Gebote neu verstehen lernen.
Auch heute befassen sich viele jüdische Gelehrte damit, aus der riesigen Fülle der Kommentare Antworten für die Menschen in einer sich verändernden, technisierten Welt zu entwickeln.

☞ Die Halacha bildet eine Grundlage dafür, dass man weiß, wie man sein Leben richtig gestalten kann. Woher weißt du, was du im Leben tun solltest?

☞ Die jüdische Ethik wird gerne auch beschrieben als „Auf der Suche nach dem rechten Weg“. Welchen Sinn hat diese Suche nach dem richtigen Lebenswandel?

Fragen jüdischer Ethik

Heute werden in der jüdischen Diskussion um die Lebensführung (Ethik) beispielsweise folgende Fragen diskutiert:

- Darf man protzig und verschwenderisch leben?
- Welches Verhalten muss man der Umwelt gegenüber an den Tag legen?
- Wie muss man sich anderen gegenüber verhalten, wenn einem ein Unglück geschieht oder eine Katastrophe hereinbricht?
- Wie geht man mit Kränkungen („Ehrenbeleidigungen“) um?
- Ist es angebracht, angesichts der Bedrohung des Staates Israel den Wehrdienst zu verweigern? (Wehrdienst gilt für Männer und Frauen!)

☞ Wie stehst du zu diesen Fragen?

☞ Welche weiteren Fragen fallen dir für eine Diskussion um die Lebensführung und das richtige Handeln ein?

Eine Geschichte, die besonders diskutiert wird, ist folgende:

Einmal kam ein Ungläubiger zum Gelehrten Schammai und sagte ihm:
„Du kannst mich zu einem Proselyten (einem, der zum Judentum übertritt) machen. Aber nur unter einer Bedingung. Lehre mich die ganze Tora, während ich auf einem Fuß stehe!“
Der Gelehrte warf den Ungläubigen sofort hinaus.
Als der nun zu dem Gelehrten Hillel kam und ihm diese Frage stellte, sagte der:
„Was dir verhasst ist, das tue nicht deinem Mitmenschen an. Das ist die ganze Tora. Der Rest ist Kommentar. Nun gehe hin und lerne!“

☞ Vergleiche diesen Grundsatz des Rabbi Hillel (Bild) mit der sogenannten „Goldenen Regel“ von Jesus (Mt 7, 12).

☞ Was bedeutet dieser Grundsatz im Umgang mit anderen und mit Fragen rund um das richtige Handeln?

Profit um jeden Preis?
(Jüdische Wirtschaftsethik)

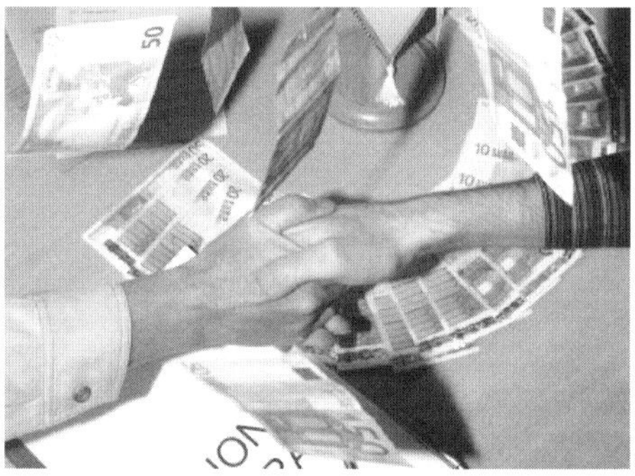

Den eigenen Profit so gut wie es geht zu vermehren, ist in der modernen Wirtschaft der oberste Grundsatz. Dieses Prinzip gehört zum „Kapitalismus", dessen Grundlage im 19. Jahrhundert gelegt wurde.

☞ Wie steht ihr zu diesem Grundsatz?

In der Halacha, der jüdischen Lehre vom rechten Lebenswandel, gibt es dagegen folgende Grundsätze:

1. Gewinn muss mit ehrlichen Mitteln erworben sein.
Nach einer alten Tradition ist die erste Frage, die ein Mensch nach seinem Tod gestellt bekommt, die nach der Ehrlichkeit in seinem Geschäftsleben (Schab 31a). Das Verbot zu stehlen verbietet nicht nur den Diebstahl, sondern auch falsche Versprechungen in der Werbung oder Mogelpackungen, die größer aussehen als sie wirklich sind.

2. Firmen sind in ihrer Preispolitik zu Fairness verpflichtet.
Wird ein Produkt stark überteuert gehandelt, kann das Geschäft als hinfällig gelten. Dann nämlich, wenn der Preis um mehr als ein Sechstel über dem üblichen Marktwert liegt (Baba Metzia 50b).

3. Im Wirtschaftsleben zählt Verantwortung gegenüber dem Mitmenschen.
Etwa dem Arbeitnehmer, dem der Arbeitgeber einen gerechten Lohn schuldet (5. Mose 15, 13f.). Aber auch **Verantwortung gegenüber der Natur** ist geboten: Aus dem Verbot, Früchte zu vernichten, leitet die Halacha ganz allgemein das Verbot von Verschwendung ab. Das Gebot „Zerstöre nicht!" führt zu einem sorgsamen Umgang mit den natürlichen Ressourcen.

☞ Lies die Zehn Gebote (2. Mose 20) und überlege dir, welche dieser Gebote Grundlage für diese Lehre sein könnten.

☞ Wie beurteilt ihr die Aussagen der Halacha? Überlegt dabei, woher ihr wisst, was das Richtige ist.

Leben um jeden Preis?

(Jüdische Medizinethik)

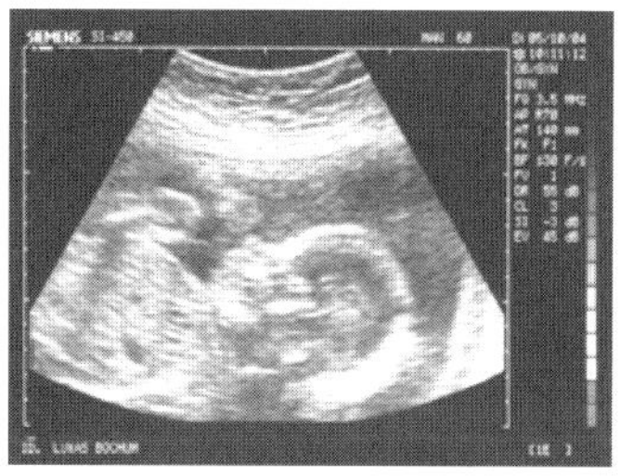

Durch den Fortschritt in der Medizin ergeben sich immer neue Fragen, die nicht so einfach beantwortet werden können. Besonders Fragen zum Anfang und Ende des Lebens müssen geklärt werden.
In der Halacha, der jüdischen Lehre vom rechten Lebenswandel, werden dabei folgende Fragen diskutiert:

Gegen die **künstliche Befruchtung** bei Ehepaaren, denen der Kinderwunsch auf natürlichem Wege versagt bleibt, gibt es von jüdischer Seite kaum Einwände, da es in der Hebräischen Bibel heißt: (1. Mose 1, 28) „Seid fruchtbar und vermehrt euch."

Derzeit wird diskutiert, ob man für medizinische Zwecke **Embryonen** vernichten darf. Hier weisen Gelehrte auf die Auskunft Rabbi Jehudas hin, wonach ein Embryo (erst) vom 40. Tag an beseelt und somit schutzwürdig ist (San 91b). In den ersten 40 Tagen gilt der Fötus lediglich als „Wasser" (bJeb 69b).
Diese Lehre bedeutet aber nicht, dass die **Abtreibung** eines Kindes im Judentum unproblematisch wäre. Sie bleibt prinzipiell verboten. Die Begründung ist unterschiedlich: Manche sprechen von Mord, andere nur von „Vernichtung von Samen". Doch kommt es bei der Geburt zu Komplikationen, wird im Judentum (anders als in christlicher Tradition) im Zweifelsfall das Leben der werdenden Mutter gegenüber dem des Kindes als höherwertig angesehen (vgl. 2. Mose 21, 22f.).

Ähnlich schwierige Fragen stellen sich am **Ende des menschlichen Lebens.** Hier gilt auf der einen Seite der Grundsatz: Das Leben ist heilig. Ein Mensch, der aktiv den Tod eines anderen Menschen herbeiführt, ist ein Mörder. Nicht dem Menschen, sondern Gott allein steht es zu, das Leben zu beenden. Auf der anderen Seite kann die Verlängerung des Lebens eines unheilbar Kranken eine nicht vertretbare Verlängerung des Leidens bedeuten. Liberale Rabbiner wie Walter Homolka sehen heute ein begrenztes Recht auf passive Sterbehilfe: *„In der heutigen Zeit könnte das bedeuten, jemandem keine Bluttransfusion mehr zu geben, ein erkranktes Organ nicht mehr zu ersetzen oder ihn nicht mehr an eine lebenserhaltende Maschine anzuschließen."*

☞ Was denkst du über die Fallbeispiele?

☞ Vergleiche die Aussagen zum Ende des menschlichen Lebens mit der Geschichte aus dem Talmud. Wie stehst du hierzu?

Als Rabbi Jehuda ha-Nasi schwer daniederlag, beteten seine Schüler und seine Magd darum, dass ihr Meister bald wieder von seiner schweren Krankheit genesen möge. Als sein Leiden aber immer schlimmer wurde, schwand die Hoffnung der gottesfürchtigen Frau, und sie betete darum, dass Jehuda endlich sterben dürfe.
Da aber die anderen Beter Gott noch immer um die Genesung des Rabbis baten, konnte das Gebet der Frau nicht erhört werden. Als die kluge Magd das erkannte, warf sie ein Tongefäß vom Dach des Lehrhauses und unterbrach so für einen kurzen Augenblick das Gebet der frommen Männer. In diesem Moment endlich konnte Jehuda sterben.
Babylon. Talmud, Ket 104a

Zusammenbleiben um jeden Preis?
(Jüdische Partnerschaftsethik)

Heute ist für viele klar: Wenn es in einer Beziehung nicht mehr läuft, kann man sich trennen. Zusammenleben um jeden Preis – das muss nicht sein.

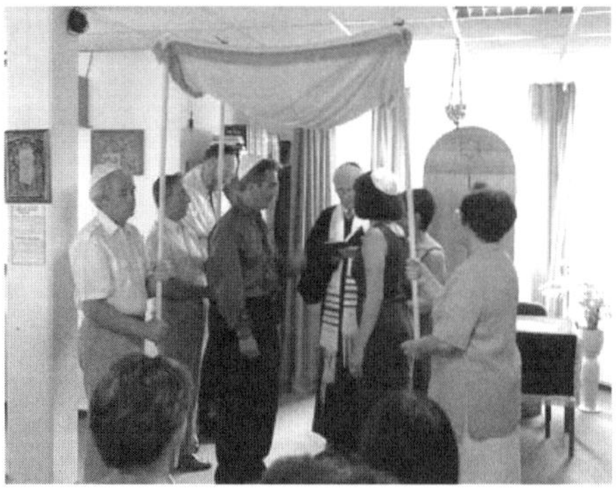

Wenn unter einer Chuppa eine Ehe geschlossen wird, dann wird traditionell in dem Ehevertrag auch geregelt, was es bei einer Scheidung zu bedenken gibt. Dennoch gibt es das Prinzip der Unauflöslichkeit der Ehe auch im Judentum.
Poetisch heißt es dazu im Talmud (bSan 22a):

„Wenn sich jemand von seiner Frau scheiden lässt, so vergießt sogar der Altar (=Gott) Tränen über ihn.“

Im Judentum gibt es aber, im Unterschied zu anderen Kulturen, prinzipiell eine **Ehescheidung**.
Nach biblischem Recht kann ein **Scheidebrief** („Get“) ausgestellt werden.
Seit dem Mittelalter darf sich ein Mann nicht ohne Zustimmung seiner Frau scheiden lassen. Willigt ein Mann nicht in die Trennung ein, ist die Frau „gebunden“ (Aguna) und darf nach orthodoxer Halacha nicht wieder heiraten.
Allerdings gibt es hierfür ein besonderes Gericht, das **Rabbinatsgericht** („Bet Din“). Dieses Gericht kann einen Mann unter bestimmten Umständen zur Scheidung zwingen, z.B:

- wenn er sich weigert, mit seiner Frau zu schlafen
- wenn er ihr keinen Unterhalt zahlt
- wenn er sie schlägt
- wenn er ihr untreu wird.

Anders als bei orthodoxen Juden wird im liberalen Judentum auch die staatliche Ehescheidung als religiös gültig angenommen – gleichgültig welche Seite die Trennung angestrebt hat.

☞ Lies in 5. Mose 24, 1–4.
Welche Besonderheiten sieht hier die Tora im Falle einer Scheidung vor?

☞ Wie seht ihr die oben aufgeführten Regeln persönlich? Was sind eure Grundlagen für ein Urteil?

Was zählt am Ende?

Jüdische Gelehrte machen sich viele Gedanken über das Leben. Sie überlegen sich: Was muss man tun, um sich am Ende sagen zu können, dass man ein guter Mensch war. Hierzu werden Geschichten erzählt.
Oft spielt der Prophet Elija hier eine Rolle. Er soll nach dem Glauben der Juden über die Einhaltung der Gebote wachen. Und er soll am Ende der Zeit zu den Menschen kommen.

Eines Tages begegnete ein Rabbi dem Elija. Sie gingen auf einen Marktplatz. Der Rabbi war ein Mensch, der immer nach den Geboten lebte. Daher war er sich sicher, dass er in den Himmel kommt.
Er fragte den Gottesmann: „Schau dir die Menschen hier an. Kannst du mir sagen, wer von diesen in den Himmel kommt?"
Elija schaute den Rabbi an und zeigte auf zwei Männer. Dann sagte er: „Nur diese beiden kommen in den Himmel."
Der Rabbi war neugierig und ging zu den Männern. Er fragte sie, was sie von Beruf seien. Die Männer antworteten:
„Wir sind Clowns. Wenn jemand traurig ist, dann heitern wir ihn auf. Wenn zwei sich streiten, dann versöhnen wir sie ..."

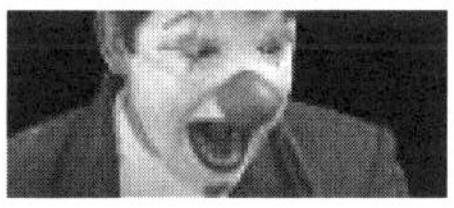

☞ Erzähle diese Geschichte weiter.

☞ Was meint diese Geschichte im Blick auf die Regeln, nach denen Menschen leben?

Im Talmud steht auch: In der Stunde, in der der Mensch vor das himmlische Gericht geführt wird, wird er gefragt:

- ✡ Hast du deine Geschäfte ehrlich geführt?
- ✡ Hast du dir regelmäßig Zeit für das Studium der Tora genommen?
- ✡ Hast du dich bemüht, Kinder zu bekommen und die Tradition an sie weiterzugeben?
- ✡ Hast du dich für die Erlösung der Welt eingesetzt?

Schab 31a.

☞ Was denkst du über diese Fragen?

Die jüdische Frau heute

Die Frau hat im Judentum traditionell eine wichtige Rolle. Allein Frauen zünden in der Familie die Schabbat-Kerzen an und eröffnen so den wichtigsten Tag der Woche. Was die Stellung der Frau angeht, gibt es aber im Judentum, wie in anderen Weltreligionen auch, keine einheitliche Einschätzung. So gibt es Unterschiede zwischen den drei großen Hauptströmungen (Orthodoxie, konservatives und liberales Judentum):

- ✡ In der **Orthodoxie** ist die Frau hauptsächlich für den Haushalt und die Kinderbetreuung zuständig. Sie kann weder Rabbinerin noch Kantorin sein. Allerdings ist gerade in letzter Zeit auch unter orthodoxen Jüdinnen immer wieder die Forderung nach gleichberechtigter Beteiligung am religiösen Leben erhoben worden.
- ✡ In der **konservativen Bewegung** sind Frauen im alltäglichen Leben prinzipiell gleichberechtigt. In Amerika wurde 1985 die erste Rabbinerin in ihr Amt eingesetzt, seit 1990 werden dort auch weibliche Kantorinnen zugelassen.
- ✡ Im **liberalen Judentum** ist die Gleichstellung von Frauen und Männern keine Frage mehr. Schon in den 1930er Jahren wurde in Deutschland die erste Rabbinerin geweiht. Auf dem Foto sieht man die Rabbinerin Elisa Klappheck.

☞ Auch in anderen Religionen wird die Rolle der Frau kontrovers diskutiert. Was weißt du darüber?

☞ In der Hebräischen Bibel finden sich bedeutende Frauen: Sara, Rebekka, Rahel, Lea, Mirjam oder Zippora. Frauen wie Ester, Debora und Judith haben Israel vor Katastrophen bewahrt. Sammelt Informationen über diese Frauen und stellt sie in der Klasse vor.

☞ Zu Beginn des Sabbats wird in vielen traditionellen Familien das „Lob der tüchtigen Hausfrau“ gelesen. Lest den Text in der Bibel nach (Spr 31, 10–30) und diskutiert das dort erkennbare Rollenverständnis.

☞ Kommentiert folgende Aussagen:

„Gott kann nicht überall sein, und deshalb schuf er Mütter.“
Jüdisches Sprichwort

„Der Mann unterhalte sich nicht mit einer Frau auf offener Straße.“
Babylonischer Talmud

?

„Lieblich und schön sein ist nichts; ein Weib, das den Herrn fürchtet, soll man loben. Gebt ihr von den Früchten ihrer Hände; und ihre Werke soll man loben in den Toren.“
Sprüche 31, 30f.

„Jewish mothers are special, very special. They make everything in your home a little more Jewish. “
Jüdischer Junge, 13 Jahre aus Dallas, USA

„Alles auf Zucker!“

Der Regisseur Dani Levy ist jüdischer Herkunft. Er hat mit „Alles auf Zucker“ eine selbstironische Komödie über das Judesein im heutigen Deutschland einen Film gedreht. Es ist der erste deutsche Spielfilm, der sich vorrangig mit dem jüdischen Leben in Deutschland beschäftigt.

Kurzbeschreibung:
Jakob Zuckermann alias Jaeckie Zucker stammt aus einer jüdischen Familie, will aber mit dem „jüdischen Club“ nichts mehr zu tun haben. Einst hatten ihn seine Mutter und sein Bruder in der DDR zurückgelassen. Deshalb berührt es Zucker zunächst nicht, als er vom Tod seiner Mutter hört.
Dann kommt sein Bruder mitsamt seiner Familie zu Besuch. Er will mit Zucker die siebentägige jüdische Totenwache halten.
In ihrem Testament hat die Mutter, die „Mamme“, verlangt, dass die beiden sich aussöhnen. Jaecki glaubt an ein großes Erbe und lässt sich auf das Spiel ein. Auch seine Familie wird hier mit hineingezogen und lernt auf witzige Weise das Judentum kennen.

☞ Fertige ein kurzes Drehbuch an, das sich an folgenden Sequenzen orientiert:

Der Anfang (Problemstellung)
(ca. 12 Min.)

Tod der Mutter und die Folgen
(bis etwa 22 Min.)

Verpasste Beerdigung und der
Streit der Brüder (bis 39 Min.)

Familiengeschichten
(bis 47 Min.)

Die Beerdigung der Mutter
(bis 54 Min.)

Synagoge und Turnier
(bis 1,15)

Versöhnung
(bis 1,30)

☞ Was meint der Ausspruch im Film, Zuckers Zuhause sei so „koscher wie ein Schweinekotelett“?

Klezmer – mehr als jüdische Folklore

Klezmer kommt aus der hebräisch-aramäischen Sprache. Das Wort setzt sich aus zwei Begriffen zusammen: **כלי זמר** (Kli Zmer = „Geräte des Liedes"). Die Musikrichtung hat ihre Wurzeln im aschkenasischen Judentum. Im 15. Jh. gab es bereits Musiker, die eine weltlich orientierte jüdische Musik mit ihren Musikinstrumenten, den „Klejzmorim", machten. Man schuf besonders Tanzlieder. Später nannte man auch den Musiker „Klezmer". Mit der Entstehung des Chassidismus verfeinerte sich der Musikstil. Gesungen wird in der jiddischen Sprache. Im 20. Jh. bauten jüdischstämmige berühmte Komponisten Elemente der Klezmer-Musik in ihre Werke ein, so Leonard Bernstein und besonders George Gershwin (Rapsodie in Blue, 1924).
Vom Stil her versucht man in vielen Liedern bewusst, den „Chasan", den Kantor der Gemeinde, nachzuahmen. Dabei werden Stilmittel wie das „krekhtsen" (Schluchzen) und das „dreylekh" (trillern) eingesetzt. Der Rhythmus kann dabei schnell bis langsam sein, ist zum fröhlichen Tanzen, zum Hüpfen oder zum stillen Nachdenken geeignet. An Instrumenten sind Klarinette, Geige und das Akkordeon besonders wichtig.
In Deutschland schaffte die Klezmer-Musik durch die „Jiddischen Lieder" der Gruppe „Zupfgeigenhansel" in den 1970er Jahren den Durchbruch.

☞ Heute gibt es eine große Klezmer-Szene in Deutschland. Erkundige dich darüber bei www.klezmer.de oder bei www.ta-deti.de/klezmer. Dort werden die Geschichte des Klezmer und aktuelle Gruppen vorgestellt, und es gibt auch Musik im MP3-Format zum Herunterladen.

☞ Eines der bekanntesten Klezmerlieder heißt „Tsen Brider" und ist so etwas wie die Vorlage für das Lied „Zehn kleine Negerlein". Der Refrain geht:
„Schmerl mit'n fidele, Tewje mit'n bass, schpilschte mir a Lidele ojf'n mitt'n Gass. Ojojojoj, Ojojojojoj, schpilschte mit a Lidele ojf'n mitt'n Gass."

Tsen	brider sajnen mir gewesn, hob'n mir gehandelt mit	lajn	ejner is gestorb'n is geblib'n	najn
najn		fracht		acht
acht		ribn		sibn
sibn		gebeks		seks
seks		schtrimpf		finf
finf		bir		fir
fir		hej		draj
draj		blaj		zwej
zwej		bejner		ejn
ejn	bruder bin ich mir gewesen, hob ich mir gehandelt mit	licht	schterb'n tu ich jeden tog wajl tsu esn hob ich	nit

☞ Versuche herauszufinden, worum es in dem Lied geht. Auf der Homepage www.klezmer.de ist die Übersetzung des Liedes zu finden.

☞ Findet weitere Beispiele für Klezmer-Lieder.

Matisyahu – orthodoxer Beatboxer

Man nehme ein paar religiös angehauchte Lyrics, unterlege sie mit groovenden Reggae- und Hip-Hop-Rhythmen, gebe sich ein orthodox-jüdisches Outfit mit langem Bart, Schläfenlocken und schwarzem Mantel – fertig ist „Matisyahu", der neue Guru des „Hasidic Reggae". Der neue Chartbreaker wurde 1979 als Matthew Miller in West Chester/Pennsylvania geboren. Aufgewachsen ist der Sohn jüdischer Einwanderer in der New Yorker Vorstadt „White Plains", wo er als Teenager alles andere als fromm war. Unter dem Namen „MC Truth" tourte er als Rastaman durch die Kneipen, nahm Drogen und beendete vorzeitig die Schule.

Diese Zeiten sind jedoch vorbei. Nach einer Israelreise erlebte Matisyahu „die inspirierende Gegenwart Gottes". Er bekehrte sich 2001 zum orthodoxen Judentum in seiner radikalsten Ausprägung. Der Rapper ist heute ein bekennender „Chabadnik", Anhänger der mystisch orientierten Gemeinschaft der Lubawitscher Chassiden. Der 26-jährige Familienvater verbringt heute die meiste Zeit zwischen seinen Auftritten mit Tora-Studium und Beten. Musikalisch kam Matisyahus großer Durchbruch mit dem Konzertmitschnitt „Live at Stubb's", der es in den USA bis auf Platz vier der CD-Charts schaffte. Auch in seinem neuen Studioalbum „Youth" (2006) spricht er offen über sein Judentum.

„König ohne Krone"

Was ist dieses Gefühl?
Meine Liebe wird ein Loch in die Decke reißen.
Gebe mich selbst dir hin, vom Wesen meines Seins.
Singe meinem Gott alle diese Songs von Liebe und Heilung.
Will, dass der Messias jetzt kommt, also ist es Zeit, dass wir anfangen, es bekannt zu machen.

Was ist „Chabad"?

Der Name ist eine Abkürzung für geistige Fähigkeiten, die zentral sind für die Lehre der Lubawitscher Chassiden:

- **Chochma:** Weisheit
- **Bina:** Verstehen
- **Daat:** Erkennen.

Der Name geht zurück auf den Gründer der Bewegung, Rabbi Schneur Salman (um 1800). Zunächst hatte Chabad sein Zentrum im weißrussischen Lubawitsch, von wo man fliehen musste. 1940 fand man schließlich in Brooklyn eine neue Bleibe. Mittlerweile gibt es Ableger dieser einflussreichen Gruppierung in der ganzen Welt. Viele Anhänger verehren ihren 1994 verstorbenen Rabbi Mendel Schneerson als Messias. Sie erwarten seine baldige Wiederkunft und die Erlösung der Welt.

☞ Ladet euch einen Song von Matisyahu herunter und besprecht ihn miteinander.

☞ Was sind Chassiden?
Informiert euch über die Wurzeln und die Lehre dieser jüdischen Strömung.
Sucht unter www.chabadgermany.com, wo in Deutschland Chabad-Gemeinden zu finden sind.

Jüdischer Humor

Jüdischer Humor hat etwas Einzigartiges. Es geht selten nur um Lachen um des Lachens willen. Immer ist damit auch eine religiöse, soziale oder politische Aussage verbunden. Er ist bitterer und schärfer als andere Formen des Humors. Der Grund? Der jüdische Witz war immer auch Ausdruck des Überlebenskampfes. Bereits im Mittelalter während der Verfolgung gab es jüdische Komödianten. Sigmund Freud schrieb dazu: „Der Witz ist die letzte Waffe des Wehrlosen." So können auch die dunkelsten Seiten der Geschichte im Witz vorkommen.

Im Jahre 1938 sitzen sich in der New Yorker U-Bahn zwei gerade eingewanderte deutsche Juden gegenüber. Der eine liest die Zeitung „Der Stürmer", ein schreckliches Hetzblatt der Nazis. Der andere liest eine jüdische Zeitung. Endlich fragt er seinen Landsmann, „Wieso lesen Sie dieses furchtbare Blatt? Darin ist doch nur reiner Antisemitismus und Judenhatz." Der erste Jude guckt vor sich hin und sagt: „Schauen Sie. Was steht in Ihrer Zeitung? Überall sind die Juden Flüchtlinge. Man verfolgt uns. Man wirft Steine und Bomben in die Synagogen. Ich lese die Nazi-Zeitung, denn sie ist zuversichtlicher. Darin steht doch: Wir besitzen die Banken! Wir besitzen die großen Firmen! Wir beherrschen die Welt!"

In anderen Witzen geht es um das tägliche religiöse und soziale Leben. So hat jeder religiöse Jude religiöse Pflichten (Mitzwot, z.B. Almosen geben).

Eine jüdische Gemeinde ist so wohlhabend geworden, dass eines Tages niemand mehr da ist, dem man Almosen geben kann. Man bestellt sich einen Schnorrer aus Kasrilewke. Dieser wird mit der Zeit jedoch so frech, dass man ihn zur Bescheidenheit mahnt. Da sagt er drohend: „Ich fahre sofort nach Kasrilewke zurück! Dann könnt ihr zusehen, an wem ihr eure Mitzwes erfüllen könnt."

In vielen jüdischen Witzen haben Rabbiner eine wichtige Rolle, da sie auch über das religiöse Leben wachen. So sagt ein Rabbi zu einem anderen:

„Chaim! Dein Sohn ist ein übler Sünder! Wo er ein Stück Schweinespeck sieht, beißt er hinein. Und wo er ein junges Mädel sieht, küsst er es ab!" Darauf Chaim: „Oj, Rebbe! Er ist meschugge (verrückt)!" „Unsinn! Wenn er den Speck küssen und die Mädel beißen würde, dann wäre er meschugge."

Schließlich spielt auch die Gewitztheit im Umgang mit dem Recht eine große Rolle:

Kohn und Grün beim Richter. Kohn wird beschuldigt, den Henkel des Nachttopfes zerbrochen zu haben, den er von Grün ausgeborgt hat. Zu seiner Verteidigung sagt er: „Werter Herr Richter, nur drei Sätze: Also erstens war der Henkel schon ab, als ich den Nachttopf vom Grün ausgeborgt habe, zweitens habe ich den Nachttopf vom Grün nie ausgeborgt und drittens – wer ist dieser Grün überhaupt?"

☞ Gib deine Einschätzung zu den dargestellten Beispielen des jüdischen Witzes.

☞ Ephraim Kishon und Woody Allen sind bekannte Vertreter des jüdischen Humors. Erkundige dich über sie oder stellt etwas von ihnen in der Gruppe vor.

Israel und Palästina
Hintergründe eines Konfliktes

Es hat seit biblischen Zeiten immer Juden im Heiligen Land gegeben. Aber seit den beiden verlorenen Kriegen gegen die Römer 70 und 135 n. Chr. waren sie dort zur Minderheit geworden. Dass es heute wieder einen jüdischen Staat gibt, hat etwas mit dem 1897 erschienenen Werk des Wiener Journalisten **Theodor Herzl** zu tun: „Der Judenstaat". Die dadurch ausgelöste Bewegung des „Zionismus" verfolgt die Idee der Rückkehr in das Land der Väter. Hintergrund der Vision Herzls waren sicher auch die vielen gescheiterten Versuche der friedlichen Integration und Assimilation, auf die Juden gegen Ende des 19. Jahrhunderts in Europa zurückblicken mussten. Damals lebten in Palästina, das ein Teil des türkischen Reiches war, etwa 25000 Juden inmitten von 500000 Arabern.

Die Einwanderung von Juden vollzog sich in immer stärker werdenden Wellen, die man mit dem hebräischen Wort **„Aliya"** (= wörtl.: „Hinaufgehen") bezeichnet. Der Begriff hat auch eine religiöse Bedeutung im Sinne von „Wallfahrt". Während der ersten Welle (1882–1903) kamen 20000–30000 Juden ins Land, meist aus Osteuropa, wo die Menschen verfolgt wurden (Pogrome). Die zweite Aliya (1904–1914) brachte 35000–40000 Neueinwanderer nach „Erez Jisrael" („Land Israel"). Die dort wohnenden Araber waren vom wachsenden Einfluss der jüdischen Pioniere nicht begeistert und es gab bereits die ersten bewaffneten Auseinandersetzungen.
Während des Ersten Weltkrieges entstand die sogenannte **„Balfour-Erklärung"** (1917), benannt nach dem damaligen britischen Außenminister. Hier wurde die Schaffung einer „jüdischen Heimstätte" vorgeschlagen. Der Begriff des „Staates" wurde aus diplomatischen Gründen noch vermieden. Nach der Niederlage der Türken im Ersten Weltkrieg wurde Palästina durch einen Beschluss des Völkerbundes britisches Mandatsgebiet (seit 1920).
Die dritte Aliya (1919–1923) brachte 35000, die vierte Aliya (1924–1931) sogar 82000 Juden ins Land. Ende der 1920er Jahre kam es zu schweren Unruhen mit Hunderten von Toten. Die fünfte Aliya (1933–45) führte etwa 130000 Juden nach Palästina. Viele von ihnen waren Flüchtlinge, die vor den Nazis geflohen waren.
1936–1939 kam es zu einem arabischen Aufstand mit Tausenden von Toten. Die Engländer gerieten immer mehr zwischen die Fronten. Daraufhin setzten sie eine Kommission ein, die die Teilung des Landes in einen jüdischen und einen arabischen Teil vorschlug.

Nach dem Zweiten Weltkrieg griffen die Vereinten Nationen diese Idee auf und beschlossen einen ähnlichen Teilungsplan (1947), der von den arabischen Staaten aber abgelehnt wurde. Als am 14. 5. 1948 David Ben Gurion die **Gründung des Staates Israel** ausrief, erklärten diese dem neu entstandenen Gemeinwesen den Krieg.
Gegen alle Erwartungen konnte sich Israel im **„Unabhängigkeitskrieg"** gegen die feindliche Übermacht behaupten und sogar Gebietsgewinne erzielen. Durch Flucht oder Vertreibung verloren damals etwa 800000 Palästinenser ihre Heimat.
Eine etwa gleich große Zahl von Juden musste die arabischen Staaten verlassen, wo sie seit Jahrhunderten lebten. Sie wanderten meist nach Israel ein, wie auch die 550.000 Juden, die zwischen 1948 und 1967 aus Europa und Amerika kamen.

Der neu gegründete Staat Israel kannte bis heute nur kurze Friedenszeiten.
- ✡ 1956 brach der **„Suez-Krieg"** aus, der mit der Verstaatlichung des Suez-Kanals durch den ägyptischen Präsidenten Nasser begonnen hatte.
- ✡ 1967 rüsteten erneut die Ägypter zum Krieg gegen Israel, wurden aber in einer Blitzaktion (**„Sechs-Tage-Krieg"**) geschlagen. Nach diesem Krieg hielt Israel das Westjordanland („West-Bank"), den Gazastreifen und die Golanhöhen besetzt.
- ✡ Ost-Jerusalem und die Golanhöhen wurden von Israel förmlich annektiert, d.h. dem Staatsgebiet einverleibt.

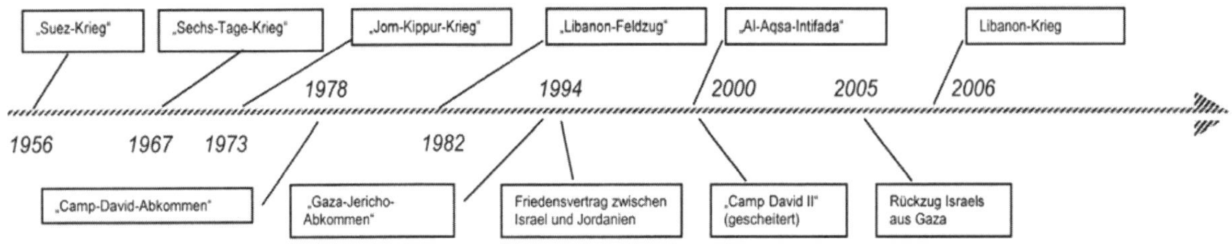

- ✡ 1973 wurde Israel von Syrien und Ägypten an einem hohen jüdischen Feiertag angegriffen (**„Jom-Kippur-Krieg"**), konnte sich jedoch militärisch erneut behaupten.
- ✡ 1978 gelang im sogenannten **„Camp-David-Abkommen"**, vermittelt durch den damaligen US-Präsidenten Jimmy Carter, ein Friedensabkommen mit Ägypten, das bis heute Bestand hat.
- ✡ Der **„Libanon-Feldzug"** Israels (1982) war ein Krieg, mit dem der Staat seine Nordgrenze sichern wollte. Nach Protestdemonstrationen in den Großstädten musste sich das Militär wieder zurückziehen.
- ✡ 1994 kam es zu zwei weiteren wichtigen Verträgen. Im **„Gaza-Jericho-Abkommen"** sicherte Israel den Palästinensern in den besetzten Gebieten erstmals eine autonome Selbstverwaltung zu. Außerdem unterzeichneten Israel und Jordanien einen Friedensvertrag, mit dem sie einen (zumindest formal) 26 Jahre andauernden Kriegszustand beendeten.

Dass es nicht zu einem dauerhaften Frieden in der Region kam, hängt von vielen Faktoren ab. Zum einen wurde der Garant des Friedensprozesses auf israelischer Seite, Ministerpräsident Jitzchaq Rabin, durch einen fanatischen jüdischen Siedler ermordet. Dann hatte es vor den Wahlen zur „Knesset" (= israelisches Parlament) 1996 eine Reihe von Selbstmordattentaten gegeben, die zu einem Rechtsruck in Israel führten.
Der Gewinner der Wahl, Benjamin Netanjahu, verfolgte gegenüber den Palästinensern eine wesentlich härtere Gangart als Rabin, sodass der Friedensprozess ins Stocken geriet. Unter seinem Nachfolger Ehud Barak schien ein dauerhafter Friede in greifbare Nähe gerückt, aber die Verhandlungen in Camp David (2000) mit Jassir Arafat scheiterten. Insbesondere in der Flüchtlingsfrage und hinsichtlich des künftigen Status Jerusalems gab es keine Annäherung. Eine vielleicht historische Chance auf Frieden war vertan worden.
Als Ariel Sharon, damals noch Oppositions-Politiker, den für Muslime heiligen Tempelberg in Jerusalem betrat, brach ein offener Aufstand der Palästinenser aus (die sogenannte **„Al-Aqsa-Intifada"**, 2000–2001). Vieles deutet darauf hin, dass diese Aktion nur ein ohnehin schon volles Fass zum Überlaufen gebracht hat. Viele verzweifelte, politisch und religiös fanatisierte Jugendliche warfen sehr bald nicht nur Steine gegen israelische Panzer, sondern rissen als Selbstmordattentäter immer mehr unschuldige Menschen mit in den Tod. Die israelischen Terroropfer gehen seitdem in die Tausende.

Ebenfalls mit dem Namen Sharon verbunden, von 2001 bis 2005 Regierungschef in Israel, war der einseitige Rückzug Israels aus dem Gazastreifen, der nur gegen enormen innenpolitischen Widerstand durchgesetzt werden konnte.

Ministerpräsident Ehud Olmert, ein langjähriger Weggenosse Sharons, hat 2006 der palästinensischen Autonomiebehörde den Rückzug aus weiteren Teilen der besetzten Gebiete in Aussicht gestellt. Allerdings ist nach dem Wahlsieg der radikalislamischen Hamas, die das Existenzrecht Israels kategorisch ablehnt, und dem erbitterten Libanon-Krieg im Sommer 2006 eine einvernehmliche Vertragslösung zwischen beiden Seiten wieder in weite Ferne gerückt.

- ☞ Der erste Staatspräsident Israels, Ezer Weizmann, sagte zu dem Konflikt: „In Israel steht nicht Recht gegen Unrecht, sondern Recht gegen Recht." Was könnte damit gemeint sein?
- ☞ Informiert Euch über aktuelle Friedensinitiativen im Nahostkonflikt und stellt sie euch gegenseitig vor.

Konflikt um das Land Israel: Die Argumente beider Seiten

Historische Motive	
Die Juden haben ein historisches Recht auf eine Heimstätte nach Jahrhunderten der Verfolgung.	Die Palästinenser haben laut UN-Teilungsplan (1947) genauso ein Recht auf einen eigenen Staat wie die Juden.
Es gab schon in der Antike einen jüdischen Staat, größte Ausdehnung unter David/ Salomo.	Seit dem 7. Jh. ist Palästina in der Hand islamischer Herrscher.
Es leben seit über 3000 Jahren Juden im Heiligen Land ohne Unterbrechung.	Araber stellten über Jahrhunderte hinweg die Bevölkerungsmehrheit in Palästina.
Die kulturellen Wurzeln des jüdischen Volkes liegen in Israel.	Auch in biblischen Zeiten gab es nennenswerte nichtjüdische Bevölkerungsanteile.
Religiöse Motive	
Verheißung des Landes Israel an die Erzväter Israels (Abraham, Isaak, Jakob).	Mohammeds nächtliche Himmelsreise führte ihn nach Jerusalem.
Landnahme unter Josua: Reinigung des Landes von den Ungläubigen.	Wer im Kampf für seinen Glauben sein Leben lässt (Märtyrer), wird ins Paradies eingehen.
Verheißung der (nach-)exilischen Propheten: Rückkehr der zerstreuten Israeliten.	Jerusalem ist neben Mekka und Medina die drittheiligste Stadt des Islam (El Quds = die Heilige).
Hoffnung auf ein künftiges Friedensreich mit Mittelpunkt Jerusalem (Zion).	Zur Verteidigung des Islam ist der Heilige Krieg (Djihad) ein legitimes Mittel.
Soziale und politische Motive	
Arafat verspielte beim Camp-David-Gipfel (2000) mit seiner Kompromisslosigkeit die historische Chance auf Frieden.	Die Palästinenser werden durch Enteignungen systematisch von ihrem Land vertrieben.
Die Palästinenser benutzen den Terror gegen unschuldige Zivilisten als Druckmittel zur Durchsetzung ihrer politischen Ziele.	Es gibt keinen Frieden mit Israel ohne Rückkehr der seit 1948 vertriebenen Palästinenser.
Die Palästinenser sind in Israel gleichberechtigte Bürger mit vollen Rechten. Ihre Religion wird geachtet.	Israel verletzt die in Oslo (1993) vertraglich zugesicherte Autonomie der Palästinenser.
Israel ist die einzige funktionierende Demokratie des Nahen Ostens.	Die sozialen Bedingungen, unter denen viele Palästinenser leben müssen, sind menschenunwürdig. Dafür trägt Israel als Besatzungsmacht die Verantwortung.
Jüdische Siedlungen garantieren die militärische Sicherheit Israels.	Israel will gar keinen Frieden, sondern eine Fortsetzung des Status quo, um so noch möglichst lange die Ressourcen der Palästinenser ausbeuten zu können.

☞ Markiere mit einem Ausrufezeichen am Rand, wo du zustimmen kannst, mit einem Fragezeichen, wo du Bedenken hast. Markiere mit Wellenlinien, was dir vom Verständnis her unklar ist.

☞ Besprecht eure Meinung zum Israel-Palästina-Konflikt in Kleingruppen. Haltet das Ergebnis stichpunktartig fest und präsentiert die Gruppenergebnisse abschließend allen.

Israel – Echo der Ewigkeit

Abraham Joshua Heschel wurde 1907 in Polen geboren und stammt aus einer Linie großer chassidischer Rabbinen. Er studierte jüdische Weisheit in Wilna und weltliches Denken in Berlin. Nach dem Machtantritt der Nazis wurde er aus Deutschland ausgewiesen und emigrierte nach England. 1940 kam er dann in die USA, wo er viele Jahre am Jewish Theological Seminary in New York als Professor lehrte. Er erläutert die Bedeutung des Landes Israel für die Juden:

„Der zweite jüdische Staat wurde von den Römern im Jahre 70 zerstört, der Staat Israel wurde im Jahre 1948 geboren. In dieser langen Zwischenzeit wurde Palästina nie eine nationale Heimstätte für irgendein anderes Volk, wurde nie als geopolitische Einheit betrachtet, war nie ein unabhängiger Staat …

Für die Juden und allein für sie war es das eine und einzige Heimatland, der einzig vorstellbare Ort, wo sie Befreiung und Unabhängigkeit finden könnten, das Land, dem sich ihre Sinne und Gefühle jahrhundertelang entgegengestreckt hatten, wo sie fest verwurzelt waren trotz aller Widerstände.

Für die nationale Bewegung der Juden war daher das Land nicht irgendein Ort, wo, historisch gesprochen, die Juden einmal gewohnt hatten. Es war die Heimat, mit der man ein unzerstörbares Band nationalen, physischen, religiösen und spirituellen Charakters bewahrt hatte und wo die Juden im Wesentlichen ein Hauptbestandteil der Bevölkerung geblieben waren – und wo sie es jetzt faktisch wieder waren.

Was immer an Größe in diesem Land entstand in Dichtung, in menschlichen Persönlichkeiten, in Ideen, in Inspiration, war das Ergebnis jüdischen Lebens im Land. Hier entstanden die großen Werke des jüdischen Volkes: die Heilige Schrift, die Mischna, der Jerusalemer Talmud … Die großen arabischen Beiträge kamen aus Mekka, Kairo, Damaskus, Bagdad, nicht aus Jerusalem. Für die arabischen Völker ist Erez Israel (= ‚Land Israel') 2 % des weiten Gebiets, das sie bewohnen; für das jüdische Volk ist Erez Israel Heimat, Hoffnung und alles, was sie ihr Eigen nennen können. Nicht nur die Erinnerung, unsere Vergangenheit bindet uns an das Land; es ist unsere Hoffnung und Zukunft.

In allen Jahrhunderten sind Menschen von einem Land ins andere gezogen, freiwillig und unfreiwillig. Wenn sie ein neues Land gefunden hatten, verbannten sie die Erinnerung an ihre frühere Heimat. Als das jüdische Volk jedoch gezwungen wurde, sein altes Land zu verlassen, hat es nie das Heilige Land aufgegeben und darauf verzichtet; das jüdische Volk hat nie aufgehört, leidenschaftliche Gefühle für Zion zu hegen. Es hat immer in Zwiesprache mit dem Heiligen Land gelebt."

Quelle: Freundeskreis Kirche und Israel in Baden e.V., Rundbrief Nr. 66, Februar 2004, S. 34–36

☞ Warum ist für Heschel Israel für einen Juden/eine Jüdin kein Land wie jedes andere? Beachte auch, auf welcher Ebene der Autor argumentiert!

☞ Was von dem, was Heschel über Israel sagt, ließe sich so ähnlich auch über Deutschland (oder andere Heimatländer) sagen?

Arabische Judenfeindschaft

„'Höre!', sagt der Rabbi zu einem jungen Juden. ‚Wir haben von oben einen Auftrag erhalten. Wir brauchen für das ungesäuerte Brot am Passahfest das Blut eines Christenkindes.' In der nächsten Szene wird ein verängstigter Junge aus der Nachbarschaft herbeigezerrt. Dann fährt die Kamera auf das Kind zu und in Großaufnahme sieht man, wie ihm die Kehle durchschnitten wird. Das Blut spritzt aus der Wunde und strömt in ein Metallbecken."

Diese Szene stammt aus einer Fernsehserie, die im TV-Kanal der „Hisbollah" im Libanon ausgestrahlt wurde und etwa 10 Millionen Menschen erreichte. Woche für Woche gibt es antisemitische Hetzfilme, werden Juden als Affen dargestellt oder es wird das Vorurteil einer **jüdischen Weltverschwörung** wiederholt: Juden hätten schon immer Tod und Verderben über die Menschheit gebracht. Zeitungen im arabischen Umfeld bedienen sich ebenfalls unterschiedlicher Motive, um das Judentum und den Staat Israel anzugreifen (Abbildung). Aus welchen Motiven speist sich der Hass?

Bild: The Zionist Devil, Al-Dustour (Jordanien), 30. 9. 1994.

Bei der **arabischen Judenfeindschaft** gibt es Anleihen aus westlichen, auch **christlichen Motiven**. Wie in unserem Beispiel wird immer wieder behauptet, das Verzehren nichtjüdischen Blutes gehöre bei den Juden zum religiösen Ritus.

Eine weitere wichtige Quelle der arabischen Judenfeindschaft ist **der Koran**: Es gibt hier sowohl wohlwollende Aussagen über das Judentum als Schriftreligion, als auch Spott gegen die Juden. So werden sie mit Affen und Schweinen (also unreinen Tieren) in Verbindung gebracht (Sure 2,65; 5,60, 7,166). Durch die **religiöse Legitimation** wird die Judenfeindschaft somit eine Sache, die über das Irdische hinausgeht.

Schließlich gib es auch immer wieder die **Gleichsetzung von Zionismus und Nationalsozialismus**: Israelische Militäraktionen gegen die Palästinenser oder andere Araber werden verglichen mit den Verbrechen der Nazis gegen die Juden. Aus den Opfern von einst – und das hört man zuweilen auch hierzulande – sind die Täter von heute geworden.

Die islamistische Judenfeindschaft findet **nicht nur in den arabischen Ländern** Rückhalt, wo er sich auf einen Großteil der Medien stützen kann. Er ist auch in Europa und den USA angekommen, wo er durch muslimische Immigranten vertreten wird. Aber auch andere greifen das Judentum auf diese Weise an, die Israel als die Handlanger der USA im Nahen Osten sehen. Dabei entstehen groteske Koalitionen von muslimischen Fanatikern mit Neonazis oder mit radikalen Antizionisten.

☞ Vergleiche die arabische Judenfeindschaft mit anderen Formen der Judenfeindschaft.

☞ Was können Ursachen für eine arabische Judenfeindschaft sein?

☞ Wann schlägt eine legitime Kritik an Israel oder am Judentum in eine gefährliche Judenfeindschaft um? Nenne Kriterien dafür.

Immer noch nicht vorbei?

In Deutschland gibt es immer noch Antisemitismus. Der Anteil rechtsextremer und fremdenfeindlicher Einstellungen liegt in Deutschland, Europa und den USA seit Jahren ziemlich unverändert zwischen 15–20 %.

Folgende Formen lassen sich entdecken:

1. Klassischer rechtsradikaler Antisemitismus

Auf sein Konto gehen vor allem Schändungen von jüdischen Friedhöfen, Graffitis, Schmierereien, Hassbriefe, Briefbomben, das versuchte Attentat auf den Neubau der Münchener Synagoge (2005). In diesen Kreisen wird der Holocaust geleugnet oder auch gerechtfertigt.

☞ Recherchiere unter www.mobile-opferberatung.de unter dem Stichwort „Chronik". Wann, wo und in welcher Art wurden rechtsextreme Übergriffe in der letzten Zeit gemeldet? Ist auch in deiner Gegend etwas passiert?

2. Vorbehalte im Blick auf das Judentum und die Aufarbeitung der Vergangenheit

Bei einer Umfrage 2003 glaubten unter 3000 Deutschen …

- 23 %, dass Juden in Deutschland zu viel Einfluss haben.
- 18 % sind überzeugt davon, dass Juden durch ihr eigenes Verhalten eine Mitschuld an der Judenverfolgung tragen.
- 55 % unterstellen, dass Juden aus der Vergangenheit Vorteile ziehen wollen.
- 70 % der Bevölkerung ärgert sich darüber, dass den Deutschen heute noch die Verbrechen an den Juden vorgehalten werden.

☞ Versuche zu erläutern, welches Denken hinter der jeweiligen Aussage steht.

3. Radikale Israelkritik

Bei einer Umfrage der **EU-Kommision im November 2003 („Eurobarometer")** unter 7500 Bürgern in 15 Mitgliedsstaaten kam heraus, dass ca. 60 % in Israel die größte Gefahr für den Weltfrieden sehen. Israelkritik kann dann judenfeindlich werden, wenn das Recht des jüdischen Volkes auf einen eigenen Staat bestritten wird oder sich auf verzerrte Darstellung gründet.

☞ Wie kommt es zu solchen kritischen Aussagen gegen Israel?

☞ Welche Folgen kann die jeweilige Einstellung unter Punkt 2 und 3 haben?

Formen der Judenfeindschaft

Antisemitismus (im weiteren Sinn)

Antisemitismus ist ein **Überbegriff**, mit dem Erscheinungsformen von **Judenfeindschaft ganz unterschiedlicher Herkunft und Motivation** bezeichnet werden: „Unter Antisemitismus versteht man die rassistisch, sozial, politisch und/oder religiös (Antijudaismus) grundierte Feindschaft gegenüber Juden: Ein Antisemit bewertet aufgrund eines Vorurteils ‚die' Juden – als vermeintliche Rasse, Nation, Religionsgemeinschaft oder soziale Gruppe – pauschal negativ'" (Moshe Zimmermann).

Antijudaismus	**Antisemitismus (im engeren Sinn)**	**Politisch-kulturelle oder sozial begründete Judenfeindschaft**
= religiös begründete Judenfeindschaft. „Juda" = Name eines der Söhne Jakobs, Name eines Gebirgszuges im Süden Israels. Daraus entstand der Name seiner Bewohner und deren Religion: „Judentum" (engl.: „judasim", frz.: „judaisme"). Zu dieser besonders im Mittelalter weitverbreiteten Spielart der Judenfeindschaft gehören u.a. folgende Motive: • **Gottesmord**: Die Juden haben Jesus ermordet. • **Hostienschändung**: Die Juden vollziehen die Tötung Jesu durch die Schändung des Abendmahlsbrotes symbolisch nach. • **Ritualmord**: Die Juden töten christliche Kinder und verwenden ihr Blut zu liturgischen Zwecken. • **Enterbungslehre**: Die Kirche ist das neue Gottesvolk, das an die Stelle Israels getreten ist.	= rassisch begründete Judenfeindschaft. Eigentlich unscharfer Begriff, denn er trifft alle Semiten, darunter auch viele Araber („Sem" = einer der Söhne Noahs). Der Begriff wurde erstmals im 19. Jh. geprägt von dem deutschen Journalisten **Wilhelm Marr**, der die Juden als „asiatische Elemente" diffamierte (Der Sieg des Judentums über das Germanentum, 1879). Wie später die **Nationalsozialisten,** warnte er vor einer Schwächung des deutschen Blutes durch Rassen-Vermischung („Bastardisierung"). **Prominente Vertreter**: Joseph Gobineau, franz. Graf (1816–1882), Houston Stewart Chamberlain, Engländer, seit 1889 in Wien (1855–1927): „Die Grundlagen des 19. Jhs.", durch ihn direkte Beeinflussung Hitlers (Treffen 1923). **Vorläufer** im Spanien zur Zeit der „Reconquista" (15. Jh.): Verfolgung der getauften (!) Juden wegen ihres Blutes.	Weder rassisch noch religiös motivierte Ressentiments. Wichtige Ausprägungen: • **Wucher**: Hintergrund sind die Berufsverbote für Juden im Mittelalter und die dadurch entstehende Dominanz in Handel und Geldverleih. • **Weltverschwörungstheorien**: „Protokolle der Weisen vom Zion" (nachweislich eine Fälschung aus dem zaristischen Russland, immer wieder nachgedruckt und als echt ausgegeben). Heute wird neben der Finanz- gerne die Medienmacht von Juden hervorgehoben. • Judenfeindschaft von Links (sog. **„Antizionismus"**): verstärkt seit dem Sechs-Tage-Krieg und der Besetzung der Palästinensergebiete, Zionismus als Spielart des westlichen Imperialismus.

Ein ganz gewöhnlicher Jude

Der Regisseur Oliver Hirschbiegel, bekannt durch den Hitler-Film „Der Untergang“, inszenierte ein Ein-Personen-Stück, das sich mit dem deutsch-jüdischen Verhältnis auseinandersetzt. Die Hauptfigur, Emanuel Goldfarb, gespielt von Ben Becker, wird von einem Sozialkundelehrer gefragt, ob er bereit wäre, im Unterricht über sein Jude-Sein zu sprechen. Goldfarb diktiert einen Antwortbrief, in dem er seine Absage begründet.

„Die permanente Solidarität geht mir auf die Nerven.
Ich kann Leute nicht ausstehen, die morgens nach dem Aufwachen immer erst mal zehn Minuten solidarisch sind, bevor sie sich die Zähne putzen.
Ich weiß ja, dass es guttut, ein guter Mensch zu sein, aber zieht mich da nicht rein!
Ich will die Sonderrolle nicht haben.
Nicht im Schlechten und nicht im Guten.
Ein ganz gewöhnlicher Mensch möchte ich sein.
Ein ganz gewöhnlicher Jude.

Überempfindlich?
Natürlich bin ich überempfindlich.
Ich hab eine zu dünne Haut.
Nicht vom Angegriffen-Werden.
Das tut zwar manchmal weh, aber es macht auch Hornhaut.
Es trainiert.
Die dünne Haut kommt von den Samthandschuhen, mit denen man ständig angegriffen wird.
Von diesem permanenten ranschmeißerischen Verständnis.
Von dieser ekelhaften Einfühlsamkeit.
Aber wie soll ich das Ihren Schülern erklären, Herr Gebhardt? …

Ein gewöhnlicher Jude in Deutschland – das ist wie ein ganz gewöhnliches Spitzmaulnashorn in Afrika.
Ein Widerspruch in sich.
Wir sind zu selten geworden, wir Nashörner.
Man hat uns zu lange gejagt und abgeschossen.
Wir sind ein Fall für die Tierschützer geworden.
Für Greenpeace und den Verein für christlich-jüdische Zusammenarbeit. Nashörner guckt man sich im Zoo an; Juden lädt man sich in den Unterricht ein …
Aber ich kann auch nicht immer einen Bogen um das Thema machen.
Das verkrümmt auf die Dauer den Rücken.
Mal muss man auch im Haus des Henkers vom Strick reden. Und es ist nun mal so, dass die Leute auf meinen Familienfotos auf ganz andere Weise tot sind als die Leute auf Ihren.
Umgebracht ist nun mal nicht dasselbe wie gestorben.
Ermordet nicht dasselbe wie gefallen.
Vergasung ist nicht dasselbe wie Lungenentzündung.
Ich kann's nicht ändern.
Wir haben die gleiche Geschichte, aber nicht die gleichen Geschichten, Sie und ich.
Obwohl es alles deutsche Geschichten sind.“

☞ Unterstreiche mit unterschiedlichen Farben, was du nachvollziehen kannst, und rot, wo du gerne widersprechen würdest. Besprecht miteinander eure Eindrücke.

☞ Der Film endet überraschend damit, dass Goldfarb doch in die Schulklasse geht. Hast du eine Erklärung dafür?

Einschätzung des Holocaust

Die Frage, wie man bei uns in Deutschland mit dem Holocaust umgehen soll, ist in der Diskussion. Klar ist, dass die Leugnung des Holocaust strafbar ist. So ist der „Tatbestand der Volksverhetzung in der Handlungsalternative des Verharmlosens des Holocaust“ nach § 130, Abs. 3 des Strafgesetzbuches (StGB) festgelegt.

☞ Wieso legt der Gesetzgeber wohl die Leugnung des Holocaust nicht als „freie Meinungsäußerung“, sondern als Straftat aus?

Wie bewertet man den Holocaust? Verschiedene Meinungen gibt es dazu:

- ❒ Die einen sagen: „Auschwitz markiert den einen Tiefpunkt in der Geschichte der Menschheit.“
- ❒ Andere meinen: „Es hat in der Geschichte immer wieder Grausamkeiten von ähnlichen Dimensionen gegeben.“

Für die Einschätzung werden häufig folgende Aspekte benannt:

- ❒ Art der Verfolgung und der Verbrechen **(Bestialität).**
- ❒ Wille zur Ausrottung des gesamten jüdischen Volkes **(Totalität).**
- ❒ Zahl der einbezogenen Länder und der Opfer **(Monstrosität).**
- ❒ Verwendung moderner technologischer Methoden **(Industrialisierung).**
- ❒ Missbrauch der Opfer und ihrer Körper zu Zwangsarbeit, zu medizinischen, kommerziellen und privaten Zwecken **(Perversität).**
- ❒ Judenmord als quasi legaler Vorgang ineinandergreifender Verwaltungsbehörden **(Bürokratisierung des Mordes).**

Der US-amerikanische Historiker **Daniel J. Goldhagen** hat mit seiner These, dass die Deutschen ein „Tätervolk“ seien, die Diskussion um die Bewertung des Geschehens neu in Gang gebracht. Er sagt:

„Wir müssen erkennen ...: Die antisemitischen Auffassungen der Deutschen waren die zentrale Triebkraft für den Holocaust. Sie lieferten nicht nur den zentralen Beweggrund für Hitlers Entschluss, die europäischen Juden auszulöschen – eine These, die viele akzeptieren –, auf ihnen beruhte auch die Bereitschaft der Täter, Juden brutal zu misshandeln und zu töten. Die Schlussfolgerung dieses Buches lautet, dass der Antisemitismus viele Tausende ‚gewöhnlicher' Deutscher veranlasste, Juden grausam zu ermorden, und dass auch Millionen anderer Deutscher nicht anders gehandelt hätten, wären sie in die entsprechenden Positionen gelangt. Nicht wirtschaftliche Not, nicht die Zwangsmittel eines totalitären Staates, nicht sozialpsychologisch wirksamer Druck, nicht unveränderliche psychische Neigungen, sondern die Vorstellungen, die in Deutschland seit Jahrzehnten über Juden vorherrschten, brachten ganz normale Deutsche dazu, unbewaffnete, hilflose jüdische Männer, Frauen und Kinder zu Tausenden systematisch und ohne Erbarmen zu töten“ (S. 22).
„Meine Erklärung lautet ..., dass die ganz ‚normalen Deutschen' durch eine bestimmte Art des Antisemitismus motiviert waren, die sie zu dem Schluss kommen ließ, dass die Juden sterben sollten“ (S. 28).
„Hitler und die NS-Führung wussten, dass das deutsche Volk mit ihnen einig war“ (S. 529).

Zitate aus: © Daniel Jonah Goldhagen, Hitlers willige Vollstrecker, 1996

☞ Was sagt Goldhagen über die „ganz normalen Deutschen“?

☞ Gestaltet eine Pro-und-Contra-Diskussion zu der Frage, wie man den Holocaust einschätzen kann.

Judesein nach Auschwitz?

Elie Wiesel: Wo ist Gott?

Die SS schien besorgter, beunruhigter als gewöhnlich. Ein Kind vor Tausenden von Zuschauern zu hängen, war keine Kleinigkeit. Der Lagerchef verlas das Urteil. Alle Augen waren auf das Kind gerichtet. Es war aschfahl, aber fast ruhig und biss sich auf die Lippen. Der Schatten des Galgens bedeckte es ganz. Diesmal weigerte sich der Lagerkapo (Häftling, der für „schmutzige Arbeit" Vergünstigungen erhielt), als Henker zu dienen. Drei SS-Männer traten an seine Stelle. Die drei Verurteilten stiegen zusammen auf ihre Stühle. Drei Hälse wurden zu gleicher Zeit in die Schlingen eingeführt. „Es lebe die Freiheit!", riefen die beiden Erwachsenen. Das Kind schwieg.
„Wo ist Gott, wo ist er?", fragte jemand hinter mir. Auf ein Zeichen des Lagerchefs kippten die Stühle um. Absolutes Schweigen herrschte im ganzen Lager. Am Horizont ging die Sonne unter. „Mützen ab!", brüllte der Lagerchef. Seine Stimme klang heiser. Wir weinten. „Mützen auf!" Dann begann der Vorbeimarsch. Die beiden Erwachsenen lebten nicht mehr. Ihre geschwollenen Zungen hingen bläulich heraus. Aber der dritte Strick hing nicht reglos: Der leichte Knabe lebte noch …
Mehr als eine halbe Stunde hing er so und kämpfte vor unseren Augen zwischen Leben und Sterben seinen Todeskampf. Und wir mussten ihm ins Gesicht sehen. Er lebte noch, als ich an ihm vorüberschritt, seine Zunge war rot, seine Augen noch nicht erloschen. Hinter mir hörte ich denselben Mann fragen: „Wo ist Gott?" Und ich hörte eine Stimme in mir antworten: „Wo ist er? Dort – dort hängt er am Galgen …" An diesem Abend schmeckte die Suppe nach Leichnam.

Elie Wiesel

Gott – ein Gott der Erlösung

Jedesmal, wenn ein Jude dem Holocaust begegnet – er muss ihm begegnen oder er gehört nicht zur jüdischen Nation – und weiterhin Gott preist, der der „Schild Abrahams" ist, „die Kranken heilt", „die Toten auferweckt" und „Jerusalem erbaut", besiegt er Hitler und erfüllt das Vermächtnis der Toten. Diejenigen, die durch die Hände der Nazi-Mörder umkamen, wollten nicht den Tod des Judentums. Sie wollten nicht, dass das jüdische Gebet dadurch zum Schweigen kommt, dass wir uns weigern, von Gott als dem Erlöser Israels zu sprechen. Sie wollten, dass der Gottesdienst in der Synagoge weitergehe, dass die uralten Worte gesagt würden, wie sie diese gesagt hatten und wie sie diese ihre Lieben hatten sagen hören …
An dieser Stelle (15, 6) hören wir von Abrahams Glauben, der vor Gott als Rechtfertigung gilt. Glaube heißt hier deutlich, darauf vertrauen, dass Gott seine Verheißung erfüllen wird, wiewohl kein Mensch sehen kann, wie er es tun könnte. Und eben dieser Glaube Abrahams zeigt sich, als Gott, nachdem er auf wunderbare Weise Abraham und Sarah in fortgeschrittenem Alter ein Kind geschenkt hat, Abraham gebietet, dieses wunderbar empfangene Kind zu opfern. Sicherlich muss Abraham sich gefragt haben, wie Gott seine Verheißung halten könne, wenn er Isaak opfern solle. Aber Abraham vertraut auf Gott und glaubt, dass er seine Verheißung erfüllen wird, selbst wenn Isaak getötet würde. Der jüdische Glaube ist deshalb von Anbeginn an Glaube, dass Gott tun kann, was menschlich unbegreiflich ist. In unserer Zeit schließt das den Glauben ein, dass trotz Auschwitz Gott seine Verheißung erfüllen wird, Israel und die Welt zu erlösen. Kann ich verstehen, wie das möglich ist? Nein. Und erst recht kann ich nicht verstehen, wie Gott es jemals an denen gutmachen kann, die im Holocaust umkamen. Aber mit Abraham glaube ich, dass er es tun wird. Ist dieser Glaube anstößig? Macht er es sich mit dem Leiden der Ermordeten zu leicht? In gewisser Hinsicht ja, ganz bestimmt aber aus menschlicher Sicht. Aber Gott kann und wird es tun. Er ist nicht an das gebunden, was menschenmöglich ist. Er hat versprochen, uns zu erlösen, und er wird es tun.

Michael Wyschogrod

☞ Vergleiche die beiden Texte miteinander. Wieso kommen beide Autoren zu unterschiedlichen Ergebnissen?

☞ Verschiedene biblische Geschichten werden mit der Ermordung der Juden unter dem NS-Regime in Verbindung gebracht: Die Opferung Isaaks (1. Mose 22) und die Geschichte von Hiob.
Informiere dich über diese Geschichten und versuche zu erklären, was diese Deutung meint.

Nach Auschwitz – provokative Thesen

Imre Kertész (geb. 1929), ungarischer Schriftsteller und Überlebender des KZ Buchenwald, wurde einmal von einem Bekannten gefragt, ob er Kinder habe. Er antwortete mit einem brüsken „Nein“ auf die harmlose Frage. Er weigerte sich auch in seiner Ehe stets, Kinder zu zeugen. Begründet hat er seine Entscheidung in einem langen Monolog: *„Kaddisch für ein nicht geborenes Kind.“*

Theodor W. Adorno (1903–1969), jüdischer Philosoph, schrieb den Satz: *„Nach Auschwitz ein Gedicht zu schreiben, ist barbarisch ...“* Dennoch haben viele jüdische Dichter den Holocaust zum Gegenstand ihrer poetischen Auseinandersetzung mit der Vergangenheit gemacht.

Ezer Weizman (1924–2005), ehem. Israelischer Staatspräsident, forderte wiederholt alle Juden in Deutschland auf, nach Israel auszuwandern. Er konnte nie verstehen, wie ein Jude im *„Land der Täter“* leben konnte. Viele deutsche Juden widersprachen Weizman und sahen in Deutschland ihre Heimat.

Elie Wiesel (geb. 1928), Auschwitz-Überlebender und Literatur-Nobelpreisträger, formulierte einmal:
„Der nachdenkliche Christ weiß, dass in Auschwitz nicht das jüdische Volk, sondern das Christentum gestorben ist.“

☞ Sammelt weitere Informationen über die genannten Personen.

☞ Führt eine Pro-und-Contra-Diskussion zu diesen Thesen durch.

Als Jude hier?

Ein Widerwort an Israels Präsidenten Ezer Weizman, von Daniel Cohn-Bendit

Israels Präsident Ezer Weizman hat während des Staatsbesuches in dieser Woche neuerlich sein Unverständnis darüber ausgedrückt, dass Juden, 50 Jahre nach dem Holocaust, überhaupt noch in Deutschland leben können. Diese Aussage hat mich nicht nur etwas verletzt, sondern sogar ein wenig wütend gemacht. Meine Eltern mussten Deutschland 1933 verlassen; mein Vater kehrte bereits 1949 zurück. Deshalb fühle ich mich herausgefordert zu erklären, warum Juden in Deutschland leben, ja sogar sich hier wohlfühlen können. Aber davon später.

Wenn Juden nach Auschwitz in Deutschland keine Heimat finden könnten, dann gälte dies genauso für Homosexuelle, Sinti und Roma oder Behinderte. Ja, wie könnten überhaupt Deutsche, die nach 1945 geboren sind, mit dieser Geschichte in Deutschland leben? Zwar kann Erziehung in Deutschland nicht nur die Produktion von Schuldgefühlen sein. Lehrer wissen, was es für einen deutschen Heranwachsenden bedeuten kann, zu erfahren, was seine Vorfahren Menschen anzutun vermochten. Aber die Deutschen und die Menschheit müssen noch lange an Auschwitz und an dem Gedanken der totalen Vernichtung arbeiten.

Als ich 1968 gezwungen wurde, Frankreich zu verlassen, traf ich hier eine Generation, die sich anschickte, die Schuld der Deutschen auf sich zu nehmen. Und zwar so, dass sie eine Demokratie errichten wollten, die Krieg und Auschwitz ein für alle Mal unmöglich machen würde. Natürlich wohnte diesem Kampf auch eine naive Dimension inne – und tut es immer noch. Deutsche wollen die besten Demokraten, die besten Ökologen, die besten Pazifisten, die besten Antinationalisten und die vollkommensten Antirassisten sein. Mag sein, dass dies einem gelegentlich auf die Nerven gehen kann ... Wenn Weizman nicht verstehen mag, dass Juden in einem Deutschland leben können, wo sich so grausame Ereignisse abspielten wie die Ermordung türkischer Bürgerinnen und Bürger in Solingen oder Mölln, dann trifft er einen wunden Punkt der deutschen Gegenwart. Aber dann sollte er bitte nicht vergessen, dass Millionen von Menschen von München bis Hamburg auf die Straße gingen, um nein zu rassistischem Terror zu sagen. Nach der „Reichskristallnacht" blieben Millionen von Menschen zu Hause und taten so, als ob sie die Juden, mit denen sie noch gestern befreundet waren, nicht mehr kannten ... Nach dem Holocaust bleibt vieles offen. An die Deutschen richtet sich die Frage: Wie konnte fast ein ganzes Volk der totalen Barbarei verfallen? Die Franzosen müssen erklären, warum die französische Polizei, die meinen Großvater abgeholt hat, mit einer solchen Barbarei kollaborierte. Viele Österreicher haben sich zu fragen, weshalb sie den Anschluss als einen Segen betrachteten. Die Liste der Kollaboration ließe sich fortsetzen.

Ich lebe in Deutschland seit 1968, weil es inzwischen meine freiwillige Entscheidung ist. Ezer Weizman hat als Präsident des Staates Israel nicht nur das Recht, sondern auch die Pflicht, für diesen Staat zu werben – für einen Staat, in dem gläubige Juden mit gläubigen Muslimen, Christen und Atheisten leben.

Er müsste also umgekehrt verstehen, dass es viele Juden gibt, die es vorziehen, in der Diaspora zu leben. Für mich gilt sogar, dass Israel, um es provokativ zu sagen, das Ende des Judentums bedeutet und den Beginn des nationalen israelischen Bewusstseins. Ich hänge einem anderen Verständnis vom Judentum an als Weizman. In Frankreich aufgewachsen und in Deutschland lebend, fühle ich mich als Kosmopolit nicht nur in der Diaspora wohl, sondern genieße jede multikulturelle Gesellschaft, die versucht, eindimensionales ethnisches Denken zu überwinden.

Deswegen möchte ich Weizmans Forderung umkehren: Vor 1933 lebten in Deutschland mehr als 500.000 Juden. Deutschland wird erst dann Frieden mit sich und seiner Geschichte finden, wenn mehrere hunderttausend Juden gemeinsam mit Muslimen, Christen und Atheisten das Deutschland der Zukunft prägen werden. Oder, um es mit Jean-Paul Sartre zu formulieren: Wenn sich Deutschland wieder daran gewöhnt haben wird, dass Juden in Deutschland Arbeitnehmer und Unternehmer sein können, Schuldner und Banker, Konservative und Grüne, Minister und Autonome, Huren und Diebe, dann ist das Judesein in Deutschland zur Normalität geworden. Dafür lohnt es sich zu kämpfen. Deshalb verstehe ich, dass heute Juden in Deutschland leben und dafür eintreten, diese deutsche Demokratie möge sich weiterhin verbessern und reformieren. Ich lebe heute in Deutschland aus freiem Entschluss und ohne Schuldgefühle.

DIE ZEIT, Nr. 4, 19. Januar 1996, 51. Jahrgang

☞ Erkundige dich über den Politiker Daniel Cohn-Bendit. Zu welchem Ergebnis kommt er?

Stolpersteine – ein Rollenspiel

Die Initiative

Schon seit Jahren erinnert der Kölner Künstler Gunter Demnig an die Opfer der Nazi-Zeit. Steine aus Messing vor den Häusern sollen die Erinnerung an die Menschen lebendig halten, die hier einmal wohnten. Bis heute gibt es über 9000 Steine in rund 160 Orten. „Ein Mensch ist erst vergessen, wenn sein Name vergessen ist“, sagt Gunter Demnig. Finanziert wird die Herstellung und Verlegung der Steine durch private Patenschaften. Ein Stein kostet 95,– Euro.

Die Aktion im Dorf

Schülerinnen und Schüler der 9. Klasse der Albert-Einstein-Schule haben den Antrag gestellt, in Wernersburg Stolpersteine zu verlegen. Öffentlich wird dies diskutiert. Bei der entscheidenden Ratsversammlung werden folgende Personen angehört:

Die Klassensprecherin	Ein Hausbesitzer
Sie war mit ihrer Klasse erschüttert, als sie vom Schicksal der deportierten Juden aus ihrer Gemeinde hörte. Es waren elf Personen, die deportiert wurden. Mit einer spontanen Sammelaktion hat die Klasse das notwendige Geld aufgetrieben, sechs Stolpersteine zu finanzieren. Sie bittet den Stadtrat im Namen der Klasse darum, das Projekt zu unterstützen und die restlichen Stolpersteine zu finanzieren.	Hausbesitzer Karl M. hat Bedenken, dass vor seinem Haus die Stolpersteine platziert werden. Er wolle lieber in Ruhe wohnen und möchte erst einmal abwarten. Er bittet den Stadtrat, die Aktion zu stoppen und sich zu erkundigen, wie die Erfahrungen aus anderen Gemeinden sind.
Der Vertreter der jüdischen Kultusgemeinde	**Ein Historiker**
Er ist begeistert vom Engagement der jungen Leute, die sich in ihrer Freizeit mit der Geschichte der Juden ihrer Heimatgemeinde beschäftigen. Dass der Opfer des Naziterrors gedacht werden soll, steht für ihn außer Frage. In die Frage des „Wie“ will er sich nicht einmischen. Das sei Sache des Gemeinderats. Er hat aber Bedenken, ob man auf den Namen der Opfer „herumtrampeln“ sollte.	Er informiert den Stadtrat über das Schicksal der ehemaligen jüdischen Mitbürger. Zehn starben in den Lagern Gurs und Auschwitz. Einer überlebte das Lager und wanderte nach dem Krieg in die USA aus. Der Historiker stellt die Frage, ob man dem Überlebenden auch einen Stein setzen soll.

☞ Sammelt weitere Informationen über die Aktion unter www.stolpersteine.com.

☞ Informiert euch, ob es in eurer Ortsgemeinde (vielleicht sogar in eurer Schule) auch Juden gab, die Opfer der Nazis wurden.

☞ Spielt in eurer Klasse eine Gemeinderatssitzung. Neben den oben genannten Personen gibt es weitere Befürworter und Gegner, aber auch den Bürgermeister, der die Auseinandersetzung moderieren soll.

Erinnerung: Geheimnis der Erlösung?

Welche Rolle spielt die Erinnerung an Ereignisse, die einem selbst oder einem Volk unangenehm sind? Dieser Frage muss sich das deutsche Volk gerade angesichts des Holocaust stellen. Hier zwei Positionen dazu:

Bundespräsident Richard von Weizsäcker:

„Wir alle, ob schuldig oder nicht, ob alt oder jung, müssen die Vergangenheit annehmen. Wir alle sind von ihren Folgen betroffen und für sie in Haftung genommen. Jüngere und Ältere müssen und können sich gegenseitig helfen zu verstehen, warum es lebenswichtig ist, die Erinnerung wachzuhalten. Es geht nicht darum, Vergangenheit zu bewältigen. Das kann man gar nicht. Sie lässt sich ja nicht nachträglich ändern oder ungeschehen machen. Wer aber vor der Vergangenheit die Augen verschließt, wird blind für die Gegenwart. Wer sich der Unmenschlichkeit nicht erinnern will, der wird wieder anfällig für neue Ansteckungsgefahren. Das jüdische Volk erinnert sich und wird sich immer erinnern. Wir suchen als Menschen Versöhnung. Gerade deshalb müssen wir verstehen, dass es Versöhnung ohne Erinnerung gar nicht geben kann. Die Erfahrung millionenfachen Todes ist ein Teil des Innern jedes Juden in der Welt, nicht nur deshalb, weil Menschen ein solches Grauen nicht vergessen können. Sondern die Erinnerung gehört zum jüdischen Glauben. „Das Vergessenwollen verlängert das Exil, und das Geheimnis der Erlösung heißt Erinnerung." Diese oft zitierte jüdische Weisheit will wohl besagen, dass der Glaube an Gott ein Glaube an sein Wirken in der Geschichte ist. Die Erinnerung ist die Erfahrung vom Wirken Gottes in der Geschichte. Sie ist die Quelle des Glaubens an die Erlösung. Diese Erfahrung schafft Hoffnung, sie schafft Glauben an Erlösung, an Wiedervereinigung des Getrennten, an Versöhnung. Wer sie vergisst, verliert den Glauben. Würden wir unsererseits vergessen wollen, was geschehen ist, anstatt uns zu erinnern, dann wäre dies nicht nur unmenschlich. Sondern wir würden damit dem Glauben der überlebenden Juden zu nahetreten, und wir würden den Ansatz zur Versöhnung zerstören. Für uns kommt es auf ein Mahnmal des Denkens und Fühlens in unserem eigenen Innern an."

Bundespräsident Richard von Weizsäcker: Rede zum 8. Mai 1985

Charles Lewinsky

„Das ist unser Problem: zu viel Vergangenheit. Man schleppt so viel Vergangenheit mit sich rum, dass man mit dem Wegräumen gar nicht nachkommt. Geschichte, die jüdische Krankheit. Bis heute feiern wir den Auszug aus Ägypten. Die Pharaonen, die uns damals unterdrückt haben, liegen schon lange mumifiziert in ihren Pyramiden, aber wir feiern noch immer. Oder der Tempel in Jerusalem. Bald 2000 Jahre ist es her, dass die Römer ihn zerstört haben, das Römische Reich ist ewig untergegangen, aber wir hören immer noch nicht auf zu trauern. Die jüdische Krankheit: Wir können nicht vergessen. – Na schön, die Christen freuen sich auch immer noch über eine Geburt, die 2000 Jahre her ist. Aber – das war ja auch ein Jude. – Wir können nicht loslassen. Wir waren immer so mit dem Erinnern beschäftigt, dass wir nie dazu gekommen sind, endlich einmal auszusterben wie alle andern. In den Talmudschulen führen sie heute noch Debatten weiter, die im Mittelalter schon historisch waren. Geschichte. Alles unsere Geschichte. Man schleppt sie mit sich herum wie einen Buckel. Na gut, in Indien oder in China ist auch viel passiert im Laufe der Jahrtausende. Nur: Es gibt eine Milliarde Chinesen, die können all die Historie irgendwie zwischen sich aufteilen. Aber wir Juden? Vor allem wir deutschen Juden? Viel zu viel Geschichte für so wenige Leute. Viel zu viel Geschichte. Ich habe versucht, davon wegzulaufen, aber so schnell kann keiner rennen."

aus: Charles Lewinsky, Ein ganz gewöhnlicher Jude.

☞ Was sagen beide über das Problem der Vergangenheitsbewältigung?

Kirche und Synagoge

In der Hebräischen Bibel wird von einer „Erwählung Israels" gesprochen (Gott erwählt sein Volk). Christen hatten bereits in der Zeit des Urchristentums die Erwählung durch Gott auf die Kirche übertragen und folgendermaßen mit der Bibel argumentiert:

1. Gott erwählte Abraham und das Volk Israel (1. Mose 12, 1–3; 5. Mose 7, 6).
2. Dem Volk wird angekündigt, dass der Messias, der Retter des Volkes, kommt (Jesaja 9 + 11).
3. Israel war verstockt, „mit Blindheit geschlagen" und wie „unter einer Decke" (2. Kor 3, 14). So erkannte es Jesus nicht als den Messias an.
4. Juden töteten den Messias und verfluchten sogar sich selber: „Sein Blut komme über uns und unsere Kinder" (Mt 27, 25). Der Kirchenvater Origenes (3. Jh.) legt den Text später so aus: „Nicht an jenen nur, die Jesu Zeitgenossen waren, fürwahr an allen künftigen jüdischen Geschlechtern haftet das Blut Jesu bis ans Ende aller Zeiten."
5. Wegen der Verstockung kam das Strafgericht Gottes. So wurde der Tempel in Jerusalem zerstört, und die Juden wurden unter den Völkern zerstreut.
6. Die „Erwählung Israels" geht damit auf die Christen über. Die Kirche Jesu Christi wird so zum Heil für die Völker.

☞ Diese Argumentation, die im Christentum viele Jahrhunderte vorherrschte, bildet heute noch ein Problem für einen Dialog zwischen Juden und Christen. Warum wohl?

Auf dem Bild sieht man Steinfiguren, die man heute noch am Wormser Dom (Foto) und ähnlich am Straßburger Münster sehen kann. Sie zeigen symbolisch die Ekklesia (Kirche – oben) und die Synagoge (unten).

☞ Wie sind beide Figuren dargestellt? (Haltung, Besonderheiten …)

☞ Vergleiche diese Abbildung mit dem, was über die christliche Tradition gesagt wird. Wie drückt der Steinmetz die angebliche Überlegenheit der Kirche aus?

Israel – das erwählte Volk?

Das „Volk Israel“ wird nach der Bibel von Gott „erwählt“. Diese Erwählung wird unterschiedlich verstanden:

1: Die Erwählung Israels in der Bibel

Denn du bist ein heiliges Volk dem HERRN, deinem Gott. Dich hat der HERR, dein Gott, erwählt zum Volk des Eigentums aus allen Völkern, die auf Erden sind. Nicht hat euch der HERR angenommen und euch erwählt, weil ihr größer wäret als alle Völker – denn du bist das kleinste unter allen Völkern –, sondern weil er euch geliebt hat und damit er seinen Eid hielte, den er euren Vätern geschworen hat. Darum hat er euch herausgeführt mit mächtiger Hand und hat dich erlöst von der Knechtschaft, aus der Hand des Pharao, des Königs von Ägypten.

5. Mose 7, 6–8 in der Übersetzung Martin Luthers

2: „Wort zur Judenfrage“ des Bruderrates der evangelischen Kirche (1948): Verwirkte Erwählung?

„Indem Gottes Sohn als Jude geboren wurde, hat die Erwählung und Bestimmung Israels ihre Erfüllung gefunden. Einem anderen Verständnis Israels muss die Kirche grundsätzlich widerstehen, und damit auch dem Selbstverständnis des Judentums, als sei es Träger oder Künder einer allgemeinen Menschheitsidee oder gar der Heiland der Welt.

Indem Israel den Messias kreuzigte, hat es seine Erwählung und Bestimmung verworfen … Die Erwählung Israels ist durch und seit Christus auf die Kirche aus allen Völkern, aus Juden und Heiden, übergegangen.“

Die Kirchen und das Judentum, S. 541f.

3: Synode der Rheinischen Kirche (1980): Bleibende Erwählung

„Wir glauben die bleibende Erwählung des jüdischen Volkes als Gottes Volk und erkennen, dass die Kirche durch Jesus Christus in den Bund Gottes mit seinem Volk hineingenommen ist.“

Die Kirchen und das Judentum

4: Michael Weinrich: Kein jüdischer Triumphalismus

Nach jüdischem Verständnis begründet die Erwählung als Volk Gottes keinen Triumphalismus, sondern im Gegenteil wird die Erwählung nicht selten als eine besondere Verantwortung und Bürde verstanden. Das hat seinen Grund darin, dass die Erwählung durch Gott eine besondere Verpflichtung des Volkes einschließt. Der Bund Gottes mit Israel (2. Mose 20: Zehn Gebote) ist das Unterpfand der Erwählung. Er verdeutlicht den mit der Erwählung verbundenen Anspruch Gottes an sein Volk. So gern sich Israel immer wieder wie die anderen Völker organisieren will, so häufig wird es daran erinnert, dass es nicht einfach wie die Völker sein darf (Ez 20, 32 u.ö.). Es ist vor allem das erste Gebot, an dem sich das Volksein Israels zu bewähren hat, indem es allem Götzendienst absagt.

Michael Weinrich: Sind die Juden das auserwählte Volk?

☞ Was meint: „Gott hat das Volk Israel erwählt“? (Text 1 + Text 4)

☞ Wie hat man in den Kirchen die Erwählung Israels (miss)verstanden? (Text 2 + Text 4)

☞ Wie versteht man die Erwählung Israels heute? (Text 3 + Text 4)

Die Frage nach Gott

Dialogbereite jüdische Gelehrte vertraten in einer Erklärung die Meinung: „Juden und Christen beten den gleichen Gott an." Trotz allem erregt die **christliche Trinitätslehre** (Lehre vom Vater, Sohn und Heiligen Geist) im Judentum und im Islam immer wieder Widerspruch. Die Aussage eines jüdischen Forschers macht dies deutlich:

„Das Problem ist noch fundamentaler als die vertrauten Fragen, ob Jesus der Messias sei und ob die Tora noch gültig oder vom Evangelium abgelöst sei; es geht um die Frage der Identität Gottes selbst. Für das traditionelle Christentum ist Jesus nicht nur Sprecher Gottes nach Art eines jüdischen Propheten, sondern auch und vor allem eine Inkarnation (Fleischwerdung) – die endgültige und unüberbietbare Inkarnation – des Gottes Israels. In den Worten des Nizänischen Glaubensbekenntnisses ... ist Jesus ‚wahrer Gott vom wahren Gott, gezeugt, nicht geschaffen, eines Wesens mit dem Vater; durch ihn ist alles geschaffen'. Teilnehmer am jüdisch-christlichen Dialog sprechen oft, als ob Juden und Christen zwar über Gott übereinstimmten, nicht aber über Jesus. Sie haben vergessen, dass orthodoxe Christen in einem sehr realen Sinne glauben: Jesus ist Gott."

Jon D. Levenson, Prof. für jüd. Studien

☞ Was wirft der Autor den Christen vor?
Wie denkst du über diese Aussage?

☞ Besonders die bildliche Darstellung Gottes in manchen Kirchen (Foto) wird kritisiert. Dies hängt auch mit den Zehn Geboten (2. Mose 20) zusammen. Finde heraus, welches Gebot hier besonders herangezogen wird.

Weitere **Kritikpunkte** von jüdischer Seite gegen die christliche Gotteslehre sind:

1. Gott neigt sich zwar zu den Menschen herab, er selbst ist aber nicht Mensch geworden.
2. Das Christentum hat durch seine Lehre von Vater, Sohn und Heiligem Geist (Trinitätslehre) eine Körperlichkeit und dadurch eine Beschränkung in den unbeschränkten, unabhängigen, rein geistigen Gott Israels hineingetragen.
3. Jesus hat mit dem Endgericht nichts zu tun. Gott wird am Ende der Geschichte als der eine und einzige Gott Israels kommen, den Gläubigen zum Heil, den sich Verweigernden zum Gericht.

☞ Es gibt aber auch eine Menge **Übereinstimmungen** zwischen christlichem und jüdischem Gottesverständnis.
Überlege dir, wo im Gespräch zwischen Juden und Christen Anknüpfungspunkte bei der Frage nach Gott sein könnten.

Messiaserwartung

Der Richter Hans Reichrat (1926–2000) setzte sich besonders für den christlich-jüdischen Dialog ein und fasste die Diskussion um die Messiaserwartung wie folgt zusammen:

> **Messias**
> hebr. (משיח) der „Gesalbte“, meinte ursprünglich einen Menschen, der von Gott für eine Aufgabe in Israel auserwählt und symbolisch mit Öl „gesalbt“ wurde (Zeichen der Königswürde). Seit dem Untergang des Königreiches (587/586 v. Chr.) wird der Titel auf einen Retter und Friedensbringer am Ende der Zeit übertragen. Heute gibt es die Erwartung, dass der Meschiach
> - den Thron Davids wieder aufrichten wird
> - den Tempel wieder aufbaut
> - die Juden aus der Fremde nach Israel (Zion) holt
> - ein Friedensreich errichtet.
>
> Für Christen ist Jesus der Messias (Christus = griechisch/lateinische Übertragung des Begriffes).

In der Zeit um Jesu Geburt war die Suche nach einem Messias besonders spürbar.
Im **Neuen Testament** wurden Jesus aus Nazareth alle Hoheitstitel zugeschrieben, die ihn als „den Messias“ ausweisen sollten.

☞ Lies hierzu folgende Bibelstellen: Petrusbekenntnis Mk 8, 27ff; die Berufung des Philippus Joh 1, 45ff; die wunderbare Brotvermehrung Joh 6, 14; Emmausjünger Lk 24, 13ff.

Aus allen Stellen wird die entscheidende Frage deutlich: Was hat es mit der Person dieses Jesus auf sich?
Dies muss auch für Jesus selbst bedeutsam gewesen sein, denn er fragte zurück: „Was sagen die Leute über mich?“ „Wofür haltet ihr mich?“ Die Antworten sind aufschlussreich und zahlreich: So nennt sich Johannes der Täufer im Blick auf Jesus als „Vorläufer des Messias“, Jesus selbst wird mit Elija verglichen oder als einer der Propheten benannt. Dann folgen schließlich die Titel „Messias“, „Gottes Sohn“ und „Menschensohn“.

Im Judentum spielt hingegen der Messiasglaube insgesamt keine vergleichbar zentrale Rolle wie im Christentum. Er basiert auch nicht auf einer festen Lehre. Erlösung muss auch nicht unbedingt von einer Messiasgestalt ausgehen. Wo Messiasgestalten auftreten, können sie immer wieder neue Züge annehmen und sich im Laufe der Geschichte des Gottesvolkes wandeln.
Sie können mehr **politisch** erscheinen (König, Davidsohn), aber auch **priesterlich** gedacht sein (Qumran). Sie können als ein **zukünftiges, geschichtliches Ereignis** herbeigesehnt werden (sog. horizontaler Messianismus) oder als ein **plötzliches Herabkommen vom Himmel** (vertikal, apokalyptisch). Es gibt sogar die Vorstellung, dass „der Messias“ **unerkannt** wirkt. Letztlich kann es JHWH selbst sein, der zur Ausübung seiner Herrschaft kommen wird, ohne ein messianisch vorbereitendes „Zwischenreich“. Der Messias tritt niemals an die Stelle Gottes. Er ist im Grunde nur Teil einer umfassenden Zukunftshoffnung.

Christen müssen lernen, dass es etwas Unsachliches und Willkürliches an sich haben kann, bestimmte alttestamentliche Verheißungsstellen aus dem Zusammenhang jüdischer Tradierung herauszureißen und ungebrochen auf Jesus Christus hin zu interpretieren. Ein Beispiel ist die große Bedeutung des Leidenspsalms 22 in der Passionsgeschichte.
Christen sollten wissen, dass für Juden die Messiaserwartung nur eine unter verschiedenen Erwartungen ist auf das endgültige Kommen Gottes und sein „Reich“, seine Herrschaft.

☞ Worin liegen die Unterschiede zwischen einem jüdischen und christlichen Messiasglauben?

☞ Wie sollte man bei dieser Frage einen Dialog führen?

Tora und Gnade (Paulus)

Der **Apostel Paulus** wurde als Jude geboren. Durch sein Bekehrungserlebnis (Apg 9) wurde er zum christlichen Heidenmissionar. In seinen Briefen greift er häufig das Thema „Gesetz (Tora) und Gnade" auf. Für die Reformatoren war diese Lehre besonders wichtig.
Michael Wyschogrod versteht sich als orthodoxer Jude und ist Religionswissenschaftler an einer Universität in Texas. Er engagiert sich seit Jahren im christlich-jüdischen Gespräch. Wie viele Juden schätzt er Jesus als weisen Lehrer, aber mit dem Apostel Paulus hat er Probleme:

☞ Lies Gal 2, 15–21. Was wird hier über „Gesetz und Gnade" gesagt?

☞ Paulus äußert sich auch an anderen Stellen über das jüdische Gesetz. Lies z.B. Röm 2, 17ff und 7, 14ff.
Woran macht der Apostel seine Kritik an der Tora, dem jüdischen Religionsgesetz, fest?

„Als ich früher in meiner Laufbahn Paulus studierte, war ich sehr irritiert durch seine Haltung zum Gesetz. Um es ganz offen zu sagen, ich konnte nicht verstehen, wie ein religiös sensibler Jude wie Paulus so über das Gesetz sprechen konnte, wie er es tat. Ich konnte in einem gewissen Maß seine Faszination durch Jesus verstehen, aber ich konnte nicht verstehen, und kann es im Grunde auch jetzt noch nicht verstehen, warum die Faszination durch Jesus ihn zu solcher Feindschaft gegen das Gesetz des Mose geführt hat, zum Gesetz des Pentateuch. Ich ärgerte mich besonders über die Idee, dass Juden meinen, sie würden durch Taten gerettet, während Christen wissen, dass sie durch den Glauben und allein durch den Glauben gerettet werden. Der Gedanke, dass nur etwas zu glauben einen Menschen retten könnte, klang mir immer allzu leicht. Außerdem war es einfach nicht wahr, dass Juden dachten, sie würden durch Taten oder Werke gerettet.
Wenn ein Jude so denken würde, dann würde er einfach zu Gott sagen: Erweise mir keine Wohltaten, gib mir nicht mehr als ich verdiene, aber gib mir auch nicht weniger als ich verdiene, gib mir genau, was mir zukommt, dann habe ich nichts zu fürchten. Ich bezweifle, dass irgendein Jude in der Geschichte des Judentums dies gedacht hat. Jeder Jude weiß oder sollte wissen: Wenn Gott ihm zahlen würde, was er verdient, nicht mehr und nicht weniger, dann wäre er verloren. Seine einzige Hoffnung hängt von der Gnade Gottes ab. Wenn Gott beschließt, seine traurige Bilanz zu übersehen und ihm Gnade statt Recht zu erweisen, dann hat er Hoffnung. Aber sonst gewiss nicht.
So behauptet der Jude nicht, ‚gerechtfertigt' zu sein durch die Werke des Gesetzes, sondern vielmehr durch die Gnade Gottes. Zugleich bedeutet dies aber nicht, dass er tun kann, was er will. Die Gebote der Tora sind verbindlich, und es ist die Verpflichtung jedes Juden, sie zu befolgen, so gut er nur kann. Aber es ist sehr wahrscheinlich, ja fast sicher, dass er das Ziel nicht erreichen wird, und hier kommt die Gnade Gottes ins Spiel. Daraus folgt also nicht, dass, wenn man das Gesetz ernst nimmt, man sich selbst als durch das Gesetz gerechtfertigt betrachtet. Nur Gott rechtfertigt, und er rechtfertigt vielmehr auf Grund von Gnade als aufgrund von Verdiensten, die man sich durch gute Taten erworben hat."

Michael Wyschogrod, Die Auswirkungen des Dialogs mit dem Christentum auf mein Selbstverständnis als Jude, in: Kirche und Israel, Heft 2/90, S. 136ff.

☞ M. Wyschogrod verteidigt die jüdische Religion gegen die Vorwürfe des Paulus. Arbeite die wesentlichen Punkte seiner Argumentation heraus.

Jesus aus jüdischer Sicht

Der Talmud

„Am Vorabend des Pessachfestes haben sie Jesus gehängt. Der Herold aber ging 40 Tage vor ihm her: Dieser geht hinaus, um gesteinigt zu werden, weil er Zauberei getrieben und Israel verlockt und abgesprengt hat. Jeder, der etwas zu seinen Gunsten weiß, komme und plädiere für ihn. Aber sie fanden nichts zu seinen Gunsten und hängten ihn am Vorabend des Pessachfestes."

Babylonischer Talmud, Sanhedrin 43

Pinchas Lapide

„Was die Aussage betrifft, Jesus sei der Messias Israels, muss hier mit Deutlichkeit gesagt werden: In der Religionsgeschichte der Menschheit gibt es kein Beispiel dafür, dass eine Glaubensgemeinschaft einer anderen vorzuschreiben versucht, welche Rolle eine Person – und sei sie auch ein Heilsbringer – in der Heilsgeschichte der Letzteren zu spielen habe.
Der nachösterliche Christus der Kirchenlehre ist zum Heiland der Heidenkirche geworden. Kein Jude bezweifelt diese Tatsache, noch die Gott-gewollte Sendung des Christentums in unserer noch unerlösten Welt. Aber da Jesus sein Leben lang auf Erden ein frommer Jude war – und kein Christ –, so sollten doch die Juden entscheiden dürfen, was dieser Nazarener für uns Juden bedeutet."

Umkehr und Erneuerung,
Hg. B. Klappert/H. Starck, S. 241f.

Martin Buber

„Jesus habe ich von Jugend auf als meinen großen Bruder empfunden. Dass die Christenheit ihn als Gott und Erlöser angesehen hat und ansieht, ist mir immer als eine Tatsache von höchstem Ernst erschienen, die ich um seinet- und um meinetwillen zu begreifen suchen muss. … Mein eigenes brüderlich aufgeschlossenes Verhältnis zu ihm ist immer stärker und reiner geworden, und ich sehe ihn heute mit stärkerem und reinerem Blick als je. Gewisser als je ist es mir, dass ihm ein großer Platz in der Glaubensgeschichte Israels zukommt und dass dieser Platz durch keine der üblichen Kategorien umschrieben werden kann."

Martin Buber: Zwei Glaubensweisen.

Schalom Ben-Chorin

„Der Glaube an Jesus als Messias, als die zweite Person einer nirgends im Neuen Testament bezeugten Trinität, als den EINZIGEN Gerechten, der ein stellvertretendes Sühneleiden auf sich nimmt – all das trennt uns notwendig …"
„Es ist die Hand eines großen Glaubenszeugen in Israel. Sein Glaube, sein bedingungsloser Glaube, das schlechthinnige Vertrauen auf Gott, den Vater, die Bereitschaft, sich ganz unter dem Willen Gottes zu demütigen, das ist die Haltung, die uns in Jesus vorgelebt wird und die uns – Juden und Christen – verbinden kann: Der Glaube Jesu einigt uns, habe ich andernorts gesagt, aber der Glaube an Jesus trennt uns."

Schalom Ben-Chorin, Bruder Jesus, S. 11.

☞ Wie denken die zitierten Jüdinnen und Juden über Jesus von Nazareth? Fasse die Aussagen kurz zusammen.

☞ In welchem Verhältnis stehen diese Aussagen zu deinem eigenen Jesusbild?

Das Verhältnis neu denken

Erklärung der Synode der Evangelischen Kirche im Rheinland (1980)

Wie keine andere Erklärung zuvor stellt sich die Synode der Evangelischen Kirche im Rheinland der Herausforderung, das Verhältnis gegenüber Juden neu zu bedenken und zu klaren Formulierungen zu kommen.

Vier Gründe veranlassen die Kirche dazu:

- Die Erkenntnis christlicher Mitverantwortung und Schuld an dem Holocaust, der Verfemung, Verfolgung und Ermordung der Juden im Dritten Reich.
- Biblische Einsicht über die bleibende heilsgeschichtliche Bedeutung Israels (Röm 9–11).
- Die Einsicht, dass die fortdauernde Existenz des jüdischen Volkes, seine Heimkehr in das Land der Verheißung und auch die Errichtung des Staates Israel Zeichen der Treue Gottes gegenüber seinem Volk sind.
- Die Bereitschaft von Juden zu Begegnung, gemeinsamem Lernen und Zusammenarbeit trotz des Holocaust.

Die **Landessynode erklärt:** (Thesen)

I. Wir bekennen betroffen die Mitverantwortung und Schuld der Christenheit in Deutschland am Holocaust.

II. Wir bekennen uns dankbar zu den „Schriften“ (Lk. 24, 32 und 1. Kor. 15, 3 f.), unserem Alten Testament, als einer gemeinsamen Grundlage für Glauben und Handeln von Juden und Christen.

III. Wir bekennen uns zu Jesus Christus, dem Juden, der als Messias Israels der Retter der Welt ist und die Völker der Welt mit dem Volk Gottes verbindet.

IV. Wir glauben die bleibende Erwählung des jüdischen Volkes als Gottes Volk und erkennen, dass die Kirche durch Jesus Christus in den Bund Gottes mit seinem Volk hineingenommen ist.

V. Wir glauben mit den Juden, dass die Einheit von Gerechtigkeit und Liebe das geschichtliche Heilshandeln Gottes kennzeichnet. Wir glauben mit den Juden Gerechtigkeit und Liebe als Weisungen Gottes für unser ganzes Leben. Wir sehen als Christen beides im Handeln Gottes in Israel und im Handeln Gottes in Jesus Christus begründet.

VI. Wir glauben, dass Juden und Christen je in ihrer Berufung Zeugen Gottes vor der Welt und voreinander sind; darum sind wir überzeugt, dass die Kirche ihr Zeugnis dem jüdischen Volk gegenüber nicht wie ihre Mission an die Völkerwelt wahrnehmen kann.

Die Synode stellt weiterhin fest:

- Das Wort **„Neues Testament“** bedeutet nicht, dass das „Alte“ abgelöst ist. „Wir wollen deshalb den unlösbaren Zusammenhang des Neuen Testaments mit dem Alten Testament neu sehen …“
- „Indem wir umkehren, beginnen wir zu entdecken, **was Christen und Juden gemeinsam bekennen:** Wir bekennen beide Gott als den Schöpfer des Himmels und der Erde und wissen, dass wir als von demselben Gott durch den aaronitischen Segen Ausgezeichnete im Alltag der Welt leben. Wir bekennen die gemeinsame Hoffnung eines neuen Himmels und einer neuen Erde und die Kraft dieser messianischen Hoffnung für das Zeugnis und das Handeln von Christen und Juden für Gerechtigkeit und Frieden in der Welt.“

☞ Stelle deutlich die Fragen und Themen heraus, die diese Erklärung aufgreift.

☞ Worin besteht das Neue dieser Erklärung gegenüber der christlichen Tradition?

☞ Sind diese Fragen und Themen immer noch aktuell?

Dabru emet – Redet Wahrheit!

Eine jüdische Erklärung über Christen und Christentum

Von jüdischer Seite gibt es Menschen, die den Neuanfang im christlich-jüdischen Dialog positiv aufgenommen haben. Es wurde folgende Erklärung formuliert:

„... In den Jahrzehnten seit dem Holocaust (Shoah) hat sich das Christentum ... tief greifend verändert. Eine wachsende Anzahl offizieller Kirchenvertretungen ... haben öffentlich ihre Schuld an christlicher Misshandlung von Juden und Judentum erklärt. Diese Erklärungen haben darüber hinaus gesagt, dass christliche Lehre und Verkündigung erneuert werden kann und muss, sodass sie Gottes bleibenden Bund mit dem jüdischen Volk anerkennen und den Beitrag des Judentums zur Weltkultur und zum christlichen Glauben insbesondere würdigen. Wir sind der Meinung, dass diese Veränderungen eine wohlbedachte jüdische Antwort verdienen ...

Als einen ersten Schritt bieten wir acht kurze Thesen darüber an, wie Juden und Christen ihre Beziehung zueinander neu gestalten können.

1. Juden und Christen beten zu demselben Gott: ... Christen beten genauso zu dem Gott Abrahams, Isaaks und Jakobs, dem Schöpfer des Himmels und der Erden ... So freuen wir uns als jüdische Theologen doch darüber, dass durch das Christentum Hunderte von Millionen Menschen mit dem Gott Israels in Verbindung gekommen sind.

2. Für Juden und Christen ist dasselbe Buch gültig – die Bibel (die Juden „TeNaCh" und Christen „Altes Testament" nennen). ... Doch Juden und Christen legen die Bibel an vielen Punkten unterschiedlich aus. Solche Unterschiede müssen immer respektiert werden.

3. Christen können den Anspruch des jüdischen Volkes auf das Land Israel beachten/respektieren. Das wichtigste Ereignis seit dem Holocaust (Shoah) ist für Juden die Wiedererrichtung eines jüdischen Staates im Verheißenen Land ... Viele Christen unterstützen den Staat Israel aus Gründen, die viel tiefer gehen als nur politische. Als Juden zollen wir dieser Unterstützung Beifall ...

4. Juden und Christen erkennen die moralischen Grundsätze der Tora an. Im Mittelpunkt ... steht die unwandelbare Unantastbarkeit und Würde jedes menschlichen Wesens. Wir alle wurden zum Bilde Gottes geschaffen ... Solches Zeugnis ist besonders gefragt nach den beispiellosen Schrecken des vergangenen Jahrhunderts.

5. Der Nationalsozialismus war kein christliches Phänomen. Ohne die lange Geschichte des christlichen Anti-Judaismus und christlicher Gewalt gegen Juden hätte sich die Nazi-Ideologie nicht halten können ... Wir erkennen mit Dankbarkeit solche Christen an, die ihr Leben riskierten und opferten, um Juden während des Nazi-Regimes zu retten ... Wir zollen solchen Christen Beifall, die diese Lehre der Verachtung verwerfen, und wir behaften sie nicht bei den Sünden ihrer Vorfahren.

6. ... Christen kennen und dienen Gott durch Jesus Christus und christliche Tradition. Juden kennen und dienen Gott durch Tora und jüdische Tradition. Weder Jude noch Christ soll dazu gedrängt werden, die Lehre der jeweils anderen Gemeinschaft zu übernehmen.

7. Eine neue Beziehung zwischen Juden und Christen wird jüdische Lebenspraxis nicht schwächen. Eine verbesserte Beziehung wird nicht die kulturelle und religiöse Assimilation vorantreiben. Wir achten das Christentum als einen Glauben, der im Judentum seinen Ursprung und noch bedeutsame Verbindungen zu ihm hat ...

8. Juden und Christen müssen zusammenarbeiten für Gerechtigkeit und Frieden. Juden und Christen erkennen – jeweils auf ihrem eigenen Weg – den unerlösten Zustand der Welt, wie er sich spiegelt im Andauern von Verfolgung, Armut und menschlicher Erniedrigung und menschlichem Elend ... Getrennt und gemeinsam müssen wir Gerechtigkeit und Frieden in unserer Welt schaffen."

aus: The New York Times, 10. September 2000, Übersetzung: Annegret Werner und Rudolf Weckerling

☞ Den vollständigen Text findet man im Internet (z.B. unter www.judentum.org). Vergleiche diese Erklärung mit der der Evangelischen Kirche im Rheinland. Wo gibt es Gemeinsamkeiten, wo Unterschiede?

Einen anderen G´tt?

Ein Mädchen hat dieses Gedicht geschrieben. Weil im Judentum der Gottesname besonders geschützt wird und man seinen Namen nicht aussprechen soll, schreibt sie Gott ohne den Vokal.

☞ Welche Feste werden hier gegenübergestellt?

☞ Was drückt das Gedicht aus?

☞ Wie denkst du hierüber?

G"tt der Welt!

Die Chanukkah Kerzen flimmern
gegenüber dem Weihnachtslicht.

Die Mazzot liegen auf dem Pessachtisch
Im Nebenhaus hängen die Ostereier.

Die Purimkostüme werden vorbereitet
kurz nach der Faschingsfeier.

Die Omerzeit wird täglich gezählt
bis zum Schlußtag von Pfingsten.

Das Gebet für den Schabbatausgang wird gesagt
kurz vor der Sonntagsruhe.

Und wenn ich zur Synagoge gehe
klingeln die Kirchenglocken.

Haben sie einen anderen G"tt?
Karin Levi

Aus: Kinderwelten – ein jüdisches Lesebuch, S. 152

Schalom

Schalom (engl. Schreibweise: Shalom) – ein hebräischer Begriff und jüdischer Gruß. Gleichzeitig bedeutet er einen Wunsch und eine Vision zugleich.
Er meint Friede und Wohlergehen. Dabei meint er abgrenzend „kein Unglück" oder „körperliche Unversehrtheit" und positiv: „Gesundheit", „Sicherheit" und „Ruhe".

Da Hebräisch eine Konsonantensprache ist, wird nur S L M geschrieben, und damit ist der Gruß sprachlich verbunden mit dem arabischen SaLaM. Beides sind „semitische Sprachen".

☞ Was bedeutet dieser Wunsch für dich persönlich?

☞ Was würde im Blick auf das Judentum wohl dieser Gruß bedeuten?

T UND M: AUS ISRAEL

Ein gemeinsamer Weg

Es gibt viele Gruppen in Deutschland, die sich um Verständigung zwischen den beiden Religionen bemühen. Ein Beispiel ist die Gesellschaft für christlich-jüdische Zusammenarbeit. Diese Arbeitskreise oder Gesellschaften können privat, staatlich oder kirchlich organisiert sein, sie können an Schulen, Universitäten oder in Gemeinden sein.

Konferenz landeskirchlicher Arbeitskreise
Christen und Juden
klak

Suche auf den websites:
✡ www.klak-christen-und-juden.de
✡ www.christen-und-juden.de
✡ www.jcrelations.net
✡ www.deutscher-koordinierungsrat.de

☞ Was erfährst du über den Hintergrund der Arbeitskreise?

☞ Welche aktuellen Themen findest du auf diesen websites?

Wenn du selbst einem Arbeitskreis angehören würdest, in dem über einen gemeinsamen Weg von Juden und Christen nachgedacht wird:

☞ Was wären für dich wichtige Themen eines solchen Arbeitskreises?

☞ Schafft ein gemeinsames Zeichen für diesen Arbeitskreis.
Ihr könnt dazu Symbole von Christen und Juden verwenden, z.B.

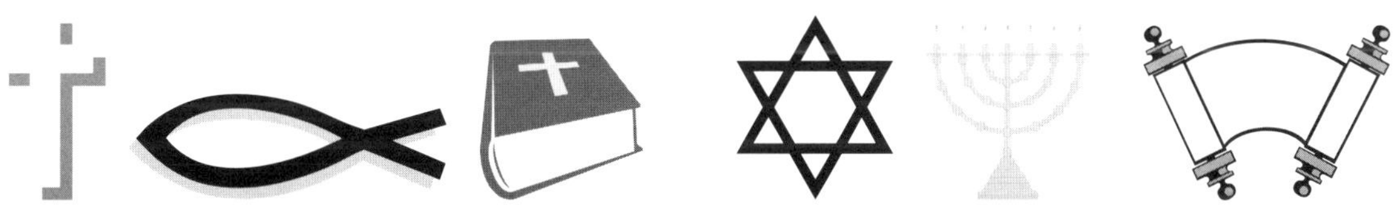

Ein passendes Zeichen für den Frieden, den „Schalom“, ist auch die Taube.

„Nicht du trägst die Wurzel …“

Der Apostel Paulus setzt sich in Röm 9–11 mit dem Verhältnis zwischen Juden und Christen auseinander.

☞ Lies Röm 9, 1–4 und 11, 1–36. Hier findet sich auch das Ölbaum-Gleichnis. Was kann man dort herauslesen? (Wer ist die Wurzel, wer sind die ausgebrochenen Zweige, wer die aufgepfropften Zweige? Wer wird gerettet werden?)

☞ Finde in Röm 11 den Vers, der zu der Grafik unten passt.

Du kannst die Grafik weiter ausgestalten oder ein Plakat zu dem Motto entwerfen.

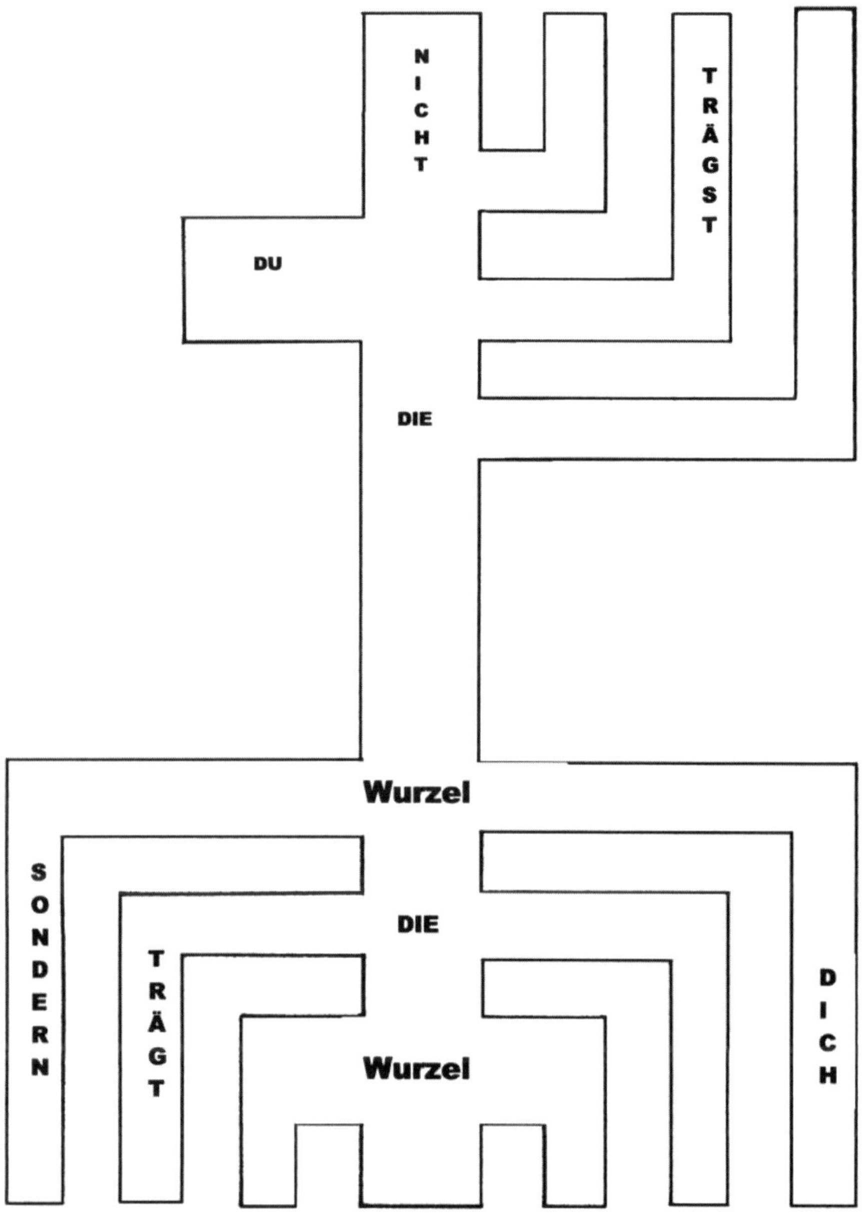

Spielidee: Reise durch die Welt des Judentums

Als Brettspiel: Spiel für 2–4 Personen. Jeder beginnt von seinem Startplatz. Ziel ist es, wieder zu seinem Startplatz so schnell wie möglich zurückzukommen. Jeder Spieler muss auf fünf Ereignisfeldern (oder nach Absprache mehr) genau gelandet sein und dort eine Frage beantwortet haben. Wer die Frage beantworten kann, darf die Karte behalten. Der Spieler, der als Erster fünf Ereigniskarten hat, darf zurück zu seinem Feld und hat gewonnen. Die Ereigniskarten werden jeweils vom rechten Nachbarn gezogen und vorgelesen. Wenn ein „Schild Davids“ auftaucht (Davidstern), ist das ein Joker und gilt als gewonnene Ereigniskarte.

Fragen zu den Jahres- und Lebensfesten

Die jüdische Zeitrechnung beginnt mit dem Jahr … 1. 2589 2. 3761 3. 5761 4. 8634 … vor unserer Zeitrechnung	Am Neujahrsfest und am Jom Kippur bläst man … 1. die Tuba 2. das Schofar 3. den Kamm 4. die Flöte	Das jüdische Neujahrsfest nennt man … 1. Roter Schabbat 2. Rosch Ha Schana 3. Schawuot 4. Guten Rutsch	Der Jom Kippur ist der Tag der … 1. Freude 2. Ruhe 3. Versöhnung 4. Hektik
An Sukkot erinnert man sich an … 1. König David 2. die Zeit in der Wüste 3. die Zerstörung des Tempels 4. Abraham	An Sukkot baut man traditionell … 1. eine Laubhütte 2. eine Burg 3. ein Bett 4. ein Haus	Mit der Tora in der Hand tanzt man am Fest … 1. Purim 2. Pessach 3. Chanukka 4. Simchat Tora	Nicht im Herbst gefeiert wird das Fest … 1. Sukkot 2. Jom Jippur 3. Rosch Ha Schana 4. Purim
An Chanukka erinnert man sich an … 1. Judas Ischariot 2. Judas Makkabäus 3. Johannes 4. Moses	Chanukka wird gefeiert im … 1. Frühling 2. Sommer 3. Herbst 4. Winter	Der Chanukka-Leuchter hat … Arme. 1. drei 2. sieben 3. acht + ein Hilfsarm 4. zwölf	Dreidel spielen Kinder an … 1. Chanukka 2. Purim 3. Pessach 4. Schawuot
An Purim erzählt man die Geschichte von … 1. Maria 2. Ester 3. Rut 4. Mirjam	Das Fest, an dem man sich verkleidet, ist … 1. Schabbat 2. Pessach 3. Purim 4. Ester	Viel Lärm macht man mit Ratschen am Fest … 1. Schawuot 2. Schabbat 3. Purim 4. Pessach	An Purim darf man Lärm machen, wenn folgender Name fällt: 1. Haman 2. Hammam 3. Habbim 4. Hamburg

Den Sederabend gibt es am Fest ... 1. Purim 2. Pessach 3. Pfingsten 4. Schawuot	Eine Mazze ist ein Brot, das ... 1. belegt ist 2. ungesäuert ist 3. gekühlt wird 4. sofort gegessen wird	Nicht zu den symbolischen Speisen an Pessach gehört ... 1. Ei 2. Fruchtmus 3. Trauben 4. Meerrettich	Salzwasser an Pessach erinnert ... 1. an das Meer 2. an die Tränen in der Sklaverei 3. die Arbeit im Salzbergwerk 4. das Salz als gute Gabe Gottes
An Pessach bleibt ein Stuhl frei für ... 1. Elija 2. Jesus 3. Mose 4. den Großvater	Ein Ei erinnert zu Pessach an ... 1. die Rettung in der Wüste 2. die harte Zeit 3. die weiche Zeit 4. Ostern	Der Lammknochen an Pessach erinnert an ... 1. die zehnte Plage 2. die neunte Plage 3. das verlorene Schaf 4. das Osterlamm	An die bittere Zeit in der Sklaverei erinnert an Pessach das Essen von ... 1. Meerrettich 2. Zitronen 3. Sauren Gurken 4. Salz
An Pessach stellt ... 1. das kleinste Kind 2. die Mutter 3. der Großvater 4. ein Fremder ... Fragen, die der Vater beantwortet.	An Pessach lehnt man besonders den Rücken an die Rückenlehne des Stuhls, um an ... zu erinnern. 1. die Schöpfung 2. die Freiheit 3. das Land Israel 4. die Tora	Das Fruchtmus an Pessach erinnert an ... 1. Honig in Ägypten 2. das Schlaraffenland 3. den Berg Sinai 4. Lehmziegel	Pessach erinnert an die Geschichte von ... 1. Mose 2. Jona 3. Jesus 4. David
Schawuot heißt ... 1. Erntedankfest 2. Wochenfest 3. Monatsfest 4. Omer-Fest	Kein Wallfahrtsfest ist ... 1. Schawuot 2. Sukkot 3. Purim 4. Pessach	Den Schabbat begrüßt man ... 1. Schabbat salam 2. Schabbat schalom 3. Schalom Chaverim 4. Hewenu schalom allechem	Die Schabbat-Kerzen werden allein ... 1. vom jüngsten Kind 2. von der Mutter 3. von einer Frau 4. vom Vater ... angezündet.
Am Schabbat isst man traditionell ... 1. Schabbat-Brot 2. Schabbat-Schinken 3. Schabbat-Käse 4. Schabbat-Kekse	Die Besamim-Büchse mit gut riechenden Kräutern stellt man auf den Tisch ... 1. an Pessach 2. an Purim 3. an Schawuot 4. am Schabbat	Allgemein erlaubt ist am Schabbat ... 1. Auto zu fahren 2. zu essen 3. Feuer zu machen 4. zu arbeiten	Schabbat ist ein Tag der ... 1. Ruhe 2. Freiheit 3. Unternehmungen 4. Reisen

Der Schabbat endet mit dem … 1. Schofar-Blasen 2. Löschen der Hawdala-Kerze 3. Verneigen 4. Glockenläuten			
Jeder jüdische Junge soll am … 1. dritten Tag 2. fünften Tag 3. achten Tag 4. vierzehnten Tag … nach der Geburt beschnitten werden	Beschneidung heißt Brit Mila. Brit bedeutet … 1. Name 2. Bund 3. Kind 4. Hand	Mit der Beschneidung erhält das Kind … 1. ein Sparbuch 2. seinen Namen 3. sein eigenes Bett 4. seine Tefillin	Am Schabbat nach der Geburt bekommen Mädchen … 1. den Namen 2. einen Schnuller 3. ein Gesangbuch 4. die Tefillin
Bar Mitzwa bedeutet … 1. Tag der Gesetzesfreude 2. Sohn des Gebotes 3. Kind des Glaubens 4. Erwachsener	Jungs werden mit 13 Jahren mündig, Mädchen mit … 1. 11 Jahren 2. 12 Jahren 3. 13 Jahren 4. 14 Jahren	Vor der Gemeinde liest ein Bar Mitzwa aus … 1. dem Gemeindebrief 2. dem Talmud 3. dem Gebetbuch 4. der Tora	Menschen rufen bei Festen wie der Hochzeit … 1. Schalom 2. Masel Tov 3. Halleluja 4. Amen
Man heiratet traditionell unter … 1. einem Baldachin 2. einem Blumenkranz 3. einem Mistelzweig 4. einer Holzdecke	Traditionell gehen jüdische Frauen kurz vor der Hochzeit … 1. zu Brautjungfern 2. in die Mikwe 3. zur Eheberaterin 4. auf einen Spaziergang	Vor einer jüdischen Hochzeit gibt es traditionell … 1. einen Ehevertrag 2. einen Tanz 3. einen Kuss 4. eine Torte	Das Ehepaar zertritt bei der Hochzeit … 1. ein Brett 2. eine Frucht 3. eine Mesusa 4. ein Glas
Kidduschin ist der Name für 1. die Namensgebung 2. die Hochzeit 3. die Beerdigung 4. die Geburtstagsfeier	Das jüdische Totengebet heißt … 1. Schma Israel 2. Kaddisch 3. Kaddosch 4. Siddur	Segnende Hände auf einem Grab zeigen, hier liegt … 1. einer aus der Priesterfamilie 2. einer vom Stamm Juda 3. ein Levit 4. ein Kantor	Friedhöfe sollen liegen … 1. in der Nähe der Synagoge 2. außerhalb der Stadt 3. im Wald 4. neben einer Kirche

Ein Krug zeigt, hier liegt ein … 1. Priester 2. Kantor 3. Levit 4. Wasserträger	Ein jüdisches Grab darf man einebnen … 1. nach zehn Jahren 2. nach 25 Jahren 3. nach 100 Jahren 4. überhaupt nicht	Auf jüdische Gräber legt man … 1. Blumen 2. Kräuter 3. Steine 5. Geschenke	

Fragen zu Synagoge – Gebet – Heilige Schriften – Sonstiges

Am Eingangspfosten zu einer Synagoge hängt immer eine … 1. Gebetsfahne 2. Mesusa 3. Uhr 4. Gedenktafel	Synagoge bedeutet … 1. Gotteshaus 2. Versammlung 3. Gebet 4. Haus	In einer Synagoge sollen Männer … 1. die Schuhe ausziehen 2. niederknien 3. eine Kippa tragen 4. sich bekreuzigen	In der Synagoge tragen eine Kippa … 1. alle Besucher 2. nur jüdische Männer 3. alle Männer 4. nur Frauen
Herzstück der Synagoge ist … 1. der Altar 2. die Kanzel 3. der Tora-Schrein 4. der siebenarmige Leuchter	Zu der Innenausstattung der Synagoge gehört nicht … 1. eine Tora-Rolle 2. ein Pessach-Teller 3. der Chanukka-Leuchter 4. das Ewige Licht	Die Bima in einer Synagoge ist … 1. ein Wandbehang 2. ein Leuchter 3. ein Vorlesetisch 4. die Empore	Zur Ausstattung der Tora-Rolle in der Synagoge gehört nicht … 1. der Jad 2. ein Glöckchen 3. eine Tora-Krone 4. ein Tora-Halter
Leiter einer jüdischen Gemeinde ist … 1. ein Pfarrer 2. der Gabbai 3. der gewählte Gemeindevorstand 4. ein Rabbiner	Minjan bedeutet, dass im Gottesdienst mindestens anwesend sein müssen … 1. drei Männer 2. zehn Männer 3. 20 Männer 4. 50 Männer	Ein Kantor ist … 1. ein Händler 2. ein Pfarrer 3. ein Gelehrter 4. ein Vorsänger	Rabbi bedeutet … 1. mein Pfarrer 2. unser Sänger 3. mein Lehrer 4. unser Vorsteher
Das wichtigste jüdische Gebet heißt … 1. Kol Nidre 2. Sch´ma Mose 3. Sch´ma Israel 4. Sch´ma Juda	Gebetsriemen nennt man … 1. Tallit 2. Teffilin 3. Kippa 4. Purim	Die Gebetsriemen wickelt man … 1. um Arm und Bein 2. um Arm und Stirn 3. um Stirn und Bauch 4. um Stirn und Bein	Tallit ist ein … 1. Gebetsriemen 2. Gebetsmantel 3. Gebetskäppchen 4. Gebetsbuch

Schma Israel bedeutet …

1. **Höre Israel**
2. Schweige Israel
3. Rufe Israel
4. Gehe Israel

Kein Gebet ist …

1. der Kaddisch
2. das Schma Israel
3. **das Schofar**
4. der Amida

Das Gebetskäppchen heißt …

1. **Kippa**
2. Kiddusch
3. Kaddusch
4. Käppi

Schalom meint …

1. Freiheit
2. **Friede**
3. Freude
4. Freund

Zu den drei Teilen der hebräischen Bibel gehört nicht …

1. die Tora
2. **die Mischna**
3. die Ketuwim
4. die Newiim

Eine Tora-Rolle muss geschrieben sein auf koscherem …

1. Papier
2. **Pergament**
3. Papyrus
4. Stein

Der Talmud ist …

1. ein Gesetz
2. die hebräische Bibel
3. **eine Sammlung von Kommentaren**
4. ein Rezeptbuch

In einem Talmud findet sich nicht …

1. **die Sukka**
2. die Mischna
3. die Gemara
4. der Kommentar des Raschi

Die Speisevorschrift im Judentum nennt man …

1. **Kaschrut**
2. Tora
3. Talmud
4. Zehn Gebote

Juden dürfen nicht essen …

1. Rind
2. **Schwein**
3. Schaf
4. Ziege

Als unrein gelten nicht …

1. Aale
2. **Fische**
3. Hase
4. Adler

Das Schlachten von Tieren nach jüdischen Vorschriften nennt man …

1. Schlechten
2. **Schächten**
3. Schmechten
4. Schlägeln

Koscher ist nur …

1. Schinken-Käse Pizza
2. Hawaitoast
3. **Gemüseauflauf**
4. Cheeseburger

Nicht koscher ist das Kombinieren von etwas aus Milch mit etwas aus …

1. Brot
2. Gemüse
3. **Fleisch**
4. Fisch

Kein hebräischer Vorname ist …

1. Michael
2. David
3. Mirjam
4. **Martin**

Eine auf deutsche und hebräische Wurzeln zurückgehende Sprache heißt …

1. Hebräisch
2. **Jiddisch**
3. Chassidisch
4. Pfälzisch

Folgendes Wort stammt nicht aus dem Jiddischen

1. ausgekocht
2. Knast
3. **Gitarre**
4. Zoff

Reise durch die Welt des Judentums

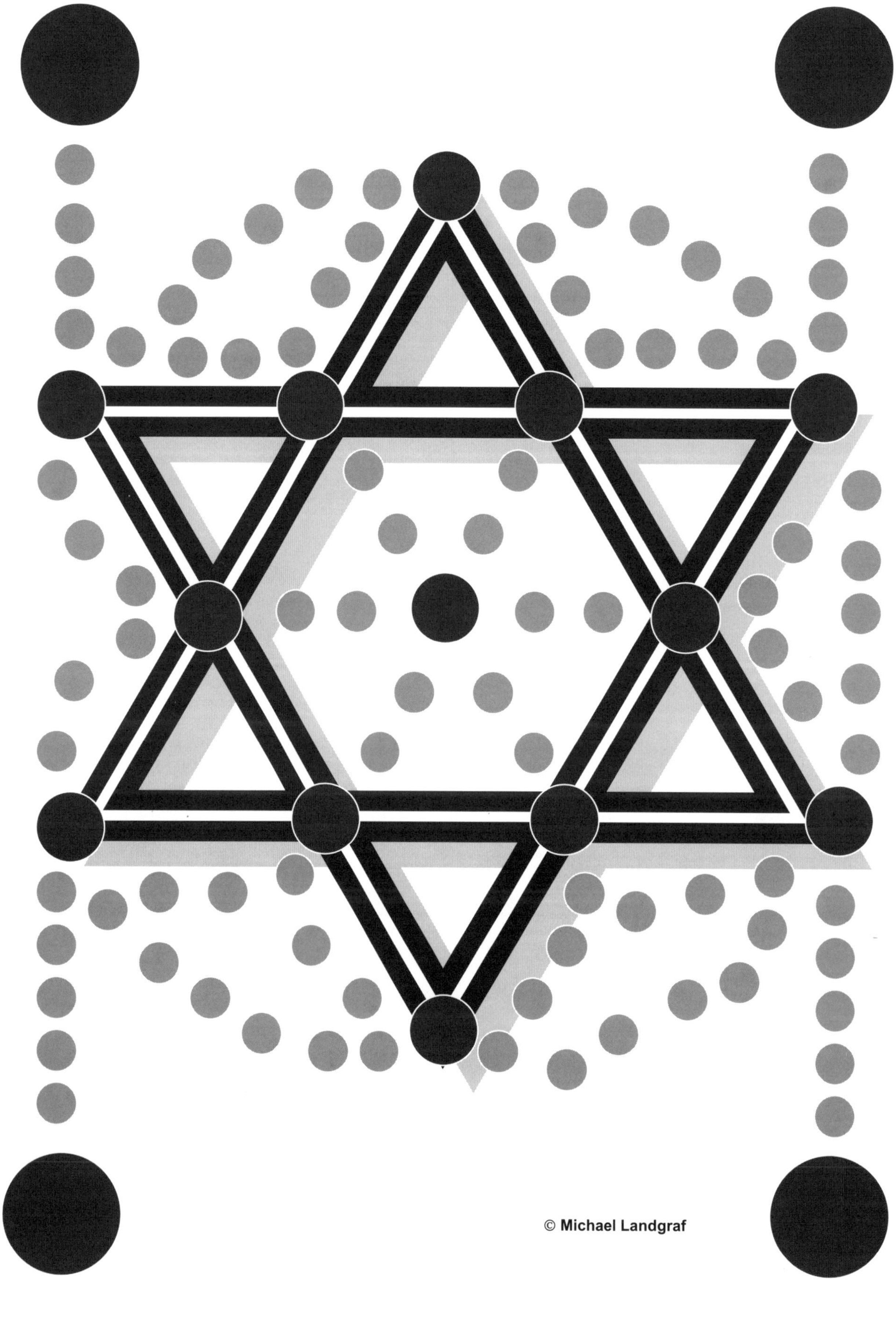

Literatur und Medien zum Thema „Judentum“

Allgemein

- Jan Assmann: Das kulturelle Gedächtnis. München 2002
- Böckler, Annette: Jüdischer Gottesdienst, Berlin 2002
- Brenner, Michael: Geschichte des Zionismus, München 2002
- Brumlik, Micha: Zuhause, keine Heimat? Junge Juden und ihre Zukunft in Deutschland 2002
- Buber, Martin: Die Erzählungen der Chassidim, Zürich 1992
- De Vries, Simon Philip: Jüdische Riten und Symbole, Reinbeck, 9. Aufl. 1990
- Ehrlich, Carl: Judentum, Köln 2005
- Gad-Ed, Efrat: Das Buch der jüdischen Feste, Frankfurt/Main 2001
- Goldhagen, Daniel: Hitlers willige Vollstrecker, Gütersloh 1996
- Homolka, Walter/Rosenthal, Gilbert S.: Das Judentum hat viele Gesichter, Bergisch-Gladbach, Neuaufl. 2006
- Kayales, Christina/Fiehland van der Vegt, Astrid: Was jeder vom Judentum wissen muss, 9. völlig neu überarb. Auflage. Gütersloh 2005
- Küng, Hans: Das Judentum, München 5. Aufl. 2006
- Kuschel, Karl-Josef: Streit um Abraham. Was Juden, Christen und Muslime trennt – und was sie eint, Düsseldorf, 4. Aufl. 2001
- Lewinsky, Charles: Ein ganz gewöhnlicher Jude (Drehbuch zum Film, der als DVD erhältlich ist), Hamburg 2005
- Levinson, Nathan: 77 Fragen zwischen Juden und Christen, Göttingen 2001
- Liss, Hanna: Tenach. Lehrbuch der jüdischen Bibel, Heidelberg 2005
- Maccoby, Hyam: Jesus und der jüdische Freiheitskampf, Freiburg 1996
- Maier, Johann: Jüdische Geschichte in Daten, München 2002
- Petuchowski, Jakob J./Thoma, Clemens: Lexikon der jüdisch-christlichen Begegnung. Hintergründe – Klärungen – Perspektiven, Freiburg 1997
- Rogasky, Barbara: Der Holocaust. Ein Buch für junge Leser, Reinbeck 2002
- Rudnick, Ursula: Aber wie kommt es in jedes Dorf und in jedes Haus? – Religionsdidaktische Erwägungen zum Thema Judentum in der evangelischen Bildungsarbeit, Band 2, Hannover 2005 (hier eine ausführliche Literaturdatei zum Thema Judentum im Religionsunterricht)
- Schoeps, Julius H.: Neues Lexikon des Judentums, Gütersloh 2000
- Schoeps, Julius H./Wallenborn, Hiltrud (Hg.): Juden in Europa. Ihre Geschichten in Quellen. Darmstadt 2001
- Schulz, Magdalena: Judentum, Hannover 1999
- Solomon, Norman: Judentum. Eine kurze Einführung, Ditzingen 1999
- Spiegel, Paul: Was ist koscher? Jüdischer Glaube – Jüdisches Leben, Berlin 2005
- Tilly, Michael: Das Judentum, Wiesbaden 2007
- Trepp, Leo: Die Juden. Volk, Geschichte und Religion, Wiesbaden 2006
- Trutwin, Werner: Judentum, Düsseldorf 1997.
- Friedrich, Volker/Brachthold, Andreas (Hg.): Jüdische Jugend heute in Deutschland, Fotografien und Interviews, 2006
- Wiesel, Eli: Die Nacht. Erinnerung und Zeugnis, Freiburg, 7. Aufl. 2003

Für den Unterricht

- Barash, Asher: Eine Stimme vom Himmel – Jüdische Märchen, Gütersloh 1992
- Brum, Alexa: Kinderwelten. Ein jüdisches Lesebuch, Eichenau 1996
- Dohm Vera u.a.: Judentum: Thema Weltreligionen, Leipzig 2002
- Ganzhorn, Gisela/Bornhäuser, Doris/ Ehrenfeuchter, Gerlinde: Judith – ein jüdisches Mädchen in Deutschland. Eine Begegnung mit ihrem Glauben und der Geschichte ihres Volkes. Mit Hörbuch, Stuttgart 2005
- Gradwohl, Roland u.a.: Grundkurs Judentum. Materialien für Schule und Gemeinde, Stuttgart 1998
- Hagemann, Waltraut/Hirsch, Elke: Leben mit der Zukunft im Rücken – Juden und Christen erinnern sich, Düsseldorf 2003
- Kallenbach, Hans: Judentum im christlichen Religionsunterricht, Schriften der Ev. Akademie Hessen und Nassau, Frankfurt 1972
- Kremers, Heinz: Das Judentum im Evangelischen Religionsunterricht, in: Kallenbach 1972
- Kwiran, Manfred u.a.: Dialog der Religionen im Unterricht, Münster 1996
- Landgraf, Michael: Schalom Martin – Eine Begegnung mit dem Judentum, Wiesbaden 2006
- McCreery, Elaine: Religionen kennen lernen: Judentum, Mühlheim 1998
- Neumüller, Gebhard (Hg.): Im Dialog. Kirche und Synagoge, erarbeitet von Herbert Jochum, München 1996
- Neumüller, Gebhard: Kirche und Israel I: Juden und Christen im Religionsunterricht Religionspädagogische Hefte, Speyer 2003/3
- Paffenholz, Alfred: Das Paradies ist freitags im Badehaus – Lesebuch zum Judentum, Düsseldorf 1996
- Paffenholz, Alfred: Was macht der Rabbi den ganzen Tag? – Das Judentum, Düsseldorf 1997

- Perel, Sally: Ich war Hitlerjunge Salomon, München 1994 (verfilmt als DVD erhältlich)
- Petri, Dieter/Thierfelder, Jörg (Hg.): Grundkurs Judentum (2 Teile), Stuttgart 2002
- Pollatschek, Iris/Schmidt, Wolf-Rüdiger: Der brennende Dornbusch. Glanz und Elend der Juden in Europa, Gütersloh 2004 (auch DVD)
- Rickers, Folkert u.a.: Vom religiösen und interreligiösen Lernen, Neukirchen-Vluyn 1998
- Rothgangel, Martin: Antisemitismus als religionspädagogische Herausforderung, Freiburg 1995
- Rink, Marion (u.a.): Was habt ihr da für einen Brauch? Jüdische Riten und Feste. Schönberger Hefte Sonderband, 1996
- Staszewski, Noemi: Mona und der alte Mann – Ein Kinderbuch zum Judentum, Düsseldorf 1997
- Stemberger, Günther (Hg.): Die Juden. Ein historisches Lesebuch, München 1990
- Stöhr, Martin (Hg.): Judentum im christlichen Religionsunterricht, Frankfurt u.a. 1983
- Tilly, Michael: Elementarisierung oder Fehlinformation? Anmerkungen zur Darstellung des Judentums im christlichen Religionsunterricht. in: ZPT 1999/4, 376–390
- Then, Reinhold: Das Judentum. Bilder – Folien – Einführung, Regensburg 1995
- Tworuschka, Monika und Udo: Vorlesebuch Fremde Religionen: Judentum – Islam, Lahr 1988
- :in Religion 1/2003: Das Judentum – Wurzel des christlichen Glaubens, Aachen 2003
- Europas Juden im Rheinland (1–3), PZ – Informationen 2004, Bad Kreuznach 2004

Filme in Auswahl zum Thema Judentum

- Spielfilm: „Alles auf Zucker“, Dany Levy, Deutschland 2004; 90 Min. Der erste deutsche Spielfilm, der sich in Form einer Komödie mit jüdischem Leben in Deutschland in der heutigen Zeit beschäftigt. Begleitmaterial der BpB (Alles auf Zucker. Filmheft von Philipp Bühler, Redaktion Kathrin Willmann u.a. Dez. 2004, beziehbar über www.bpb.de, Tel. 01888 5150).
- Begegnungen – Jüdische Identität heute, Günther Deschner; Susanne Zangenfeind Deutschland, 1994. – 44 Min.
- Der brennende Dornbusch, Glanz und Elend der Juden in Europa, Buch und DVD, ZDF 2005.
- Eine jüdische Hochzeit, Heike Mundzeck, Deutschland, 1996. – 10 Min., Begleitheft.
- Hier wollen wir leben – Jüdischer Alltag in einer deutschen Stadt, Günther B. Ginzel, 1989, 28 Min.
- Judentum – Bar Mitzwah/Rossana Horsley + Begleitheft, Deutschland, 2000.
- Judentum – Das Volk Israel und sein Glaube, Petra Müller Grünwald: FWU, 2003. – 31 Min.
- Judentum (Spurensuche – Die Weltreligionen auf dem Weg) von Hans Küng.
- Karfunkel. Schalom und guten Tag, Tatjana, Buch und Regie: Iva Svarcova, Produktion: Svarcova-Film 1991, 31 Min. FWU.
- Mit Witz und Verstand. Ein Rabbiner in München, BRD 1995 ZDF + KFW 30 Min. Walter Harrich u. Danuta Harrich-Zandberg.
- Moskito: Shalom. SFB. Matthias-Film, 1995, 44 Min.
- Reihe „Apropos“ (BpB, je 10 Min.): Jom Kippur, Rosh Hashana, Kibbuz, Sukkot.
- Richard Chaim Schneider: Purim – Gedanken zum jüdischen Losfest/Rosch Haschana – Gedanken zum jüdischen Neujahrsfest/Pessach – Gedanken zum jüdischen Fest des ungesäuerten Brotes/ Tischa be'Aw: Gedanken zum jüdischen Trauertag am 9.Aw/Simchat Thora: Gedanken zum Tag der jüdischen Gesetzesfreude/Sukkot: Gedanken zum jüdischen Laubhüttenfest; Deutschland ab 1992, je 16 Min. FWU.
- Welten des Glaubens 2: Judentum – Bar Mitzwah, Rossana Horsley, Großbritannien 1996, BRD 2000; + Begleitheft; 15 Min.
- Wir sind da! Juden in Deutschland nach 1945 (4-teilige Videoreihe) FWU Richard Chaim Schneider, BRD 2000, je 45 Min. Dokumentar (1. Neuanfang? 2. Wiedergutmachung 3. Im besseren Deutschland? 4. Normalität?)

Filme zum Thema „Schoa“ im Unterricht

- „Anne Frank“
- „Schindlers Liste“
- „Das Leben ist schön“
- „Drei Tage im April“
- „Der Hitlerjunge Salomon“
- „Jakob, der Lügner“

Quellennachweis

S. 3: Grafik Landgraf 2006. S. 19: Auszug aus: Schalom Martin (S. 16). S. 20: Bild aus: Paul Habermehl (Hg.): Vorbei, nie ist es vorbei (Ausschnitt). S. 22: Das hebräische Alphabet und hebräische Sprache: G. Gierlich, in: Lehrerhandreichung zur Ausstellung Europas Juden im Mittelalter, 19.11.2004–23.3.2005 im Hist. Museum in Speyer, mit freundlicher Genehmigung der Autorin und des Museums. S. 24: Die jiddischen Worterklärungen in alphabetischer Reihenfolge auf Grundlage von H.P. Althaus, Kleines Lexikon deutscher Wörter jiddischer Herkunft, München 2003; W. Hilgert, Mores, Zores un Maschores, Horrweiler 1993; R. Lötzsch, Jiddisches Wörterbuch, Leipzig, 1990. S. 25: Text von G. Gierlich (gekürzt), aus: Lehrerhandreichung zur Ausstellung Europas Juden im Mittelalter; 19.11.2004–23.3.2005 im Hist. Museum in Speyer, mit freundlicher Genehmigung der Autorin und des Museums. S. 26f.: http://nvw-gym-speyer.bildung-rp.de/apsisr.htm © Nikolaus-von-Weis-Gymnasium Speyer; Fotos: Jerusalem/Natzwiller-Struthof, mit Genehmigung von Celia Sütterlin. S. 28: Madonnas Geheimnis: Text: „Madonnas Geheimnis", von Rabbiner Baruch Rabbinowitz, Jüdische Allgemeine Nr. 50/05, S. 15; leicht gekürzt S.M. Bilder: http://recollectionbooks.com/bleed/images/music/madonna.jpg; http://www.artpresents.at/catalog/images/goldeninhand1.gif. S. 30: Der jüdische Kalender: Grafiken: Calwer Bibellexikon (verändert); Titel des Jüdischen Kalenders, Ölbaum-Verlag. S. 32–42: Fotos Landgraf, außer Jom Kippur: Foto: schalomnet. S. 48–50, schalomnet, S. 51–52: Fotos Landgraf. S. 54+60: Text Schalom Martin. S. 55: Fotos Landgraf. S. 57: Foto: Meißner, Text: Meißner (in Anlehnung an: Roth, Joseph: Juden auf Wanderschaft. – Köln, Kiepenheuer & Witsch 1985, S. 30f. (Originalausgabe: Berlin, 1927). S. 58: Foto schalomnet. S. 59–64: Fotos Landgraf. S. 63: Das Kaddisch-Gebet: Text: Übersetzung: J. Jarecki, Lexikon des Judentums, Bd. 111, Königstein 1982, zit. nach R. Then: Das Judentum, 118. S. 64: Foto Meißner. S. 65: 13 Glaubenssätze des Maimonides: zit. nach: hagalil.com/judentum/rambam.htm. S. 67: Foto Landgraf. S. 69f.: Grafik: Meißner. S. 71: Foto Verlag. S. 72 und S. 74: Fotos Meißner. S. 88–95: Grafiken Calwer-Verlag (Grundkurs Judentum); Fotos Landgraf außer S. 93: Rabbi Akíva: wikimedia commons. S. 97f.: Grafiken Calwer; Foto Landgraf. S. 98: Text aus: M. Stern, Urkundliche Beiträge über die Stellung der Päpste zu den Juden, 2. Bd., H. I, Kiel 1895, Nr. 210. S. 90–101: Abbildungen Landgraf. S. 103 „Rothschild": http://commons.wikimedia.org/wiki/Image:Antisemiticroths.jpg. S. 104–106: Abbildungen: Calwer; S. 105: Bild: pv. Foto S. 106: http://lorenz.ist.org/fba/document/holocaust.html#JW. S. 107: Foto Meißner. S. 107: Foto: http://commons.wikimedia.org/wiki/Image:Declaration_of_State_of_Israel_1948.jpg. S. 108: Fotos: Meißner/Landgraf. S. 109: Foto: epd-bild. S. 111: Judith: Bibelmuseum Neustadt; Foto Judas Makkabäus: schalomnet. S. 112: Foto Jesus: Meißner. S. 113: Foto Landgraf. S. 166: Foto: epd-bild. S. 117: Text zu S. Freud unter Mitarbeit von H. Foth. Fotos: epd-bild, ullstein bild. S. 118: Fotos: epd-bild. S. 119: Foto: ullstein bild. S. 120: Fotos: epd-bild. S. 123: Foto: Landgraf; Text: H. Küng: Das Judentum, Piper, München, S. 44–46 (gekürzt; S.M.). S. 124–125: Foto Meißner. S. 126: Foto: epd-bild. S. 127: Text: Lena Gorelik, Quelle: Jüdische Allgemeine 41/42/2005, S. 1. S. 130, 132: pv. S. 136: Foto: Elisa Klappheck. S. 137: Filmplakat. S. 139: Foto Matisyahu: http://en.wikipedia.org/wiki/Image:Matisyahu. S. 142: Foto und Grafik: Meißner. S. 144: Textauszug aus: Freundeskreis Kirche und Israel in Baden e.V., Rundbrief Nr. 66, Febr. 2004 (S. 34–36). Bild: www.bc.edu/.../bcm/ summer_2004/c21_heschel.html Rabbi Abraham Joshua Heschel. Courtesy of the Library of the Jewish Theological Seminary of America. S. 145: Bild: memri.org. S. 146: Foto: Otmar Weber. S. 148: Text: CH. Lewinskiy: Ein ganz gewöhnlicher Jude, Rotbuch Taschenbuch, Hamburg 2005; Bild: http://www.nfp.de/upload/Verleih_Archiv/Goldfarb/ben_becker_auf_dem_b_35f657.jpg. S. 149: Zitate aus © Daniel Jonah Goldhagen, Hitlers willige Vollstrecker. Ganz gewöhnliche Deutsche und der Holocaust, in deutscher Übersetzung von Klaus Kochmann erschienen 1996 im Wolf Jobst Siedler Verlag, München, einem Unternehmen der Verlagsgruppe Random House GmbH. S. 150f.: Jude-Sein nach Auschwitz: Texte: Elie Wiesel: Die Nacht zu begraben ..., Text M. Wyschogrod: Gott – ein Gott der Erlösung, in: Wolkensäule und Feuerschein. Wolkensäule und Feuerschein, Michael Brocke © by Gütersloher Verlagshaus, Güthersloh, in der Verlagsgruppe Random House GmbH, München. S. 151: Zitat 4, Ich glaube an den Gott Israels, Frank Crüsemann © by Gütersloher Verlagshaus, Gütersloh, in der Verlagsgruppe Random House GmbH, München. Fotos: epd-bild (3), ullstein bild. S. 152: Daniel Cohn-Bendit: Text aus: DIE ZEIT, Nr. 4, 19. Januar 1996, 51. Jahrgang; Foto: pv. S. 153: Foto Landgraf. S. 154: Text Weizsäcker: www.bundestag.de/parlament/geschichte/parlhist/dokumente/dok08.html; Lewinsky: Ein ganz gewöhnlicher Jude, Rotbuch TB, Textauszug S.40–41 (siehe oben). S. 155: Foto Landgraf. S. 156: Zitat 2: (Quelle: Die Kirchen und das Judentum. Dokumente von 1945 bis 1985, hg. v. R. Rendtorff und H.H. Henrix, Paderborn/München, 1988, S. 541f; vgl. auch die kritische Exegese in: R. Rendtorff. Hat denn Gott sein Volk verstoßen? Die evangelische Kirche und das Judentum seit 1945, München 1989, S. 18–21); Zitat 3: Quelle: „Zur Erneuerung des Verhältnisses von Christen und Juden" (1980), in: Die Kirchen und das Judentum. Dokumente von 1945 bis 1985, hg. v. R. Rendtorff und H.H. Henrix, Paderborn/München, 1988, Zitat 4: Quelle: Michael Weinrich: Sind die Juden das auserwählte Volk?, in: Ich glaube an den Gott Israels. S. 157: Foto Meißner. S. 158: Text Hans Reichrath: Jüdische Messiaserwartungen in: Kirche und Israel, Ev. Kirche der Pfalz (Hg), Speyer 1988, S. 41–43 (gekürzt). S. 159: Text: Michael Wyschogrod, Die Auswirkungen des Dialogs mit dem Christentum auf mein Selbstverständnis als Jude, in: Kirche und Israel (Neukirchener Vgl.), Heft 2/90, S. 136ff. S. 160: Bruder Jesus Schalom Ben-Chorin © by Gütersloher Verlagshaus, Gütersloh, in der Verlagsgruppe Random House GmbH, München. Martin Buber, Zwei Glaubensweisen, © by Gütersloher Verlagshaus, Gütersloh, in der Verlagsgruppe Random House GmbH. Pinchas Lapide: Umkehr und Erneuerung, hg. B. Klappert/H. Starck, S. 241f. S. 161: Rhein. Synodalbeschluss: Text (gekürzt.): http://www.gottesdienst-werkstatt.de/gdw_synodal1980-05.htm. S. 162: Dabru Emet – Sprecht Wahrheit!: Text gekürzt http://www.jcrelations.net/de/?item=1046. S. 163: Text und Bild aus: Kinderwelten – ein jüdisches Lesebuch, Verlag Roman Kovar, S. 152. S. 166: Grafik Landgraf 2006.

ReliBausteine 1 –
Religion, Sekte oder ...?

hilft zur Klärung der Gretchenfrage „Wie hast du's mit der Religion?". Die religiöse Suche, Kurzinformationen sowohl zu aktuellen Trends und Angeboten als auch zu Sondergruppen und problematischen Einzelphänomenen werden dabei für einen offenen Unterricht aufbereitet. Kriterien für die Einordnung als Sondergruppe als „Sekte" werden hierbei diskutiert. Schließlich werden Möglichkeiten der Lebensorientierung im Gegenüber zu diesen Angeboten gesucht. Die zweite Auflage der erfolgreichen ReliBausteine 1 ist stark erweitert und aktualisiert.

Michael Landgraf,
ReliBausteine 1
„Religion, Sekte oder ...?",
128 Seiten, 14,90 Euro

Calwer Verlag Stuttgart
ISBN 13: 978-3-7668-3920-6

Evangelischer Presseverlag
Pfalz GmbH, Speyer
ISBN 13: 978-3-939512-02-8

RPE – Religion – Pädagogik –
Ethik, Stuttgart
ISBN 13: 978-3-938356-10-4

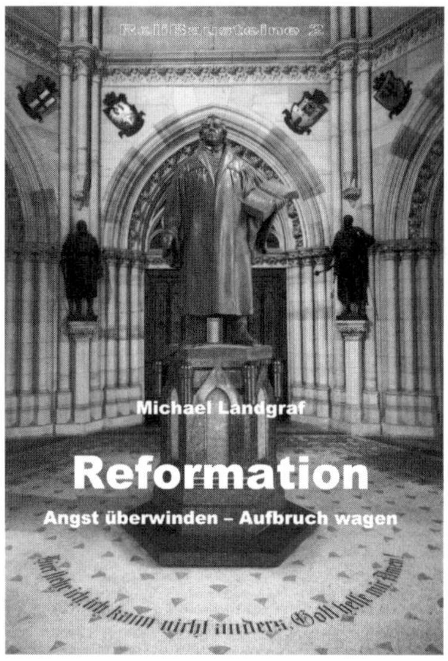

ReliBausteine 2 – Reformation

Reformation ist ein Dauerbrenner, denn nach reformatorischem Verständnis ist sie nie zu Ende. ReliBausteine 2 verknüpft das reformatorische Ereignis mit der Lebens- und Erfahrungswelt, mit dem Aspekt der Überwindung von Angst und dem Mut zum Aufbruch. Methodisch vielfältig und reich bebildert werden reformatorische Grundgedanken ebenso herausgearbeitet wie Luthers Lebensweg, die Geschichte der Reformation und ihre Auswirkungen auf die Gesellschaft. Letztlich führt dies alles zur Frage, was es heute heißen kann, evangelisch beziehungsweise protestantisch zu sein.

Michael Landgraf,
ReliBausteine 2 „Reformation",
124 Seiten, 14,90 Euro

Calwer Verlag, Stuttgart
ISBN 13: 978-3-7668-3921-3

Evangelischer Presseverlag
Pfalz GmbH, Speyer
ISBN 10: 3-925536-88-4

RPE – Religion – Pädagogik –
Ethik, Stuttgart
ISBN 13: 978-3-938356-11-1

ReliBausteine 3 – Bibel

bietet eine differenzierte Einführung in das Buch der Bücher. Dabei wird sowohl einfaches Grundhandwerkszeug vermittelt als auch in die Inhalte, Themen, Geschichten und die Geschichte der Bibel eingeführt. Schließlich werden Impulse gegeben, wie man mit der Bibel kreativ umgehen kann.

Der Herausgeber der Reihe und Autor Michael Landgraf ist Leiter des Religionspädagogischen Zentrums Neustadt/Weinstraße.

Michael Landgraf,
ReliBausteine 3 „Bibel",
176 Seiten, 19,90 Euro

Calwer Verlag, Stuttgart
ISBN 13: 978-3-7668-3922-0

Evangelischer Presseverlag
Pfalz GmbH, Speyer
ISBN 13: 978-3-939512-00-4

RPE – Religion – Pädagogik –
Ethik, Stuttgart
ISBN 13: 978-3-938356-12-8